本书由教育部人文社科规划基金项目"欧洲高等教育一体化改革的结构与过程研究——聚焦于博洛尼亚进程"（14YJA880012）资助

沈红 主编

高等教育管理研究系列丛书

结构主义视野下的
博洛尼亚进程

The Bologna Process under the Perspective
of Structuralism

谌晓芹 ◎ 著

中国社会科学出版社

图书在版编目 (CIP) 数据

结构主义视野下的博洛尼亚进程／谌晓芹著 . —北京：中国社会科学出版社，2016. 11

ISBN 978-7-5161-9091-3

Ⅰ.①结… Ⅱ.①谌… Ⅲ.①高等教育—教育改革—研究—世界 Ⅳ.①G649.1

中国版本图书馆 CIP 数据核字 (2016) 第 241616 号

出 版 人	赵剑英
责任编辑	王　琪
责任校对	胡新芳
责任印制	王　超

出　　版	中国社会科学出版社
社　　址	北京鼓楼西大街甲 158 号
邮　　编	100720
网　　址	http://www.csspw.cn
发 行 部	010-84083685
门 市 部	010-84029450
经　　销	新华书店及其他书店

印　　刷	北京君升印刷有限公司
装　　订	廊坊市广阳区广增装订厂
版　　次	2016 年 11 月第 1 版
印　　次	2016 年 11 月第 1 次印刷

开　　本	710×1000　1/16
印　　张	15.5
插　　页	2
字　　数	238 千字
定　　价	58.00 元

凡购买中国社会科学出版社图书,如有质量问题请与本社营销中心联系调换
电话:010-84083683

总　序

　　几年前，华中科技大学出版社出版了两套我主编的丛书，分别是"21世纪高等教育管理研究丛书"和"21世纪教育经济研究丛书·学生贷款专题"。从这两套丛书的撰写、编辑、出版、发行的全过程中我领悟到，将同一研究领域（如"学术职业研究"），甚至是同一研究主题（如"大学教师发展"）的，由同一导师指导的多部博士学位论文集结起来，在高水平的学术出版社出版，至少有如下几大好处。第一，导师在为后续博士生选择研究方向和学位论文主题的过程中，除了重视博士生本人的研究兴趣和导师的科研项目之外，也会重视团队研究的持续效应，无论是博士生还是博士生导师，都希望在宽阔的研究平台上，团队可"攥紧拳头"、持续发展。第二，"新科"博士会具有良好但辛苦的学术职业起步期，学位论文答辩通过后的博士生不能有丝毫懈怠，马上进入论文改写、提升为专著的阶段，以专著作为学术职业的"敲门砖"，使第一步走稳、走实。第三，团队整体和博士个体的学术影响力迅速增强。作为成套丛书，在出版社的学术声望上、在图书的出版质量和发行市场的影响力上，"丛书"比"单书"的分量更重。

　　我本人具有在华中科技大学跨学科求学的经历。本科专业是"77级"的机械制造工艺及设备自动化，获工学学士；硕士专业是高等教育管理，获教育学硕士；博士专业是管理科学与工程，获工学博士（1997年的"管理学"尚未从"工学"中分离）。我于1999年晋升为教授，2000年开始以博士生导师的身份独立招收博士研究生，到2016年已有17个年头，共培养出各种类型的博士54人：从学术学位和专业学位分类来看，有哲学博士52人和专业博士2人；从学位和学历来看，有双证博士40人和单证博士14人；从国别来源看，有中国博士52人和非洲博士 2 人。由于我本人的知识结构和教学科研岗位跨两个学科，我在高等教育学专业、教育经济与管理专业招收博士生，这 54 个博士获得的学位在学科分类上分属于教育学和管理学，各约一半。跨在"高等教育学"和"教育经济与管理"这两个专业之间的是"高等教育经济与管理"。我指导的所有当前博士生（学术型 13 人，专业型 10 人，来华留学博士生 3 人）和已毕业的博士 54 人就是研究"高等教育经济与财政"和"高等教育与高等学校管理"的。在"高等教育经济与财政"领域，我们研究了高等学校学费及标准与支付、学费弹性问题，高校贫困生判定及资助、学业进步问题，高等教育学生贷款及贷出与回收问题，高校学生资助的财政效应、社会效应、政策效应与育人效应问题；我们还研究了地方政府在高等教育上的支出责任与财力保障间的匹配问题，生均培养成本与高校校均规模的适应问题，大学科研直接成本与间接成本问题，当代中国在校大学生的支出与消费问题，当代中国的文凭效应和"过度教育"以及大学生就业问题，等等。在"高等教育与高等学校管理"领域，我们研究了学术职业发展的内在逻辑和外在竞争力问题，当代学术职业人的学术成就与下一代学术职业接班人的培养问题（如博士生培养和博士生资助），还有学术职业发展的多国比较问题；我们还研究了大学教师的入职、流动、晋升、薪酬、评价以及发展目标问题；研究了高等学校分类发展的理论、实践及分类方法问题；研究了高等学校中的教学与科研的关系、管理与治理的关系、师与生参与大学治理的问题；等等。

很幸运地得到中国社会科学出版社的大力支持。我主编的"高等教育财政研究系列丛书"已基本出齐。"大学教师发展研究系列丛书"、"高等学校治理研究系列丛书"正在紧锣密鼓的准备之中。今天呈现在广大读者面前的是我主编的"高等教育管理研究系列丛书"中的一本。该丛书，由我指导的博士学位论文修改而成的专著、我为合作导师指导的博士后出站报告修改提升的专著、我指导的博士毕业后承担的重要科研项目结题报告修改升华的专著所构成。简单而言，这些书的作者都与我有着某种重要的学术联系或称之为"师生关系"。集结于本套丛书的多本专著，无论是哪种来源类型，都具有两个共性：一是原创性研究，二是主题都处在高等教育管理的范畴。

　　本套由中国社会科学出版社出版的"高等教育管理研究系列丛书"是经我认真挑选的、各位作者在其原创研究基础上精心改写、再次获得提高和更新的专著。今天，由我作为丛书主编来结集出版，是我专心指导博士生 17 年来的一大幸事，我当然要用心、用情来撰写此"总序"。我想借此机会，感谢我曾经指导的这 54 位已答辩、已毕业的博士们。作为导师，我感谢你们，正是因为你们的优秀、勤奋和创新给了我学术研究巨大的压力和动力，促使我永不停步！作为朋友，我感谢你们，正是因为你们时常的问候和关注、你们把"过去的"导师时时挂在心中的情感，给我的生活以超于常人的丰富意义！我虽然永远达不到"桃李满天下"，但毕竟有你们这些"桃子"和"李子"在各地散发的芬芳！我真真切切地为你们的每一点进步、每一寸成长而骄傲、自豪！

　　我衷心感谢本套丛书中的每一位作者！感谢为我们的研究提供极好学术环境和工作条件的华中科技大学和华中科技大学教育科学研究院！感谢中国社会科学出版社给予的大力支持和每位责任编辑的辛勤工作！最后要感谢阅读我们的成果、理解我们追求的每一位读者！

2016 年 6 月 6 日

前　　言

　　2014 年 5 月，经过教育部博士论文双盲审平台的严格评审后，我顺利地完成了博士论文答辩。作为国家首届教育博士，在研究中我更加注重教育研究的应用性。博士论文《结构主义视角下的欧洲高等教育一体化改革——聚焦博洛尼亚进程（1999—2010）》关注的就是欧洲的一场规模宏大的高等教育改革。这场改革的整体设计与运行及改革中所贯穿的教育理念深深地触动着我。研究不是最终的目的，比较教育家迈克尔·萨德勒有一段精辟的阐释："当我们以正确的态度和学术的严谨来做研究时，它的结果就是：研究外国教育制度可以使我们更好地研究并了解自己。"我国正处于全面深化改革的关键期，引导部分普通本科高校向应用型转型，创新创业教育，"双一流"建设等高等教育改革更是在紧锣密鼓的推进之中。我希望博士论文所呈现的欧洲高等教育改革图景能触动更多的活跃在中国高等教育领域的改革者，希望欧洲高等教育改革中的一些成功经验能"为我们所用"。

　　博洛尼亚进程于 1999 年启动，以欧洲古老的博洛尼亚大学命名，旨在努力消除障碍并发展一种教学框架，促进欧洲高等教育的协调发展，促进公民的流动，提高大学生的就业能力，增强欧洲高等教育的竞争力和吸引力。博洛尼亚进程涉及 47 个国家的大学和高等教育机构，是一个从学位结构调整到课程改革再到质量保证的复杂而又系统的高等教育改革过程。理解和认识博洛尼亚进程，能让我们更加清楚地认识到中国高等教育改革所面临的那些相似的问题和亟待的改革，并能借鉴和引用博洛尼亚进程好的经验，探究可能解决相似问题的办法。

　　本书汇集了我欧洲访学、博士教育与主持教育部人文社科规划课题研究的成果。也许最初只是博洛尼亚进程所蕴含的某种神秘，激发了我对之探索的兴趣，但在大量阅读国内各种介绍性和研究性的文献中，我像在触摸一头大象，不满足于仅获得局部片段的认识，于是我带着急切的想弄明白的焦虑心情，踏上了欧洲访学之旅，并且赋予其为我在布拉格查理大学为期一学年的访学任务。回国后，我开始着手整体地描绘这一宏大的改革体系。

本书以博洛尼亚进程"为何推进"以及"如何推进"欧洲高等教育一体化改革为研究内容，采用了多源流理论模式分析了"为何推进"，采用结构主义分析框架分析"如何推进"。在分析"为何推进"时，本书提出：巴黎大学 800 周年校庆是启动"欧洲高等教育一体化改革"的政策之窗。在博洛尼亚进程启动的问题源流的分析中，通过梳理战后法国高等教育改革的脉络，挖掘证据，以验证"博洛尼亚进程是法国等发起国借助欧洲框架解决高等教育面临的困境和问题"的假设。挖掘出的主要证据是：法国战后高等教育改革与博洛尼亚进程的行动路线与"政策"的相关性。在博洛尼亚进程启动的政治源流的分析中，本书重点考虑了欧洲人的"高等教育一体化"的意识和实现"高等教育一体化"的政治基础，认为全欧理念是"欧洲高等教育一体化"的思想渊源；欧洲高等教育的一体化是欧洲经济、政治一体化发展的延续。在对博洛尼亚进程启动的政策源流的分析中，认为：《大学宪章》、"伊拉斯谟斯计划"、"学分转换制度"、《里斯本认可协议》均为博洛尼亚进程的政策执行奠定了制度基础。

对于"如何推进"的研究，本书通过对欧洲高等教育一体化结构和过程的剖析和解读，论证"欧洲高等教育一体化改革是一个整体改革、系统推进的过程"。基于结构主义的分析框架，将"欧洲高等教育一体化改革"构造成由政策目标、政策、政策工具、政策制定与执行者等要素组成的结构，通过分析博洛尼亚进程行动路线与"政策"之间如何相互联系，相互作用构成目标体系，政策工具对于实现政策目标的作用，行动者以什么样的结构组织制定政策、执行政策，探究欧洲高等教育一体化改革的整体结构及其特征。通过分析"学位结构与资格框架"、"质量保证"、"认可"三大行动路线在欧洲、国家、大学各层面政策执行的应然与实然情况，深入探究欧洲高等教育一体化改革的深层结构。研究发现：博洛尼亚进程行动路线和"政策"之间相互联系、相互作用构成目标体系，并在自上而下与自下而上的相互作用中整体、系统地推进，政策工具是推动政策成功执行的关键，政府自愿联盟，借助国际组织的力量增强了博洛尼亚进程国际教育政策的执行力。"学习成果"的广泛应用让博洛尼亚进程成为了"以学习者为中心"的教学改革，在学位结构的重建过程中，实现教学范式的转变。

本书的创新体现在：第一，对博洛尼亚进程启动的原因进行新的历史解读，提出博洛尼亚进程是法国等发起国试图通过欧洲整体一致的改革解脱战后高等教育改革与发展的困境。第二，提出博洛尼亚进程是整体改革，系统推进的过程，博洛尼亚进程政策执行的结构有利于欧洲高等教育一体化改革的推进。第三，提出了博洛尼亚进程政策执行的一些特征：整体改革，系统推进；基于研究的渐进改革；利益相关者参与；以评估促改革等。

本书是对博士论文进行整理、更新、充实与提升而成。博士论文曾得到专家们的充分肯定，认为是"有关博洛尼亚进程背景材料、政策议程、政策演进过程、政策内容、政策实施手段及政策影响效果等方面最详细和最好的文章"；"对于我们从更为宏观层面认识和理解近年来欧盟高等教育围绕质量所展开的系列改革提供了一个扎实文本。因而论文成果对当下我国高等教育质量提升与结构调整具有一定的参考价值"；"对我国高等教育体系和体制的进一步深化改革，解决其中的现实问题，具有一定的理论意义和很重要的实践价值"；"值得我国中央和地方高等教育当局或相关人士学习和借鉴"。对于整本谈改革的论文适逢改革之时，又有专家的肯定，这些都给予了我出版专著的勇气和动力。考虑到作为专著出版，讲究其可读性、参考性，我翻译了博洛尼亚进程中出台的协议、制度以及会议公报，以之作为专著的附录，便于理解和查阅。①

本书有幸纳入到我的博士论文指导老师沈红教授主编的由中国社会

---

① 以上专家评价摘自教育部博士论文双盲审平台评审专家对本书作者博士论文《结构主义视角下的欧洲高等教育一体化改革——聚焦博洛尼亚进程（1999—2010）》的首审意见。

科学出版社出版的"高等教育管理丛书",丛书凝聚了沈红老师十余年来的精心培育学生的心血,能作为丛书中的一本专著出版,我深深感谢沈红教授对我的信任和支持,丛书的出版让我深切地感受到"红门团队"的温暖和力量。

目　　录

第一章　绪论

一　问题的提出

1999 年 6 月 19 日，欧洲 29 个国家教育部长在意大利城市博洛尼亚聚会，签署了《博洛尼亚宣言》，确立了在 2010 年建立欧洲高等教育区（Europe Area of Higher Education）的发展目标，该目标的实现过程被称为"博洛尼亚进程"。建立欧洲高等教育区旨在增强欧洲高等教育的竞争力和吸引力，促进学生在区域内部的流动和就业，为更多的人提供更多高质量的高等教育入学机会等。为实现建立欧洲高等教育区的目标，博洛尼亚进程启动了一系列高等教育改革。当然欧洲也通过其他方面的努力推进高等教育的一体化，比如里斯本战略。如今，博洛尼亚进程成员国已经达到 47 个国家，博洛尼亚进程已经顺利跨入了第二个十年。本书仅将研究聚焦于博洛尼亚进程第一个十年，并将研究的对象确定为"欧洲高等教育一体化改革的结构和过程"。为什么要研究这个问题，主要基于如下几点考虑。

（一）我国高等教育改革点多，但缺乏整体性与系统性

全球化背景下，欧洲大学在国际市场上越来越缺乏竞争力，为适应变化的社会和环境，面临着共同的需要和共同的困难，这是博洛尼亚进程开始的一个不容否定的原因。这些困难和需要集中体现在如何增强欧洲高等教育国际竞争力和吸引力，如何提高高等教育质量，如何增进教育公平，如何增强毕业生就业能力，如何提升中国高等教育的国际竞争力和影响力等，也同样是当前中国高等教育遇到的困难和挑战。我国的高等教育经历了一段粗放式发展后，规模与质量、入学需求与就业能力

的矛盾日益凸显。就在与博洛尼亚进程同期，我国也启动了一系列高等教育改革，如系统修订本科专业目录，对学科专业进行调整，实施"985"工程、本科教学工作水平评估、高等学校本科教学质量与教学改革工程等，这一系列的改革目前正在延续为本科教学工程、卓越计划、2011 计划。不容置疑，这段时期的高等教育改革推动了我国高等教育事业的发展，但与博洛尼亚进程相比较，我国各类高等教育改革之间内在联系不紧密，不是一个自觉形成的整体、连续、系统的改革。还没有从整体上考虑专业调整后，课程如何设置，教学如何改革？如何评估教学质量？我国是高等教育大国，但还不是强国，迫切需要增强国际竞争力和吸引力，需要借鉴老牌高等教育强国的先进经验和成功做法。在全球化的浪潮中，教育政策的借鉴使得世界各国教育政策的话语出现了诸多共性，教育领域也出现了诸多趋同。但有时教育政策的借鉴往往只是有意对具体的某项教育政策的适应和进行盲目的模仿。学习迁移理论认为，掌握了一般原理和规律，更有利于学习迁移。因而理解了博洛尼亚进程欧洲高等教育改革过程中的那些普遍性的要素也更能实现政策的迁移。

（二）博洛尼亚进程是整体、系统地改革高等教育的成功典范

为了共同愿景的实现，博洛尼亚进程通过一系列的行动路线和"政策"，推进欧洲高等教育的一体化。博洛尼亚进程的高等教育改革内容涉及教育理念、学位结构、课程、教学方法、质量保证、资格认可等多方面，并将教学范式的变革融于学位结构的一体化改革中，是学位结构、质量保证、认可的一体化紧密结合。整个过程表现出注重整体改革、系统推进、落脚于微观、渐进实现的特点。博洛尼亚进程的高等教育改革这一曾经被认为是"目前不能实现"的"新制度主义的理性神话"[①]，仅历时 10 年就有效地达成了当初设定的目标。博洛尼亚进程已成了一个不可逆的过程，开始步入第二个"博洛尼亚十年"（Bologna decade），它对欧洲高等教育的影响永远没有终结，作为整体、系统改革高等教育的成功典范对世界各国高等教育改革也产生了积极影响。美

---

① ［德］于尔根·施瑞尔：《"博洛尼亚进程"：新欧洲的"神话"？》，《北京大学教育评论》2007 年第 4 期。

国高等教育政策研究所出版了研究报告《博洛尼亚俱乐部：美国高等教育能从欧洲重建的十年学会什么》；2011年5月16日，国务委员刘延东发表了题为"深化高等教育改革　走以提高质量为核心的内涵式发展道路"的讲话，指出"新世纪以来，欧美掀起了新一轮提高教育质量的浪潮。从欧洲的博洛尼亚进程到美国的高等教育改革行动计划，都反映出老牌高等教育强国的努力新方向"①。

（三）理解博洛尼亚进程的整个结构和过程，有利于更好地借鉴

2014年2月26日，国务院总理李克强主持召开国务院常务会议，部署加快发展现代职业教育，确立了职业教育在人才培养中的重要位置，提出创新职业教育模式，要求"建立学分积累与转换制度，打通从中职、专科到研究生的上升通道"。"学分积累与转换制度"是博洛尼亚进程实现"流动"、"终身教育"等目标的一个重要政策工具，也是用来打通普通高等教育与职业教育路径的工具。为了能更充分地理解和更科学地借鉴应用这些好的制度与措施，我们需要在整个博洛尼亚进程中理解"学分积累与转换制度"等制度。通过展示博洛尼亚进程在第一个十年如何整体、系统地推进欧洲高等教育一体化的改革，为处于战略机遇期的我国高等教育进行整体、系统的改革提供一个可供借鉴学习的典型案例。

二　研究意义

（一）理论意义

首先，本书以博洛尼亚进程的历史事实为基础，收集了丰富多样的相关材料，系统、细致地研究博洛尼亚进程推进欧洲高等教育一体化改革的政策与措施、成效与存在的问题，并使之体系化，为比较高等教育研究提供了一个典型案例，丰富了比较教育研究的内容。其次，本书对博洛尼亚进程为何推进欧洲高等教育一体化改革进行历史解释，系统探

---

① 刘延东：《深化高等教育改革　走以提高质量为核心的内涵式发展道路》，《求是》2012年第10期。

讨博洛尼亚进程与法国战后高等教育改革以及欧洲高等教育地位变化的关系。接着，基于结构主义分析框架，采用政策执行分析路径，研究欧洲高等教育一体化改革的整体框架和运行机制，提出博洛尼亚进程政策执行过程的特点，拓宽了大学教学改革研究的视野。最后，本书从"以学习者为中心"教学观，能力指标体系的制定，基于学习成果的学习项目制定，课程质量保证等方面解读博洛尼亚进程中的课程改革，并体系化为"Tuning"模式，丰富了大学课程论与教学论的研究成果。

（二）实践意义

党的十六大提出，21 世纪的前二十年是中华民族发展史上必须紧紧抓住，而且大有作为的战略机遇期，《国家中长期教育改革和发展纲要（2010—2020）》也明确指出"我国正处于改革发展的关键阶段"，党的十八大也将"推动高等教育内涵式发展"、"深化教育领域综合改革"作为高等教育改革的核心任务。本书对于博洛尼亚进程政策执行的路径、方法及组织结构特征等方面的研究，能对处于战略机遇期的我国高等教育改革的总体框架的顶层设计具有一定的启示意义。其次，本书基于对"欧洲高等教育一体化改革"的结构及其推进过程的解读和剖析，将针对我国高等教育的学位制度、专业人才培养方式、学分制、学历认证等实际情况，以提出相关建议的方式，为我国高等教育的改革实践献计献策。最后，本书对"学习成果"的课程改革理念与模式，"学分转换与积累系统"与"欧洲高等教育区资格框架"等的重点阐释，能为我国大学的课程改革提供理论指导。

三　研究对象与相关概念界定

本书的研究对象是"欧洲高等教育一体化改革"的结构及其推进过程，要分析"欧洲高等教育一体化改革"的结构与过程，首先需要明确以下概念。

（一）博洛尼亚进程

1999 年 6 月，欧洲 29 个国家的教育部长在意大利城市博洛尼亚聚会，签署了《博洛尼亚宣言》，确立了在 2010 年建立欧洲高等教育区的发展目标。1999—2010 年是博洛尼亚进程的第一个十年，所有的博洛尼亚进程成员国都在努力创建欧洲高等教育区。作为博洛尼亚进程的主要目标，欧洲高等教育区意味着欧洲高等教育的更可比较、兼容与一致。为了实现建立欧洲高等教育区的目标，博洛尼亚进程推进了欧洲高等教育的一体化改革。2010 年 3 月，博洛尼亚进程十周年纪念会议，即布达佩斯—维也纳会议正式启动了欧洲高等教育区。博洛尼亚进程的第二个十年的目标，就是巩固与发展欧洲高等教育区。目前，博洛尼亚进程成员国已经达到 47 个国家，所有成员国都参加了《欧洲文化公约》。

（二）一体化和欧洲高等教育的一体化

新功能主义和联邦主义是解释欧洲一体化的理论，最有影响的新功能主义一体化理论家欧内斯特·哈斯（Ernst Haas）将"一体化"界定为一个进程："在这个进程中，许多不同国家背景的政治行为体将其效忠、期望和政治活动转移到一个新的中心，由这个新的权力中心来行使或拥有对原民族国家的管辖权。"① 联邦主义的"一体化"指原先分离的或独立的部分结合起来，形成一个新的整体。联邦主义理论学者查尔斯·彭特兰（Charles Pentland）将一体化定义为："由最初组织在两个或更多独立国家中不同的人民走到一起并形成一个政治整体的过程，这一政治整体在某种意义上被称为共同体。"② 这些欧洲一体化的早期阶段对于一体化的理解，主要针对的是欧共体（后来的欧盟）这一特殊的组织。

受欧洲一体化的影响，欧洲高等教育的博洛尼亚进程目的是要建成共同的"欧洲高等教育区"，这是一个由共同的高等教育制度联系起来的新的整体，这一过程称之为"欧洲高等教育一体化"。为了实现欧洲高等教育区的目标，博洛尼亚进程开展了从宏观的学位结构到大学的课程的一系列的改革，改革内容涉及高等教育的各个方面，包括了学位结

---

① ［英］安特耶·维纳、［德］托马斯·迪兹主编：《欧洲一体化理论》，朱立群等译，世界知识出版社 2009 年版，第 9 页。
② 同上书，第 44—45 页。

构调整、资格框架的建立、学习项目的设计、基于学习成果的课程改革、质量保证、资格认可等。本书将这些为实现欧洲高等教育区而开展的高等教育改革称之为"欧洲高等教育一体化改革"。

（三）结构主义、结构与欧洲高等教育一体化改革的结构

结构主义是 20 世纪 40 年代末 50 年代初在法国兴起的一场方法论革命，是将语言学中的结构分析方法推广运用于其他领域的研究。由于结构主义的学者们具有不同的倾向，导致了结构主义不是一个统一的哲学流派，而是一种复杂的思潮和运动。结构主义认为可用某种基本结构（或者系统，或者模型），对人的身体和思维、社会、自然界，语言、文学、数学等任何研究对象进行解释。结构是隐藏在表层现象之下的比较深层的实在。结构主义方法就是从混杂的现象背后找出秩序或者结构，[1] 结构主义所要探寻的是事物表象背后的深层结构，是决定历史、社会与文化中诸具体事件与行为的基本规则整体。[2] 在结构主义思潮的影响下，20 世纪 50 年代以来，也涌现出大量结构主义教育研究和改革。如皮亚杰、布鲁纳的认知结构发展理论和美国的"结构主义课程改革"。

结构是"各个组成部分的搭配和排列"，是"部分构成整体的方式"。[3] 结构最初只具有建筑学的意义，现被各个学科领域用来描述形形色色的结构。结构主义认为结构是由要素或单元按照一定的模式组成的一个整体的系统，其中任何一个成分的变化都在不同程度上引起其他成分的变化，而作为系统、整体的结构正体现这些成分之间的关系，通过揭示和阐释这些关系，就可理解所涉及的领域的各种现象。[4] 结构具有整体性，作为一个整体的系统是由构成要素组成的，这些要素之间关系的总和就是结构，作为组成要素的个别属性由整体的结构关系决定，

---

① 李克建：《结构主义、后结构主义与教育研究：方法论视角》，博士学位论文，华东师范大学，2007 年，第 7 页。
② 李克建：《结构主义教育研究：路向与谱系》，《比较教育研究》2010 年第 2 期。
③ ［法］弗朗索瓦·多斯：《从结构到解构——法国 20 世纪思想主潮》下卷，季广茂译，中央编译出版社 2004 年版，序言第 7 页。
④ 李克建：《结构主义、后结构主义与教育研究：方法论视角》，博士学位论文，华东师范大学，2007 年，第 4 页。

因而结构要素是整体结构中的节点，结构要素通过相互之间的关系传递着结构力。

皮亚杰认为"结构并不客观地存在于客体之中，结构是由（认知的）主体构造出来的"①，为了研究博洛尼亚进程，本书将博洛尼亚进程所推进的"欧洲高等教育一体化改革"看作一个整体，认为"欧洲高等教育一体化改革"是由政策目标、政策、政策工具、改革的组织者和执行者等要素组成的一个结构，各个要素之间有着这样或那样的关系，结构要素的相互作用成了推动整体结构运动的结构力，欧洲高等教育一体化改革是结构要素相互作用的结果。

（四）欧洲高等教育一体化改革的过程

过程，即事情进行或事物发展所经过的程序。欧洲高等教育一体化改革过程是欧洲高等教育朝着"一体化"方向进行改革的路径和程序。为了实现建立欧洲高等教育区的目标，博洛尼亚进程推出一系列的政策（行动路线），行动路线的执行过程是实现欧洲高等教育一体化的改革过程。

对于政策执行概念的解释有控制、互动、演进三种观点。保罗·A.萨巴蒂尔等认为政策的执行是"用法律、上诉法院的决定、行政命令，或用议会决定、内阁政令的形式实施政策的过程"。普瑞斯曼与维尔达夫斯基（Pressman & Wildavsky）认为政策执行为"目标与行动的设定以及如何完成它们的互动过程"。这种观点认为，政策执行并不是由上而下或由下而上的模式，而是针对政策再形成新的政策，针对行动做出回应的过程。② 政策执行的演进观认为，政策与行动是相互演进的过程，在这一过程中充满着权力、权威、资源与组织的交互运作。从这种观点来看，政策执行被视为一种尝试错误的过程，或者是一种学习的过程。③

---

① 李克建：《结构主义、后结构主义与教育研究：方法论视角》，博士学位论文，华东师范大学，2007年，第4页。

② Pressman, J. L. and Wildavsky, A. B, *Implementation: How Great Expectations in Washington Are Dashed in Okaland*, University of California Pressman, Berkeley, CA, 1973.

③ 李良云：《政策执行研究述评》，《湖南医科大学学报》（社会科学版）2009年第2期。

本书将聚焦研究博洛尼亚进程推进高等教育一体化改革的主路径和两条辅助路径，通过分析三大政策在各层面政策执行的应然与实然情况，展现"欧洲高等教育一体化改革"的政策目标与行动的控制、互动、演进的过程。

四　国内外研究现状

由于博洛尼亚进程参与国家多，欧洲又是语言种类较多的区域，因而研究博洛尼亚进程语言上困难较大，本书主要通过阅读英文文献和翻译成中文的文献进行。关于博洛尼亚进程的文献有会议公报、博洛尼亚进程官方网站信息、相关的文件和学术论文。会议公报、文件、网站都有英文版，为本书提供了第一手资料。由于全面把握欧洲学者对于博洛尼亚进程研究的情况很困难，只能通过对有影响力的关于博洛尼亚进程的研究做系统深入分析以达到"窥一斑而见全豹"。荷兰屯特大学高等教育政策研究中心的约翰娜·维特（Johanna Witte）博士、德国柏林洪堡大学教育研究所的于尔根·施瑞尔（Jurgen Schriewer）教授深入系统地分析了博洛尼亚进程的政策过程，德国多特蒙德大学高等教育与教师发展研究中心的约翰内斯·威尔特（Johannes Wildt）的论文谈到了博洛尼亚进程引起的教学方面的变革。

（一）关于博洛尼亚进程政策形成、传播与执行过程的研究

1. 约翰娜·维特对于博洛尼亚进程政策在国家层面形成与执行的研究

约翰娜·维特在其博士论文《学位的改变与变迁程度——博洛尼亚进程背景下欧洲高等教育体系适应的比较》（2006）中，通过详细的分析，比较了各国学位结构改革以及1998年至2004年期间德国、法国、荷兰、英国高等教育系统相伴而来的适应行为，得出博洛尼亚进程对于欧洲高等教育体系的整合没有太多的作用，却有力地支持了各国的高等教育改革的研究结论。约翰娜·维特认为，博洛尼亚宣言只不过是意图的宣言，没有法律的约束，不一定能转换成国家的政策，进而能引起高校层面的改革。论文中进一步详尽分析了各国改革的不同起点，行动者

不同的兴趣、观念和能力，各国在高等教育机构类型、学位结构、课程治理、课程、入学、就业能力、财政等方面改革的程度与特点。例如，约翰娜·维特研究德国的结论是，德国最具改革的雄心，然而在政策的执行上却比其他国家更优柔寡断。该研究的核心观点是，博洛尼亚进程成员国引进两级学位是为了各国高等教育系统整体的深远改革。不过，如果博洛尼亚进程要最终导致欧洲高等教育的整合，还需加强各种层次的国际对话。约翰娜·维特提出"如果没有努力理解我们的邻国，我们很难做成什么"。并认为，如果总是同样的极少数人参与博洛尼亚进程会议，是不足够的，高等教育改革的国际交流必须拓宽，成员国教育部长应该重新建立更密切的对话，而不仅是召开两年一度的官方会议。那些好的高等教育政策以及政策的执行本身就是交流的内容。在改革进展方面，约翰娜·维特谈到，在国家层面还没有采取正式的决定实现向学士—硕士两级学位制度的完全转变。另外，高等教育机构、学生和用人部门等利益相关者的参与还比较弱。该研究还调查了三级学位结构是如何影响了不同类型高等学校之间的关系，质量保证的形式、课程概念、入学、就业、学费等。约翰娜·维特的博士论文洞察改革背后的政策过程，为寻求未来课程的发展提供了基于经验的探讨。①

在选择研究方法方面，约翰娜·维特认为传统的执行理论不适合分析博洛尼亚进程。她认为：由于执行分析中采用的传统的阶段分析模式是一种没有因果的模式，如果对博洛尼亚进程采用阶段分析模式难以对政策执行过程做出因果联系的解释。执行分析经典的分析方式是从上而下，目标是要判断和解释执行的成功与失败，常常以底部的政策结果与顶部初始的政策目标相比较，如果结果完全不同于目标，执行就被认为是失败的。博洛尼亚进程涉及国际、国家以及相互之间的作用，不是从上而下方法所设想的那种等级结构。经典的执行分析需要政策目标明晰，以便作为判断执行成功与否的标杆，然而博洛尼亚宣言的目标模糊、多重甚至是自相矛盾。博洛尼亚政策过程不太可能像当初设想的那样被清晰地分成几个阶段，其阶段边界是模糊的。

---

① Johanna Katharina Witte, *Change of Degrees and Degrees of Change Comparing Adaptations of European Higher Education Systems in the Context of the Bologna Process*, CHEPS/UT, 2006, pp. 1-95 (http://www.che.de/downloads/C6JW144_final.pdf).

据此，约翰娜·维特提出需要用其他的方法代替，于是选择政策分析框架而不是执行分析框架。由于国家层面政策的形成是博洛尼亚宣言欧洲层面的目标与大学内部改变的至关重要的中间环节，她选择分析国家层面对于博洛尼亚政策的执行。约翰娜·维特应用了新制度主义的分析博洛尼亚政策在国家层面的形成过程。通过比较分析了新制度主义的三个分支，她比较认同历史制度主义关于制度、行动者以及两者之间的关系的概念，她综合了诺斯的制度变迁模式与梅恩兹和舍尔普（Mayntz & Scharpf）的行动者中心制度主义，她认为两种分析框架可以互相补充，因为诺斯在"制度"方面提供了好的框架，而政治学家舍尔普与社会学家梅恩兹则集中在行动方面。并认为，诺斯分析制度变迁的框架是对社会学制度主义和历史主义研究路径依赖的综合，因而路径依赖适合作为研究博洛尼亚进程中高等教育体系的适应过程。一方面，欧洲高等教育系统形成于多样化的民族传统和文化特性，因而会有惰性和坚持；另一方面，博洛尼亚宣言中达成的欧洲联合的协议以及后续会议的进一步发展会产生一种动力，最终导致意义深远的体系改变和朝向共同目标的整合。①

2. 于尔根·施瑞尔对于博洛尼亚进程政策传播模式的研究

于尔根·施瑞尔运用新制度主义社会学理论为指导，对博洛尼亚进程前所未有的迅速传播和它在欧洲范围内的推行模式以及相关原则做出解释。新制度学将"世界文化"的社会构建进程作为一个研究方向，迈耶（John W. Meyer）、拉米雷斯（Francisco O. Ramirez）等学者认为，西方理性传统的全球性传播创造出"世界社会"，并进一步促使不同国家的政治组织、科学、法律和教育的结构性趋同。② 新制度社会学的这些理论，最晚在 20 世纪下半叶，就被政府性以及非政府性国际组织接纳。这些理论根植于新制度主义在组织社会学方面的基本假设。根据这一假设，各个组织机构不仅要用顺应情况变化的自主决定来调节自己的

---

① Johanna Katharina Witte, *Change of Degrees and Degrees of Change Comparing Adaptations of European Higher Education Systems in the Context of the Bologna Process*, CHEPS/UT, 2006, pp. 1-95（http://www.che.de/downloads/C6JW144_ final.pdf）.

② ［德］于尔根·施瑞尔：《"博洛尼亚进程"：新欧洲的"神话"?》,《北京大学教育评论》2007 年第 4 期。

行为，或遵从一种被这些组织机构的社会环境——或者说是圈子广泛认可与证明的模型，甚至将它作为准则固定下来。基于新制度主义社会学的基调，于尔根·施瑞尔认为：博洛尼亚进程得以跨国广泛传播，并具有广泛的影响力和说服力，是因为建立了一个抽象的模型，并受到了科学领域、政治领域及各行各业权威专家的接受和支持；博洛尼亚进程中的模型构建恰恰在对所谓的"博洛尼亚蓝图"即新欧洲高校学制的结构的阐释中显现出来，并在大量专业人士的协作交流以及循环往复的国际会议、声明以及意向书中传播。① 于尔根·施瑞尔指出：虽然各国普遍接受了博洛尼亚进程提出的原则和模式，但在具体实施时又持另外一种态度，各国在制定各自政策的过程中，都以自身的需求为动力，这种国际认可的模式只是使决策者偏爱的东西变得合法化，因而并不会带来欧洲的趋同一致；政策的制定者和推行者会依据机构的现实情况，社会、文化形势以及历史上的阐释模型，通过情境重构，改造并利用跨国模式。②

3. 关于博洛尼亚进程政策执行本土化问题的研究

孙传春在其硕士论文《博洛尼亚进程中的欧洲高等教育政策调整——高等教育国际化与本土化问题研究》中，在欧洲一体化以及高等教育市场化的背景下分析了博洛尼亚进程的内在动因，对博洛尼亚的推进历程做了梳理，对学制和质量保障在各国的实施进行个案分析，通过欧盟国家与非欧盟国家、推动国与接受国的对比解读博洛尼亚进程的发展历程和实施情况，分析高等教育国际化与本土化的冲突与融合问题。论文得出结论：博洛尼亚进程所提出各项政策目标在各国的实施，就是一个高等教育的国际化与本土化问题。欧洲高等教育区是博洛尼亚进程各参与国在高等教育领域的欧洲认同，各国实施过程中的本土化改良实质就是各国在高等教育领域的民族认同。③

---

① ［德］于尔根·施瑞尔：《"博洛尼亚进程"：新欧洲的"神话"？》，《北京大学教育评论》2007 年第 4 期。
② 同上。
③ 孙传春：《博洛尼亚进程中的欧洲高等教育政策调整——高等教育国际化与本土化问题研究》，硕士学位论文，上海交通大学，2008 年。

（二）关于博洛尼亚进程中高等教育改革的研究

尹毓婷在她的博士论文《欧洲高等教育改革研究》中，[①] 系统探讨了欧洲高等教育改革的动因、过程、成效、阻力和发展趋势。她认为欧洲高等教育改革的动因在于知识经济的全球化发展和高等教育国际化发展趋势和欧洲国家与美国之间的高等教育竞争。论文分析了欧洲高等教育改革在全球层次、欧盟层次、国家层次、地区层次的发展，认为博洛尼亚进程是政府间合作的产物，各签约国是博洛尼亚进程发展的主导。欧盟凭借欧盟委员会为签约国与相关政府组织和非政府组织的磋商提供了一个稳定的平台，并为欧盟成员国之间的协商以及成员国与其他博洛尼亚进程签约国之间的协商提供制度化的保证，推动博洛尼亚进程在各国的发展，欧盟为政策的实施提供强有力的监督机制，促使博洛尼亚进程由自发性的相互承诺发展为制度化的活动。

约翰内斯·威尔特在《高等教育全球化的挑战——学术研究者视野中的德国博洛尼亚进程》中明确指出博洛尼亚进程的目的与作用以及博洛尼亚进程中高等教育系统变革的社会背景。他认为："博洛尼亚进程中，高等教育现代化不仅仅是为了促进欧洲各国的交流、互动和互相承认。更重要的是，博洛尼亚进程可以加强欧洲大学的国际竞争力。"[②]他认为：博洛尼亚进程中高等教育系统变革的一个重要的社会背景就是工业社会向知识社会的转变。知识社会赋予大学新的角色，意味着大学要在社会文化环境的建构中发挥更积极的作用。大学这种新角色能使大学获得更多的自治，随着高度的自治而来的是大学需要承担更大的责任，因此大学对其教学效果越来越重视。约翰内斯·威尔特肯定地指出博洛尼亚进程中德国高等教育已经发生了巨大的变革，一方面是数量的变革，表现在博洛尼亚进程中德国学生人数增长明显；另一方面是结构的变革。他认为由于学位体系的调整，就要对学位体系中的学习项目（study program）进行重组，这也就意味着要建立全新的课程体系。为

[①] 尹毓婷：《欧洲高等教育改革研究》，博士学位论文，山东大学，2009 年。

[②] ［德］约翰内斯·威尔特：《高等教育全球化的挑战——学术研究者视野中的德国博洛尼亚进程》，李子江、罗慧芳译，《高等教育研究》2007 年第 12 期。

了保证教学的质量，变革的核心在于教学的根本性变革。约翰内斯·威尔特还对教学转变的主要特征进行概述，并且简要介绍了高等教育的教学体系从教向学的转变中，德国教师教学发展的主要方式。①

（三）关于博洛尼亚进程的背景、进展与内容的研究

1. 国内学者的研究

《国家中长期教育改革与发展纲要（2010—2020）》提到要"借鉴国际上先进的教育理念和教育经验，促进我国教育改革发展，提升我国教育的国际地位、影响力和竞争力"②。我国学者研究博洛尼亚进程的主要目的是比较学习，为我国高等教育改革与发展提出建议和对策。国内关于博洛尼亚进程的研究大致分为对博洛尼亚进程背景与内容的分析，博洛尼亚进程在各国的实践以及对中国的启示等几方面。

（1）关于博洛尼亚进程的社会背景。国内学者认为博洛尼亚进程的发起具有深厚的文化、政治、经济等社会背景，如文明的同源性、全欧洲观念、政治和经济的地缘性与发展水平的接近性、欧洲政治与经济的一体化发展、知识经济的发展、高等教育全球化的发展等。徐辉认为博洛尼亚进程是在欧洲一体化和高等教育国际化的大背景下产生的。③杨天平、金如意认为，古老的欧洲统一理念以及近50年形成的欧洲精神、文明的同源性质、欧洲观念的普及、政治与经济的地缘条件、发展水平的相对接近、先进科学技术易于广泛采用、在国际竞争大环境中的相似地位等因素结合在一起，决定了欧洲一体化的走势，这些因素及其综合作用又促成了欧洲高等教育一体化。④袁东归纳了欧洲高等教育改革的背景是纷杂、困惑、式微和重振，提出"欧洲高等教育的改革和统

---

① ［德］约翰内斯·威尔特：《高等教育全球化的挑战——学术研究者视野中的德国博洛尼亚进程》，李子江、罗慧芳译，《高等教育研究》2007年第12期。

② 《国家中长期教育改革和发展规划纲要（2010—2020年）》，《人民日报》2010年7月30日第13版。

③ 徐辉：《"博洛尼亚进程"的背景、历程及发展趋势》，《高等教育研究》2009年第7期。

④ 杨天平、金如意：《博洛尼亚进程述论》，《华东师范大学学报》（教育科学版）2009年第1期。

一是欧洲走出 20 世纪困惑与无奈的必然选择和恰当的突破口"①。郭强认为欧洲维度、欧洲公民、欧洲主义、统一的欧洲等观念和思想深入人心形成了欧洲认同感,是促使欧洲各国求同存异和加强跨界合作的根本的原因之一。②

（2）关于博洛尼亚进程的内容、过程特点、发展趋势与成就。尹毓婷详细地介绍了博洛尼亚进程的历次公告,③ 张爱玲等整体描述了学位改革,④ 吴雪萍⑤、阚阅⑥等人侧重于资格框架的构建的探究,赵叶珠等对博洛尼亚进程的政策之一的社会维度进行阐述并加以评论,⑦ 覃玉荣详细分析了欧洲高等教育质量保障框架,⑧ 王超阐述了博洛尼亚进程是欧洲高等教育一体化与多样化的协调,⑨ 刘宝存关注着博洛尼亚进程的新进展与未来走向,⑩ 高静提出博洛尼亚进程面临传统大学观念、高校内部评估程序不够完善、国家改革措施不力等方面的挑战,⑪ 王祥提出了博洛尼亚进程中遇到了欧洲高等教育系统双轨发展的困惑问题,⑫ 郭强归结了欧洲高等教育区取得阶段性成功的要素:高教改革成功的前提是悠久的学术传统和文化资源、雄厚的教育实力和基础;产生欧洲高等教育区的激发因素是欧洲各国共同的经济利益;必要条件是合作伙伴

---

① 袁东:《博洛尼亚进程:建立共同的欧洲高等教育空间———当代欧洲高等教育的重要改革与发展》,《中国高等教育》2005 年第 17 期。

② 郭强:《博洛尼亚进程中的欧洲高等教育发展脉络》,《理工高教研究》2009 年第 3 期。

③ 尹毓婷:《欧洲高等教育的博洛尼亚进程浅析》,《学位与研究生教育》2010 年第 1 期。

④ 张爱玲、马开剑:《"博洛尼亚进程"中的欧洲学位改革政策》,《全球教育瞭望》2008 年第 11 期。

⑤ 吴雪萍、张科丽:《促进资格互认的欧洲资格框架探究》,《高等教育研究》2009 年第 12 期。

⑥ 阚阅:《欧洲资格框架解析》,《教育发展研究》2009 年第 19 期。

⑦ 赵叶珠:《社会维度:欧洲高等教育区建设的行动路线》,《江苏高教》2008 年第 1 期。

⑧ 覃玉荣:《博洛尼亚进程中欧洲高等教育质量保障框架》,《黑龙江高教研究》2009 年第 2 期。

⑨ 王超:《博洛尼亚进程中高等教育一体化与多样化的协调》,《教育学术月刊》2008 年第 1 期。

⑩ 刘宝存:《博洛尼亚进程的最新进展与未来走向》,《比较教育研究》2009 年第 10 期。

⑪ 高静:《"博洛尼亚进程"新进展研究》,硕士学位论文,西南大学,2009 年,第 36—39 页。

⑫ 王祥:《博洛尼亚进程中的欧洲高等教育系统"双轨"发展之趋》,《黑龙江高教研究》2009 年第 8 期。

关系原则和利益相关者参与；机制保障是完善的组织结构和透明的信息系统等。① 周满生回顾了欧洲高等教育区质量保证的十年发展。②

（3）关于博洛尼亚进程中各国的实践与影响。宋健飞、孙瑜详细阐释了德国新学制改革的具体内容、新学制的市场反应与就业前景以及新学制改革的是与非；③ 徐理勤指出博洛尼亚进程是德国近年来影响最广泛、最深刻的高等教育改革，采取了构建三级学位体系、引入学分转换与积累系统、完善高等教育质量保证体系、促进学生和学者的国际流动、改革博士生培养模式、推进终身教育等改革措施；④ 耿会芬论述了博洛尼亚进程中法国的博士生教育改革；⑤ 仇妍考察了英国；⑥ 佛朝晖系统分析了博洛尼亚进程原意大利高等教育的弊端和改革的措施，⑦ 详细阐述了意大利新学位制度的改革及其成效与问题；⑧ 意大利学者马里滋亚·朱利莫、卡洛·南尼与浙江大学教师梅伟惠在共同梳理了意大利统一以来的大学发展情况以及迈入21世纪门槛前意大利大学面临的主要顽症之后，具体详细地介绍了博洛尼亚进程中意大利大学的改革；⑨ 马晓洁、李盛兵考察了博洛尼亚进程中芬兰高等教育政策的调整；⑩ 束义明、罗尧成分别考察了芬兰的高等教育质量保障体系与博士研究生教育的改革；⑪ 杜岩岩、张男星分析了俄罗斯加入博洛尼亚进程后高等教

① 郭强：《博洛尼亚进程中的欧洲高等教育发展脉络》，《理工高教研究》2009年第3期。
② 周满生、褚艾晶：《成就、挑战与展望——欧洲高等教育区质量保证十年发展回顾》，《北京大学教育评论》2011年第4期。
③ 宋健飞、孙瑜：《德国高校学制改革综述》，《高等教育研究》2007年第2期。
④ 徐理勤：《博洛尼亚进程中的德国高等教育改革及其启示》，《德国研究》2008年第3期。
⑤ 耿会芬：《博洛尼亚进程背景下的法国博士生教育改革》，《外国教育研究》2009年第9期。
⑥ 仇妍：《"博洛尼亚进程"及对中国留学生的影响》，硕士学位论文，东北师范大学，2009年。
⑦ 佛朝晖：《当前意大利高等教育改革的动因与措施》，《江苏高教》2008年第2期。
⑧ 佛朝晖：《博洛尼亚进程中意大利高等教育学位制度改革》，《比较教育研究》2009年第1期。
⑨ ［意］马里滋亚·朱利莫、卡洛·南尼、梅伟惠：《博洛尼亚进程中的意大利大学改革》，《浙江大学学报》（人文社会科学版）2010年第1期。
⑩ 马晓洁、李盛兵：《博洛尼亚进程中的芬兰高等教育政策调整》，《比较教育研究》2008年第1期。
⑪ 束义明、罗尧成：《博洛尼亚进程中的芬兰博士生教育改革及其启示》，《学位与研究生教育》2010年第1期。

育改革情况；① 仇妍梳理了奥地利、葡萄牙、捷克等国的改革状况。② 刘平萍认为博洛尼亚进程是对美国高等教育的一个警醒；③ 王晓琼分析了美国、澳大利亚、加拿大三个高等教育较为发达的国家对于博洛尼亚进程的应对情况，认为它们不仅对博洛尼亚进程予以高度的重视，而且还不断调整本国的高等教育，希望能不失时机地和欧洲国家开展高等教育的合作；④ 李爽详细研究了哈萨克斯坦在博洛尼亚进程影响下的高等教育发展状况。⑤

（4）关于博洛尼亚进程的启示。通过研究博洛尼亚进程的方方面面，我国学者提出了各种建议和对策。袁东认为要加强研究今后中、欧之间学制和学分互认的技术标准和程序；要充分利用博洛尼亚进程所创造的加强学生流动、加速推进国际化进程的有利时机；等等。⑥ 周满生提出中国要推动区域内的教育国际合作，要构建通用性与灵活性并存的学制框架，完善质量监管认证体系，深入推进与欧盟的实质性的高等教育合作等建议。⑦ 黎志华提出我国应将学分互换作为国际教育交流的工具，并逐步完善，政府要加强宏观调控，加大对高校的支持力度，统筹协调各方面关系，通过政府强有力的手段促进高校间学分的同等互认。⑧

2. 国外学者的研究

博洛尼亚进程利益相关者主要通过评估的方式对政策执行进展和效果进行评估。这些评估包括了博洛尼亚进程官方的清查报告、欧洲学生联盟的评估、欧洲大学协会（EUA）系列趋势报告，以及荷兰屯特大学

---

① 杜岩岩、张男星：《博洛尼亚进程与中俄教育交流合作的空间》，《俄罗斯研究》2009年第1期。

② 仇妍：《"博洛尼亚进程"及对中国留学生的影响》，硕士学位论文，东北师范大学，2009年，第32—50页。

③ 刘平萍：《"博洛尼亚进程"为美国高等教育敲响警钟》，《比较教育研究》2008年第10期。

④ 王晓琼：《美、澳、加三国应对"博洛尼亚进程"的启示》，《理工高教研究》2008年第6期。

⑤ 李爽：《博洛尼亚进程影响下的哈萨克斯坦高等教育》，硕士学位论文，上海师范大学，2010年，第61—67页。

⑥ 袁东：《博洛尼亚进程：建立共同的欧洲高等教育空间——当代欧洲高等教育的重要改革与发展》，《中国高等教育》2005年第17期。

⑦ 周满生：《博洛尼亚进程：中国视角》，《当代教育论坛》2006年第8期。

⑧ 黎志华：《欧洲学分转换系统的发展及其启示》，《大学教育科学》2007年第2期。

高等教育政策研究中心（CHEPS）、德国卡塞尔大学的高等教育研究国际中心（INCHER-Kassel）、ECOTEC①三个研究中心进行的独立评估报告等。

（1）博洛尼亚进程官方清查报告。清查报告是博洛尼亚后续工作组指导下，由清查组（Eurydice，Eurostat，Eurostudent）完成。博洛尼亚进程各成员国每两年举行一次部长会议，当次会议要对前两年的工作进行评价和总结，讨论决定下一个两年的优先工作计划并发布相关公报。2003年柏林会议部长们决定要采用清查来评估博洛尼亚进程的进展，第一次清查于2005年开始实施。最新的清查报告是为2012年的布切斯特部长会议准备的《2012欧洲高等教育区：博洛尼亚进程执行报告》。报告充分肯定了博洛尼亚进程第一个十年已经取得了非凡的成就，并推动了欧洲高等教育的积极变革。报告从每一个国家收集权威的定性和定量的信息，提供了关于国家层面高等教育改革和调整的程度的清晰、比较的观点。报告从学生数量、高等教育机构数量和高等教育公共开支三个方面阐述了欧洲高等教育区的情况，并评估了学位和资格、质量保证、高等教育社会维度、有效成果和就业率、终身学习、流动等政策执行的进展。

（2）欧洲学生联盟的系列评估报告。欧洲学生联盟（European Students' Union，ESU）基于对博洛尼亚进程背景文件、清查报告、部长会议的一般性报告、工作组报告、博洛尼亚研讨会及其他利益相关者出版物与统计资料进行的综合深度分析，完成了《学生眼中的博洛尼亚》（2005、2007、2009、2010、2012）。2012年ESU基于博洛尼亚最可信的利益相关者——学生的评论完成了《博洛尼亚终点线——欧洲高等教育改革十年报道》，以监测博洛尼亚进程的实现过程。因而，相比于博洛尼亚官方和学者报告和评论，欧洲学生联盟的报告从学生的视角看待博洛尼亚进程的变化，反映的问题更真实，提出的批评更犀利。

（3）CHEPS等研究中心的独立评估报告。独立评估报告于2008年出版。该评估是由欧盟委员会和博洛尼亚后续工作组将任务承包给CHEPS，INCHER-Kassel，ECOTEC等三个研究中心，以评估博洛尼亚

---

① ECOTEC是欧洲研究、咨询公司ECORYS的成员之一。

宣言以及其后公报的那些可操作的目标在课程改革、质量保证、资格框架、认可、流动以及社会公平等方面实现的程度,它同样也评价博洛尼亚进程操作性的目标导致策略性目标即"建立欧洲高等教育区""促进欧洲高等教育系统全球化"的达到程度。评估研究同样包含了博洛尼亚进程的管理。该研究并不是对于博洛尼亚进程的完整研究,因为该研究并没有将研究焦点聚集在博洛尼亚进程的所有方面。在选择评估的领域方面,该研究与官方声明的目标相对应,因此该研究局限于欧洲高等教育区(EHEA)的集体层面和国家的执行层面。至于高等教育机构或者是学生并没有被顾及。

(4)欧洲大学协会(EUA)系列趋势报告。欧洲大学协会(EUA)系列趋势报告是定时为每两年一次部长会议准备的,跟踪报告博洛尼亚进程实施进展情况,分别是 1999 年 6 月 7 日出版的报告《高等教育学习结构趋势 1》、为布拉格会议准备的报告《高等教育学习结构趋势 2》、《趋势 2003:朝向高等教育区的进步》、《趋势 4:欧洲大学执行博洛尼亚行动》、《趋势 5:大学塑造欧洲高等教育区》和《趋势 2010:欧洲高等教育的十年变化》。《趋势 2010:欧洲高等教育的十年变化》的出版正值欧洲高等教育区的启动之时,也就是 2010 年 3 月,该报告不仅检视了自 2002 年以来,博洛尼亚进程所推动的改革的成就,而且将这些改革置于一个高等教育十年变化的广阔背景下。认为欧洲高等教育环境已经发生了重大变化,这是全球化、国际化趋势和欧洲及国家政策的结果。

(5)美国学者的研究报告。博洛尼亚进程已经引起了世界范围内的关注,美国高等教育政策研究所的克利福德·阿德尔曼(Clifford Adelman)在 80 个欧洲同人和 5 个翻译的支持下,完成了研究报告《博洛尼亚俱乐部:美国高等教育能从欧洲重建的十年学会什么》(2008 年 5 月)。他认为,博洛尼亚进程就是用共同的参照点和运行程序创造一个欧洲高等教育区,博洛尼亚宣言所达成的议程和行动路线将以经济的边界消除的方式推倒教育的边界。当这些国家高等教育系统以相同的参考点运作,这样就会创造出一个"相互信任区",允许学历证书的认可和学生国际流动。博洛尼亚进程是有史以来意义最深远、最有雄心的高等教育改革。报告选择了资格框架、学分框架与课程改革的关系、学生入学新途径的建设以及对于文凭补充的反思等几个方面进行介绍和分析，并提出了以改变美国高等教育系统为目标的一些十分具体的建议，包括为联邦高等教育系统、所有的高等教育机构、学生学习领域制定详细、公开的学位资格框架；修订学分系统的参照点和术语；扩大社区学院和四年制大学之间"双录取"联盟；重新定义非全日制学生和待遇。

（四）文献述评

国内外学者已从不同的角度，不同方面研究"博洛尼亚进程"或"欧洲高等教育改革"，有的侧重于动因、发展历程、政策调整、高等教育体系等宏观层面问题，有的重点研究博洛尼亚进程的某个方面或某个国家，表明了对博洛尼亚进程有了一定的认识与理解，但博洛尼亚进程是欧洲高等教育的一项复杂的、综合的改革，涉及面很广泛，加之中西方文化、政治、教育差异，理解博洛尼亚进程难度较大。以至于国内对于博洛尼亚的研究以宏观政策背景、内容与过程的粗略的介绍为主，对于其行动路线与政策的含义及内在联系还缺少深入分析，没有触及其本质，研究没有系统地展现一个完整的博洛尼亚进程图景，有的理解和认识有些偏颇。对于博洛尼亚进程的研究主要集中在欧洲、国家两个层次，对于博洛尼亚进程中大学应如何应对高等教育一体化的研究甚少，有待对这些问题进行深入研究与探索。约翰娜·维特研究的是国家层面政策形成，于尔根·施瑞尔采用新制度主义社会学解释博洛尼亚进程政策传播方式，尹毓婷和孙传春对于博洛尼亚进程政策在各国的实施，侧重于对于组织作用的分析，还没有深入到高等教育一体化改革。鉴于"博洛尼亚进程行动路线与政策实现的根基是大学的课程改革"，本书将从高等教育改革的视角，分析博洛尼亚进程所推进的欧洲高等教育一体化改革的结构与过程，探讨其改革的框架与路径，归纳其政策执行过程的特殊性。

2012 年是博洛尼亚进程的目标年，本书拟采用政策执行分析路径研究博洛尼亚进程所推行的欧洲高等教育一体化改革过程。约翰娜·维特对于不采用政策执行分析的解释，正是本书采用政策执行分析路径的理由。由于约翰娜·维特的博士论文完成于 2006 年 7 月，正是博洛尼亚进程的中期阶段，博洛尼亚进程的阶段性还不明显，政策执行的结果与初始目标的对比也不显著，因而还不适宜采用执行分析。而在博洛尼亚进程目标年后，要呈现博洛尼亚进程的完整图景，采用政策执行分析则是必不可少的。当然约翰娜·维特不选择政策执行分析的那几点理由，也正是本书应用执行分析中必须面对的问题。如，她所提到的"博洛尼亚进程只不过是表达意图的宣言，没有法律的约束……"① 提示了本书在分析博洛尼亚进程政策执行的过程中，还应特别关注博洛尼亚进程政策执行过程的特殊性。

五　分析框架与研究方法

（一）基于结构主义的分析框架

博洛尼亚进程是一个复杂的过程，为了建设共同的欧洲高等教育空间，在欧洲、国家、高等教育机构等各个层面进行了方方面面的改革。认识博洛尼亚进程，需要有一个整体的、系统的分析框架，结构主义就是一种适切的分析方法。

结构主义是 20 世纪在法国巴黎兴起的一种哲学社会思潮运动。20世纪 40 年代末，列维-施特劳斯开始将结构分析方法运用于人类学研究。1962 年，他《野性的思维》的出版引起了轰动，使得结构主义正式登上了法国思想舞台。"结构主义不是一个统一的哲学流派，而是具有不同倾向的学者因在不同意义上将原来主要在语言学中运用的结构主义方法推广运用于从事其他领域的研究而形成的一种庞杂的思潮。"②

结构主义是一种方法，是从混杂的现象背后找出秩序或者结构的一种方法或方法论。结构主义者所说的"结构"是对事物的质的把握，是抽象的、内在的；结构是由认知的主体构造出来的；是心智的产物，结构是人脑对外部混沌世界的一种"整理"和"安排"。③ 结构主义认为，结构是按一定的组合规则构成的整体。结构主义研究强调整体思维

---

① Johanna Katharina Witte, *Change of Degrees and Degrees of Change Comparing Adaptations of European Higher Education Systems in the Context of the Bologna Process*, CHEPS/UT, 2006, pp. 1-95 (http://www.che.de/downloads/C6JW144_ final. pdf).

② 李克建：《结构主义、后结构主义与教育研究：方法论视角》，博士学位论文，华东师范大学，2007 年，第 7 页。

③ 同上书，第 5 页。

和关系思维，结构主义分析结构，注重结构的整体性和结构要素之间的关联。英国学者吉布森（R. Gibison）认为所有结构主义共有的原则是注重结构、强调对结构的分析。英国学者贝尔特认为，结构主义最明显的特征是"整体论的观点"。依据结构主义方法，可以将要研究的现象整理成连贯的整体或系统，可以将事物之间的关系概括在结构中，通过综合事物之间关系，达到对整体性质的认识。结构主义认为，结构不是静止和僵化的，结构具有空间性。"所有历史的、时间维度上的现象和变化，都可以用结构的空间性的转换机制加以解释；研究结构就像研究一块化石，它本身既是现在，又是历史的凝结。"① 因而研究结构既要研究横断面，还要研究时间维度上的纵侧面。

　　本书基于结构主义的分析方法，将博洛尼亚进程所推进的"欧洲高等教育一体化改革"看作一个整体的结构，从两条路线分析"欧洲高等教育一体化改革"的结构，一是分析组成整体的结构要素以及要素之间的关系。将"欧洲高等教育一体化改革"构造成由政策目标、政策、政策工具、政策制定与执行者等要素组成的系统，分析博洛尼亚进程行动路线之间如何相互联系、相互作用构成目标体系，政策工具对于实现政策目标的作用，行动者以什么样的结构组织制定政策、执行政策。二是从秩序上分析欧洲高等教育一体化改革的结构。秩序是结构的空间性表现，是结构在时间维度、空间维度的变化。本书假设博洛尼亚进程所推进的"欧洲高等教育改革"是按照一定的秩序进行的，通过分析三大行动路线在欧洲、国家、大学各层面政策执行的应然与实然情况，探究欧洲高等教育一体化改革的深层结构和过程。

（二）研究的具体方法

1. 文献法

　　文献法是对文献进行查阅、分析、整理，从而找出事物本质属性的一种研究方法。查阅文献首先得确定文献来源。本书的文献主要来源于博洛尼亚进程的官方网站以及与官方网站相链接的咨询组织的官方网

---

① 李克建：《结构主义、后结构主义与教育研究：方法论视角》，博士学位论文，华东师范大学，2007 年，第 102 页。

站。博洛尼亚进程官方网站公布了所有的部长会议公报、后续工作组报告、重要文件、关于政策执行的评估报告等。本书检索文献的另一个重要来源是中国知网，通过检索"博洛尼亚进程"、"欧洲高等教育区"、"欧洲高等教育一体化"、"欧洲高等教育改革"等关键词可以检索出国内学者已发表的相关学术成果，以及翻译过来的国外学者的论文。第三个来源是谷歌和百度等搜索引擎，通过关键词直接搜索。第四个来源就是书籍，包括了关于研究方法的书籍，欧洲历史、文化、政治的书籍，外国高等教育史的书籍等。文献法贯穿于本书的整个过程。在粗略阅读了大量的文献后，基本确定选题，然后根据研究框架分类检索文献，进行分析整理。文献分析是在精读文献资料的基础上进行，当遇到理解困难时，还要运用追溯法，继续查找相关文献。

2. 历史法

运用历史法研究博洛尼亚进程，是为了更好地理解博洛尼亚进程的演进和运行、博洛尼亚进程所推进的高等教育一体化改革实践中存在的问题及发展趋势等。历史研究的核心是历史解释，历史解释的核心内容是因果解释。博洛尼亚进程的启动不是偶然的，是有原因的。本书通过历史的方法，对博洛尼亚进程为何要推进欧洲高等教育的一体化改革进行解释。"开创欧洲高等教育合作"的想法最初是法国教育部长提出来的，那么博洛尼亚进程的启动与法国高等教育改革有什么联系呢？为什么法国教育部长的提议能得到德国、意大利、英国的积极支持？本书带着这些疑问，对法国战后的高等教育改革进行梳理，探寻导致博洛尼亚进程启动的最直接的原因。

3. 比较法

迈克尔·萨德勒（M. Sadler）关于比较教育研究的价值有一段精辟的阐释："当我们以正确的态度和学术的严谨来做研究时，它的结果就是：研究外国教育制度可以使我们更好地研究并了解自己。"博洛尼亚进程是欧洲高等教育一体化的改革过程，这一欧洲史无前例，历时10年并且还在继续的高等教育改革，在改革的结构和过程方面具有其独特和鲜明的特征。理解和认识博洛尼亚进程，能更加清楚地认识到中国高等教育改革所面对的那些相似的问题和亟待改变的事物，并能借鉴和引用博洛尼亚进程好的经验，探究可能解决相似问题的方法。本书的比较法主要运用于比较欧洲、国家、大学三个层面政策执行，比较政策执行的应然和实然，比较欧洲高等教育一体化改革与我国高等教育改革的总体方法，比较博洛尼亚进程推出高等教育制度与我国对应的制度等。

4. 多源流分析法

多源流分析是用来解释政策形成过程的一种方法，最早由金通提出。金通试图解释为什么某些问题议程会引起决策者的关注，他提出，在整个系统中存在着三种源流：问题、政策、政治，在决策的关键时刻，政策问题的提出者就将这三者结合起来。为什么政策制定者对一些给予关注，却对其他问题视而不见呢？主要取决于问题的重要程度，或者是否有重大事件或危机导致对某个问题的关注等。政策源流是由政策共同体中的专家们提出的多种意见主张。政治源流包含国民情绪、压力集团的争夺行为、行政或立法上的换届三个因素。在三大源流汇合到一起的关键的时间点上，问题就会被提上议事日程，这个汇合的时间点称为"政策之窗"。政策之窗是提案支持者们推广其解决方法或吸引别人重视他们的问题议程的机会，这些机会是稍纵即逝的，政策之窗通常是由紧迫的问题或政治源流中的重大事件打开。①

本书将运用三源流模式分析为什么会有博洛尼亚进程？博洛尼亚进程为什么要推进欧洲高等教育的一体化？欧洲高等教育一体化改革旨在解决什么问题？欧洲高等教育一体化改革政策执行的前期基础有哪些？

①［美］保罗·A. 萨巴蒂尔主编：《政策过程理论》，彭宗超等译，生活·读书·新知三联书店 2004 年版，第 99 页。

第二章 欧洲高等教育一体化改革的背景与基础

　　博洛尼亚进程源自时任法国教育部长克洛德·阿莱格尔（Claude Allègre）为了即将到来的巴黎大学 800 周年纪念产生的一个偶然的念头。他希望抢先于欧盟，开创欧洲高等教育合作，建立一种与受经济动机支配的欧盟相对应的文化上的平衡。巴黎大学诞生 800 周年纪念日为"创建欧洲高等教育区"的庄严机会，对于克洛德·阿莱格尔及其同人来说也是一个机会。1998 年 5 月 24 日、25 日，巴黎大学 800 周年校庆在索邦宫的礼堂举行，德国教育、科学、研究和技术部长吕特格尔斯，意大利高等教育部长柏林格尔和英国教育部长布莱克斯通应邀前来参加典礼。25 日，克洛德·阿莱格尔和德国、意大利和英国的同人在巴黎签署了《关于构建和谐的欧洲高等教育体系的联合声明》，即《索邦宣言》。该声明一开篇就点明了"构建和谐的欧洲高等教育体系"是为了"欧洲一体化进程"在"智力、文化、社会技术方面的发展"，因为"欧洲一体化进程不仅体现在欧元、银行和经济领域，还应当是知识的欧洲"。并提出"发展一种教学框架"促进欧盟成员国和其他欧洲国家之间的"更紧密的流动和合作"，以"增强欧洲在世界上的地位"。[①]

　　于尔根·施瑞尔等学者认为："克洛德·阿莱格尔有意将校庆办成了欧洲大学教育研讨会"是"借助欧洲这个框架，来解决对于法国来讲十分困难甚至无从下手的问题"。由于"意大利大学从整体上讲几乎无法掌控，在国际压力下又必须改革"，对于克洛德·阿莱格尔的提议

---

① "Joint Declaration on Harmonisation of the Architecture of the European Higher Education System", 1998 (http://www.ehea.info/).

意大利教育部长也是欣然接受。① 于是，索邦大学 800 周年校庆就成为了"打开"博洛尼亚进程的"政策之窗"的重大事件。

一　欧洲高等教育发展的困境

欧洲高等教育当时正遭遇着什么困境？法国那些"十分困难甚至无从下手的问题"是什么？下面将通过梳理从战后至《索邦宣言》的签署法国高等教育改革的历程，探寻启动博洛尼亚进程的问题源流。通过探寻博洛尼亚进程的政策与法国曾经的高等教育改革政策与措施的联系，阐明博洛尼亚进程是法国等发起国借助欧洲框架进行整体协调一致的改革，达到增强自身以至整个欧洲的高等教育的观点。

（一）欧洲高等教育中心地位的动摇

欧洲是现代高等教育的发祥地，在世界其他地区的高等教育尚处于古代形态时，16 世纪初的欧洲所拥有的大学已达 80 余所。自 11 世纪左右中世纪大学的诞生到 19 世纪末的这段时期，欧洲高等教育是世界其他国家和地区争相效仿的模板，倡导着世界高等教育的主流，处在前所未有的辉煌时期。1801 年德国创建柏林大学，确定了科学研究是学者的最高职责，尊重自由的学术研究，将教学和研究结合起来，让大学成为了学术和科学的源头。19 世纪中期，英国的新大学运动开创了大学服务于地方工商业发展的先河。欧洲高等教育"燃烧的光芒"让 20 世纪前的欧洲也成为了世界科学的中心。20 世纪以后，资本主义世界频繁发生经济危机，欧洲帝国之间为争夺霸权而穷兵黩武，在短短 30 年的时间内，欧洲作为主战场发生过两次世界大战，高等教育的发展必然受到了巨大冲击，欧洲作为高等教育中心的地位也受到了动摇。与北美、日本等相比，20 世纪欧洲的高等教育正如它的经济与科技发展一样，昔日的辉煌如今已显黯然。欧洲高等教育虽在世界高等教育中仍具有一定的地位，仍然是世界高等教育的一极，但与 19 世纪以前相比，

---

① ［德］于尔根·施瑞尔：《"博洛尼亚进程"：新欧洲的"神话"？》，《北京大学教育评论》2007 年第 4 期，第 92—103 页。

其中心的位置已被美国取代，其国际声誉与吸引力，已被美国、加拿大、澳大利亚等国家超越。①

巴黎大学 800 周年校庆是对欧洲高等教育辉煌历史的纪念，作为中世纪大学的发源国家，意大利、英国、德国的教育部长应邀前来参加巴黎大学的校庆。作为曾经的现代科学的中心和高等教育的中心，法、意、英、德的高等教育都有着一段辉煌的历史，但在不断变化、不断全球化背景下运行的欧洲大学，在国际市场上越来越缺乏竞争力，在适应变化的社会和环境下面临着共同的困难和共同的需要，因而当克洛德·阿莱格尔提议要开创欧洲高等教育的合作时，其他几个部长积极响应，顺利签署了《索邦宣言》，宣言明确地表达了"增强欧洲在世界的地位"和"增强欧洲高等教育的国际竞争力和吸引力"的意识和愿望。

（二）二战后法国高等教育频繁改革，步履维艰

二战后，在经济复苏且迅猛发展的基础上，法国高等教育得到较大的发展，同时社会对于高等教育的需求也迅速增长，民主化要求日益提高。然而，法国高等教育中央集权的管理体制和双轨制的高等教育体系却成为了教育民主要求的严重障碍，引发了尖锐的社会矛盾。一方面，虽然战后法国大学生人数大增长，20 世纪末已居欧盟国家前列，但教育不平等现象也很严重。60 年代，工农和一般职员的子女占在校大学生的比例分别为 6% 和 8%；70 年代，中产阶级子女上大学的机会是工人子女的 12.5 倍。②"相当多的青年因社会、家庭、经济等各种原因被拒于大学门外。"③ 能够进入大学校或"最有前途专业"学习的，大多数是高级管理人员和自由职业者家庭的子女。90 年代中期，法国高中毕业会考合格率超过 75%，其中工人子女仅为 20%，法国高校毕业生中，中上层社会家庭子女占到 58%，而工人子女仅占 12%。④ 另一方面是综合大学高辍学率和大学毕业生的严重失业问题。法国高等教育双轨

---

① 朱国仁：《20 世纪的历程：欧洲高等教育百年回眸》，《清华大学教育研究》2000 年第 1 期。

② 李兴业：《90 年代法国高等教育发展回眸》，《比较教育研究》2000 年第 5 期。

③ 王晓辉：《20 世纪法国高等教育发展回眸》，《高等教育研究》2000 年第 2 期。

④ 李兴业：《90 年代法国高等教育发展回眸》，《比较教育研究》2000 年第 5 期。

体系形成于 18 世纪中叶，一类是综合大学体系，一类是大学校体系。综合大学是"开放"部分，入学无特殊考试，只要通过高中毕业会考，便可进入大学就读，是法国高等教育民主化的体现。大学校是"择优"部分，是为社会培养精英的场所，进入大学校需要通过严格的考试。由于综合大学入学无特殊考试，大学新生难免鱼龙混杂，第一阶段的学业，近四分之三的综合大学学生在四年的学习过程中被淘汰。综合大学的高辍学率，造成了许多青年大学生辍学和严重的大学生失业问题。况且由于管理过于集中，教学内容由资深教授审定，过于偏重研究的需要，既不考虑学生的兴趣，又脱离劳动市场的需求，造成课程设置陈旧，难以适应社会的需要，致使越来越多的青年在大学毕业后无法就业。严重的教育不平等和大学高辍学率、失业率最终导致了 1968 年法国爆发了规模空前的"五月学潮"，为缓和矛盾，扭转面临的种种困境，政府不得不在大势所趋的情况下下令进行改革。自此，频繁更迭的法国政府也频繁地改革高等教育，矛头从未离开过"教育不平等"问题和大学毕业生就业率低，大学高辍学率等一系列问题。

1.《高等教育指导法》确定大学办学原则，改组大学结构

五月学潮后，法国政府改组，富尔出任教育部长，主持制定了《高等教育指导法》，确定了大学的三大办学原则：自治、参与和多科性，进行了最富于"革命性"的机构改革。按照自主自治的原则调整和改组大学，取消"学院"，取而代之为"教学和研究单位"，将大学改组为由教学与科研单位集合而成的多科性大学。改革使得法国大学在组织上变得灵活、多样和开放。但《高等教育指导法》在实施几年后，实效并不显著，三大原则在实际中很难贯彻。"这次改革只触动了大学的结构，而没有涉及大学在其中得以生存和发展的更大空间，即整个国家的教育及政治体制，所以又是不彻底的，也不可能是彻底的。"①

2.《萨瓦里法》提出"教学职业化"，解决高辍学与就业难题

1973 年开始出现的石油危机和 1974—1975 年席卷西方的经济危机，使得法国出现了经济萧条，法国在经济、科学技术方面的传统地位

---

① 贺国庆、王保星、朱文富等：《外国高等教育史》，人民教育出版社 2006 年版，第 478 页。

发生了动摇。1984 年 1 月 26 日，密特朗总统签署了国会通过的新的《高等教育法》即《萨瓦里法》，新法令规定了高等教育的总体目标为开放、教学改革和职业化，旨在通过加强方向指导和教学的职业化，解决学习过程淘汰率高和学生毕业后找不到工作的两大难题。这次改革的侧重点在于提高高等学校的质量，调整高等学校的办学方向。为提高高等教育质量，政府加强了高校质量的检查与评估，支持高校加强国际交流，对博士学位制度进行改革等。"由于思想的分歧，再加上经济上的困难，1984 年的改革基本上没有涉及十分重要的结构问题，也没有提出解决职业化与减少淘汰之间的矛盾的有力措施，因此很难彻底解决问题。"①

3.《德瓦凯法》被称为是"一部无人需要的法"

由于受世界范围内资本主义经济危机的影响，法国经济复苏步履维艰，再加之社会党政府政策上的失误，使得通货膨胀、失业问题迟迟不见好转，引起社会各界不满。1986 年，右翼选举获胜，希拉克出任总理，组成新政府。希拉克政府于 1986 年批准了《德瓦凯法》，强调自治、竞争、效率原则，鼓励学校之间、学生之间的竞争。在高等学校管理方面，强调要提高教学质量，高等学校必须具有自主权和竞争力。由于《德瓦凯法》提出了大学实行择优录取等条款触及了学生及家长的切身利益，引起了他们的强烈抗议与抨击。1986 年 11 月 18 日至 12 月 8 日，在政党、社会等种种因素的促成下，法国又爆发了学生运动，以致《德瓦凯法》被认为是"一个无人需要的法"，"一个政治上危险的法"。12 月 8 日宣布撤销。

4.《教育方针法》提出"促进大学生的学业成功，提高青年的就业能力"

1989 年 7 月，法国政府颁布了教育国务部长若斯潘提交的《教育方针法》，指出："教育是全民族的首要大事"，教育机构有责任开展继续教育和终身教育。要求教育与社会、经济、文化密切合作，进一步搞好中、高等教育的衔接，加强高等学校和中等学校的评估工作，提高青

---

① 贺国庆、王保星、朱文富等：《外国高等教育史》，人民教育出版社 2006 年版，第483 页。

年的就业能力，加强国际合作。若斯潘针对 50% 的大学生在读了两年大学后考试不合格并一次次留级的现象，主张采取积极措施降低留级率，促进大学生的学业成功，尽可能缩短学习年限。若斯潘"改革大学第一阶段"的设想遭到了法国综合大学学生的抵制和质疑，由于政府更迭，若斯潘的这项改革计划未能实现就下台了。

5.《巴鲁法》提出"改革大学教学，调整学科专业设置"

90 年代，高等教育大众化造成了法国大学第二次入学高潮，由于仍然保持着不筛选入学的大学和激烈竞争的大学校两种高等教育机构并存的格局，在大学就读的学生有近四分之三被淘汰，教育不平等现象也极其严重。1995 年 10—11 月，法国又爆发了自"五月风暴"以来规模最大的一次学潮。在学潮的压力下，1997 年 2 月，法国颁布了《巴鲁法》。为了更好地适应社会经济发展对科技人才的需要，促进学生顺利进入职业社会，法案提出对大学教学进行改革，将第一阶段原有的九类学科调整重组为八大学科专业群。与原学科设置相比，新学科专业群减少了神学，增加了科学技术和工程师科学技术两个学科群。[1] 在专业选择方面，法案指出：要普及普通教育，要让学生对感兴趣的专业做谨慎选择。规定大学第一学期为"选择专业方向学期"，在第一学期结束之后，允许学习困难或有其他原因的学生重新选择专业。大学第二阶段学习增加"职业实习组"和"欧洲大学学期"。前者是让学生到企业实习，使他们在校期间便对企业有所了解，从而减少就业盲目性。后者适应了欧盟已实施的商品、资金、人员、服务等方面自由流通的运作机制，让学生用一学期时间，到与本校建立联系的欧盟其他成员国的大学学习或实习，以便毕业后能在更大范围内就业，并培养青年们的欧洲意识。[2]

（三）借助欧洲框架解决难以在一个国家内部解决的问题

虽然战后法国政府在不断更迭，但高等教育改革与发展的总体方向和主题并没有因为政府的更迭而改变。虽然针对高等教育不平等、高辍

---

① 李兴业：《90 年代法国高等教育发展回眸》，《比较教育研究》2000 年第 5 期。

② 同上。

学率和就业能力差等问题，法国战后频繁改革，但法国高等教育改革多以流产而告终，以致很多西方教育研究者称这些改革为"没有改革的革新"，人们对今后法国高等教育改革的信心非常不足。尽管如此，教育民主和教育公平原则的落实、高等教育质量保证、提高大学生就业能力、高等教育的国际竞争力等问题不管是对法国，还是德国、意大利仍需继续面对和解决。在德国，由于一贯崇尚学术自由，学生可以自己组织学习过程，自己确定学习时间，在一定程度上造成了修业时间普遍过长，大学及大学类学生修业时间平均为 6.8 年，专业学院学生修业时间平均为 4.6 年，过长的学制遭到了社会各界的非议，被认为不利于其参与激烈的国际竞争，缩短学制已成为国民发展经济和促进毕业生就业的强烈愿望。① 此外，德国大学还有变成大众公共设施的倾向，学生辍学率高，学校声誉日益受损。意大利的高等教育同样遭遇着修业时间过长、大学教育与职业严重脱节、学术人才失业率高等问题，情况甚至比法国、德国更复杂、更严重，导致意大利高校经济效益极端低下，世界影响力急剧下降。②

　　1997 年克洛德·阿莱格尔被任命为法国新的教育部长。正如法国人常说的那样，每位新走马上任的教育部长都有一番抱负，试图施展他们的宏图大志，③ 克洛德·阿莱格尔开始了新一轮的改革。他所委托组成的法国高等教育改革委员会，于 1998 年 5 月向政府提交了一份高等教育改革方案，即《建立高等教育的欧洲模式》。改革方案旨在实现教育的民主化和欧洲化，建立全面实施欧盟一体化所必需的欧洲教育模式；改革方案建议改革法国大学学制，要求新学制有利于法国高等教育结构的改革，便于与欧盟及其他国家的学制接轨和学位对等；改革方案建议，通过协调法国的大学、大学校和欧盟其他国家大学的课程，建立欧洲的学位文凭，建立欧洲高等教育统一的评估标准，逐步达到欧洲高等教育的协调一致。④

---

　　① 徐理勤：《面向 21 世纪的德国高等教育改革》，《中国高教研究》1997 年第 5 期。

　　② ［德］于尔根·施瑞尔：《"博洛尼亚进程"：新欧洲的"神话"?》，《北京大学教育评论》2007 年第 4 期。

　　③ 黄福涛：《外国高等教育史》，上海教育出版社 2003 年版，第 389 页。

　　④ 贺国庆、王保星、朱文富等：《外国高等教育史》，人民教育出版社 2006 年版，第 494 页。

　　克洛德·阿莱格尔的思想也体现了法国人企图领导欧洲、敢与美国抗衡的风格。早在 50 年代，法国外长舒曼提出"舒曼计划"开始西欧一体化进程，克洛德·阿莱格尔巧妙地抓住巴黎大学 800 周年校庆机会，适时将改革方案《建立高等教育的欧洲模式》的构想提出，并签订了《关于构建和谐的欧洲高等教育体系的联合声明》即《索邦宣言》，"希望抢先于欧盟，开创欧洲高等教育合作，建立一种与受经济动机支配的欧盟相对应的文化上的平衡"[①]。正因为德国、意大利的高等教育也存在问题，克洛德·阿莱格尔的提议才能得到德、意等国部长的积极响应。在《索邦宣言》的大力鼓舞下，1999 年 6 月 19 日，29 国教育部长签署了《博洛尼亚宣言》，到目前，博洛尼亚进程参与国已达 47 个国家。

　　纵观战后法国高等教育改革，适应了社会经济发展与教育民主化的需要，历次改革的焦点集中在解决扩大招生与就业方面的矛盾与问题。《高等教育方向指导法》指出：大学要满足国家需要，为各方面输送人才，参与各地的社会与经济发展，为各阶层所需要的终身教育提供帮助；[②] 为缓和青年要求入大学的压力，允许设置多科性大学。《萨瓦里法》规定：全部中等教育以后的机构，包括大学校和继续教育，都属于高等教育范畴；凡获得中等毕业文凭者及具有同等学力者，均可以不经考试直接进入大学学习；[③] 进一步扩大了教育的开放性，消除教育中的不平等现象。若斯潘在他的改革大学的设想中主张向入学新生更加充分地介绍大学课程安排，设立大学监护人，允许重新选择专业等措施，确保大学生学业成功，等等。这些都与博洛尼亚进程提出的社会维度、终身学习等政策一脉相承。为了解决就业问题，《萨瓦里法》提出教学职业化，《巴鲁法》指出大学阶段增加"职业实习组"和"欧洲大学学期"，这与博洛尼亚进程的"就业能力"及"流动"政策针对的问题是一致的。《建立高等教育的欧洲模式》更是明确提出了要实施欧盟一体

---

　　① Johanna Katharina Witte, *Change of Degrees and Degrees of Change Comparing Adaptations of European Higher Education Systems in the Context of the Bologna Process*, CHEPS/UT, 2006, pp. 1-95 (http://www.che.de/downloads/C6JW144_ final. pdf).

　　② 贺国庆、王保星、朱文富等：《外国高等教育史》，人民教育出版社 2006 年版，第 471 页。

　　③ 同上书，第 481 页。

化所必需的欧洲教育模式（见表2—1）。

表2—1　　　　第二次世界大战后法国的高等教育改革要素简表

改革时间	改革方案或颁布的法律	历次高等教育改革设想	对应的博洛尼亚进程行动路线
1968 年	《高等教育指导法》	确定了大学的三大办学原则：自治、参与和多科性；大学的调整和改组，缓和入学压力	社会维度
		发展新型的高等教育；改革博士学位制度	学位结构与资格
1984 年	《萨瓦里法》	教学职业化	就业能力
		规定高等教育的范围	资格框架　终身教育
		加强高校教学质量的检查与评估	质量保证
1986 年	《德瓦盖法》	自治、竞争、效率的改革原则　大学可制定招生标准和数量，择优录取，减少淘汰率	质量保证
1988 年	《教育方向法》与若斯潘的改革	指出教育机构有责任开展继续教育和终身教育	终身教育、社会维度
		保障青少年受教育的权利	社会维度
		强调高等教育机构应该做到"适应性、创造性、教学内容的迅速变化及职业教育与普通文化教育之间的平衡"	就业能力
		改革大学第一阶段，同学业失败做斗争	就业能力
1997 年	《巴鲁法》	保证所有青年学生掌握必需的基本知识；改革大学教学，以消除过早的学业失败	就业能力
		加强高校与科研机构和企业的合作；大学第二阶段学习增加"职业实习组"；加强工艺技术教育	就业能力、流动
		"欧洲大学学期"	流动、欧洲维度、就业能力
1998 年	克洛德·阿莱格尔改革方案《建立高等教育的欧洲模式》	改革学制，提出"3—5—8"模式；强调大学和大学校相互靠拢	学位结构调整
		建立高等教育园区	欧洲高等教育区

博洛尼亚进程的政策（行动路线）与法国历次高等教育改革政策的关联，一定程度说明了博洛尼亚进程推进"欧洲高等教育一体化改革"是法国高等教育改革的延续，是借助"欧洲框架"解决那些在一个国家内部难以解决的问题。

二　欧洲高等教育一体化改革的文化与政治基础

三源流理论模式分析政治源流考虑的重要因素是国民的情绪、压力集团的争夺行动、政府的换届等。按照三源流理论，一项政策议程能否被提出还取决于国民的认同与政府的支持，因为"国民情绪和政府换届这两个因素的结合，会对政策议程产生最强有力的影响"①。博洛尼亚进程之所以能成功地启动"欧洲高等教育一体化改革"，是因为欧洲人有着"高等教育的一体化"的意识，"高等教育一体化"在欧洲层面也有其实现的政治基础。

（一）欧洲高等教育一体化的思想渊源：全欧理念

欧洲一体化思想根源于"全欧理念"。全欧理念是一个古老的观念，从中世纪以来的几个世纪中，一直是存在于欧洲各民族中的一种不自觉的意识——"自我认同"意识，这是一种欧洲人因为在两希文明（希腊、希伯来）和基督教文明上的同源而相互认同的感情。这种意识和感情成为了后来"欧洲统一"的精神源泉。许多哲学家、外交家甚至艺术家，包括威廉·潘恩、让-雅克·卢梭、伊曼纽尔·康德、维克多·雨果和温斯顿·丘吉尔等都思索过加强欧洲合作乃至联盟的思想，查理大帝、拿破仑、希特勒等都有欲对大片欧洲地区实行政治与军事控制的企图。

古代欧洲的高等教育是跨越国界的。跨国的游学、游教之风在古希腊、古罗马时期相当盛行。古希腊的智者们从一个城邦到另一个城邦，传授着知识和辩论术，他们的活动让古希腊的文化在穿越城邦的过程中

---

① ［美］保罗·A. 萨巴蒂尔主编：《政策过程理论》，彭宗超译，生活·读书·新知三联书店 2004 年版，第 99 页。

得到广泛传播。在柏拉图创办的阿加德米学园、亚里士多德创办的吕克昂哲学学校，学生既有来自希腊各城邦国家的，也有来自古埃及和其他国家和地区的。西欧中世纪大学是由来自欧洲各地的教师和学生组成的行会，大学的声誉会吸引学者和学生从欧洲各地涌入所在城市。正是"昔日，学生和学者可以在此大陆自由往来，迅速传播知识。但现在，太多学生直至获取文凭都享受不到跨越国界学习的好处"，《索邦宣言》主张"消除障碍以发展一种教学框架，来促进更紧密的流动和合作"，并基于"欧洲一体化进程最近取得较大进展"及"欧洲一体化进程不仅是体现在欧元、银行和经济领域，还应当是知识的欧洲"的认识，提出要构建"开放的欧洲高等教育区"。①

(二) 欧洲的一体化：从经济—政治—教育的延伸过程

从一定意义上说，以构建欧洲高等教育区为目标的博洛尼亚进程是欧洲经济、政治一体化进程中衍生出的副产品，是欧洲开放与合作从经济、政治领域扩展到文化、教育领域的助推器，是欧洲高等教育顺应欧洲一体化的必然逻辑展开。欧洲一体化的思想同样是欧洲高等教育一体化的思想基础，欧洲经济、政治的一体化是欧洲高等教育一体化改革的政治基础。

欧洲一体化的道路是坎坷不平的。罗伯特·舒曼曾这样断定："欧洲的建设不可能一气呵成，也不能把建成一个联合组织就当成建设欧洲的最终目标。欧洲只能在办好一件件能唤起大家都感兴趣的具体事情中逐渐建立起来。"② 欧洲的一体化是经历了从经济的一体化到政治一体化，才逐步拓展延伸到高等教育的一体化的。

欧洲的一体化开始于经济上的共同市场。1950 年，法国外长舒曼提出《舒曼计划》，计划认为，煤和钢这两个经济部门是通向法德和解、欧洲联合的突破口。因为与政治和军事领域相比，经济领域与敏感的国家主权间的联系不那么紧密，彼此间容易达成协议。在法、德的共

---

① "Joint Declaration on Harmonisation of the Architecture of the European Higher Education System", 1998 (http: //www. ehea. info/).

② [西班牙]圣地亚哥·加奥纳·弗拉加:《欧洲一体化进程——过去与现在》，朱伦、邓颖洁等译，社会科学文献出版社 2009 年版，第 322 页。

同努力下，1951 年煤钢联营集团条约在巴黎签订。欧洲煤钢联营组织消除法德两国相对敌对的状况，加速了欧洲一体化的步伐。到 1958 年就形成了三个共同体条约：一是煤钢共同体条约，二是欧洲经济共同体条约，三是独立管理的欧洲原子能共同体条约。1967 年，三个组织合并形成共同体。

20 世纪 70 年代，欧洲受到了"硬化症"的困扰，表现为经济停滞、高通货膨胀及高失业率。作为应对之策，共同体于 1986 年 2 月在卢森堡签署了《单一欧洲法令》，在其诸多目标中，最重要的一个就是在 1992 年 12 月 31 日午夜前实现无国界的单一市场。为了避免贸易中的分歧和矛盾，也为了控制业已形成的货币混乱状况，欧洲共同体各成员国一致认为，必须加强在经济和货币政策方面的协调与合作，并有必要建立一种共同的货币。关于建立统一货币的第一次辩论一直延续到 20 世纪末。

20 世纪 80 年代之前，欧洲的一体化主要致力于经济一体化。政治一体化理念的实施长期被共同体搁置。因为大家普遍认为，在没有达到经济一体化的条件下，建立政治同盟的希望是渺茫的。为了恢复法国的领导地位，时任法国总统的弗朗西斯·密特朗在 1984 年欧共体首脑会议上努力促成政治同盟的实现，会议决定召开一个关于建立政治联盟的政府间会议，其结果是欧洲联盟条约的诞生。1991 年 12 月在荷兰马斯特里赫特的欧洲领导人会议上通过了欧盟条约，并于 1992 年正式生效。《马斯特里赫特条约》很大地推进了一体化。随着欧共体在消费者保护、公共医疗政策以及交通等新政策领域权利的扩大，新的政治实体——欧洲联盟诞生了。

具有讽刺意义的是，欧盟的成立，欧元成了主要的货币，欧洲看似成了一个由一系列没有经济边界的区域组成的准联邦。然而劳动力市场的流动却被政治边界卡住，加之高等教育系统极度多样化，国与国之间即便有协议，也还是没有完全认可或理解邻国的学历文凭，从而使劳动力的流动面临着难以逾越的障碍。为了认可跨国界的文凭，促进拥有先进文化知识的劳动力的跨国流动，就需要有欧洲统一的教育实践与标准，寻求欧洲层面的广泛的共识。在欧洲一体化进程中，由于存在着要跨越各国在语言、文化、经济、政策以及宗教信仰等方面差异的障碍，增进相互的理解与合作日显重要，而教育是能帮助克服这些障碍的最有力工具。从一定意义上说，欧洲高等教育的一体化是欧洲政治、经济一体化发展的必然结果。

三 欧洲高等教育一体化改革的法律与制度基础

三源流模式理论认为，政策共同体的专家们对共同关注着某一政策领域中的问题，会提出多种意见主张，意见主张需要通过多种方式的试验和检验。经过检验，一些主张保持原封不动，一些被合并为新的提案，一些则被取消。尽管意见主张很多，但仅有少数能引起高度重视。① 可以理解为能得到重视的意见主张应该不同程度地经过检验，也就是说有一定的前期基础。那么克洛德·阿莱格尔提出开创欧洲高等教育的合作的主张是否有一定的前期基础？欧洲高等教育领域已有哪些制度和政策为欧洲高等教育的一体化奠定了基础？哪些政策被吸收或并入到欧洲高等教育一体化改革行动路线之中。

（一）《大学宪章》确定了大学自治、学术自由与合作的原则

1988 年 9 月 18 日，正值欧洲最古老的大学——博洛尼亚大学建校900 周年之际，也是欧共体国家之间的边界最终废除前的四年时间时，欧洲 430 个大学校长在意大利博洛尼亚共同签署了《大学宪章》。② 欧洲大学宪章是一个跨国的条约，初始目的是为了明确大学作为独特机构应该为社会承担的职责。校长们一致认为，在不断变化和日益国际化的社会里，大学代表人类的文化，传播知识、提供教育和培训，很大程度上决定着人类的未来。要求国家政府支持大学的自治原则、教学和科研相结合的原则、学术自由原则、学术合作原则，并要求采取有效方法促进大学实现这些被赋予的使命。大学成为了自治的机构，即便处于由于地理和历史传统因素而形成的不同国家，大学也能通过研究与教学，以

---

① ［美］保罗·A. 萨巴蒂尔：《政策过程理论》，彭宗超等译，生活·读书·新知三联书店 2004 年版，第 99 页。

② 王晓辉主编：《全球教育治理——国际教育改革文献汇编》，教育科学出版社 2008 年版，第 17—18 页。

批判的方式，创造和传递文化。大学的研究与教学才能在道义上和智力上独立于整个政治权威、经济权威和思想意识权威。大学淡漠了地理与政治疆域，是获得相互认可和进行文化互动的必要条件。因此，在 10 年后，同样是在意大利的博洛尼亚，在正式启动博洛尼亚进程的 29 国教育部长会议上签署的建设欧洲高等教育区的《博洛尼亚宣言》，重申了欧洲高等教育区的建设必须遵循"大学的独立与自治"的原则，明确提到："1988 年在博洛尼亚制定的大学宪章所建立的基本原则在欧洲高等教育空间建设中起重要作用。这是至关重要的一点，因为大学的独立与自治，是高等教育与研究系统不断适应需求之转变、社会之希望和科学进步之能力。"①

（二）"伊拉斯谟斯计划"（Erasmus Programme）与"学分转换制度"

欧共体国家于 1958 年签署了《欧洲共同体条约》，该条约在第 149 条规定了，共同体的行动目标包括在教育中建立欧洲维度，通过鼓励承认文凭和学历来促进学生流动；欧共体应该通过鼓励并在必要时帮助成员国之间进行教育的合作，以求获得优质的教育，但是教育的合作应当充分尊重国家所担负的教学内容和教育体系的责任以及它们的文化和语言的多样性。② 根据《欧洲共同体条约》，为了鼓励共同体成员国之间大学生的短期流动，欧共体于 1976 年制订了成员国家之间的"联合学习计划"。为了推动欧洲国家之间进行高等教育机构的合作，尤其是大学生的交流，1987 年 7 月，欧共体又启动了伊拉斯谟斯计划（Erasmus Programme），又称"欧洲共同体大学生流动行动计划"，该项目以人文主义空想家伊拉斯谟斯（1465—1536）的名字命名，是因他的"为工作和学习而旅行"的思想以及他将财产留给了瑞士的巴塞尔大学而成为资助学生流动的先驱。伊拉斯谟斯计划于 2007 年并入到以"个体在他们生活的所有阶段能有追求刺激性的跨欧洲的学习机会"为口号的欧盟终身学习项目。伊拉斯谟斯计划作为欧盟的旗舰教育与训练项目，其主

---

① "Joint Declaration of the European Ministers of Education", The Bologna Declaration, 1999 (http://ec. europa. eu/education/policies/educ/bologna/bologna. pdf).

② 施晓光、郑砚秋：《欧盟"伊拉斯谟斯计划"及其意义》，《大学·研究·评价》2007 年第 7—8 期，第 126 页。

要工作内容就是促进学术流动。每年以超出 400 万欧元的预算，资助 20 万学生到国外学习与工作，同时也资助教授与职员去国外教学与学习，支持高等教育机构之间进行合作。伊拉斯谟斯计划开创了欧洲高等教育领域大规模学术流动的先河，是触动博洛尼亚进程的灵感之源。

按照"把学生带到欧洲，把欧洲带给学生"的精神，伊拉斯谟斯计划开发出了"欧洲学分转换系统"。该系统的基本运行方式是：由学校负责登记学生出国前后所修习的课程及其成绩、学习评价方式、所申请学位与教学计划等相关事项，并为学生准备和交换记录的副本，由学生保管其复印件。学习结束后，学生可以选择留下来继续攻读学位或再转校，由校方决定获取学位或证书和转校注册的条件。[①] 这样，欧洲学分转换系统能让学生先后在原大学和留学学校获得的学分得到彼此对等的认可，学习因此成为连续的学习，这是实现学生流动的关键。"流动"作为博洛尼亚进程推进欧洲高等一体化改革的主要政策，既轻松利用了伊拉斯谟斯计划所建立的机制，同时也借助了欧盟每年投入的经费。

（三）欧洲理事会与联合国教科文组织共同制定《里斯本认可协议》

1992 年 10 月 30 日，欧洲理事会的总秘书写信给联合国教科文组织的总干事，提出要拟定一个欧洲理事会与联合国教科文组织关于高等教育学历学位认可的合作协议，该建议被联合国教科文组织的总干事于 1992 年 12 月 28 日信中采纳。欧洲理事会的总秘书提出制定新的合作协议，一是因为欧洲高等教育的剧烈发展，特别是 1960 年以来欧洲高等教育多样化发展的要求。如非大学机构的出现，使得大学入学情况变得非常复杂，学习对等的概念应用艰难，而原有认可协议没有相应的调整；其次，私立大学迅猛增加，尤其在中、东欧国家，需要有对其教学与资格质量的规定。二是，大量的学术流动的增加使得学术认可更加重要，因此对现有的关于学术认可的法律文本的更新尤显重要。三是，现有协议参与国数量不断增加，由欧洲理事会与联合国教科文组织共同制定协议可以避免分设的两个协议所带来的工作重复。截至 1997 年 4 月

---

① 黎志华：《欧洲学分转换系统的发展及其启示》，《大学教育科学》2007 年第 2 期，第 101 页。

11 日，欧洲理事会《欧洲高等教育协议》所有成员国已达 40 个，还有可能继续增加，联合国教科文组织欧洲区《关于高等教育的学习、文凭与学位协议》的国家也达到 43 个。由欧洲理事会与联合国教科文组织共同制定的《欧洲高等教育资格的认可协议》，又称《里斯本认可协议》，新协议的产生取代了欧洲理事会的《欧洲高等教育协议》（1950 年或 20 世纪 60 年代早期起生效）与联合国教科文组织的《关于高等教育的学习、文凭与学位协议》（1979 年生效）。至此新协议已被大部分欧洲国家认可。

认可的目的在于使学习者在一个教育系统的资格能在另一个教育系统（或国家）生效成为可能，而没有丢失其真正价值。《里斯本认可协议》的制定是博洛尼亚进程建立欧洲高等教育区，达到欧洲高等教育系统更兼容与更可比较，促进流动与就业愿望得以实现的重要法律基础。

四　小结

本章运用三源流理论模式分析了博洛尼亚进程推进"欧洲高等教育一体化改革"的问题源流、政治源流、政策源流，认为巴黎大学 800 周年是三大源流汇合的节点，即"政策之窗"。通过博洛尼亚进程问题源流分析，认为："建立欧洲高等教育的共同区域"的提出是法国借助欧洲框架解决战后频繁改革未能解决的高等教育不平等、高辍学率和就业能力差等问题，而这些问题也是欧洲高等教育面临的共同问题。同时，欧洲的高等教育昔日的辉煌已黯淡，欧洲高等教育在世界的中心地位已被取代，欧洲高等教育迫切需要增强国际竞争力和吸引力也是博洛尼亚进程启动的一个根本原因。因此，当克洛德·阿莱格尔看准时机，适时地提出了已经成了必然趋势，已经有了政策基础的"开创欧洲高等教育合作"、"建立全面实施欧盟一体化所必需的欧洲教育模式"的主张时，马上得到了积极反应。

本章通过梳理战后法国高等教育改革与发展的方向和主题，认为：法国战后针对高等教育不平等、高辍学率和就业能力差等问题开展的高等教育改革措施与博洛尼亚进程所推进的"欧洲高等教育一体化改革"存在着很大关联。在博洛尼亚进程政治源流的分析中，重点考虑了欧洲人的"高等教育的一体化"的意识和实现"高等教育一体化"的政治基础。认为：全欧理念是"欧洲高等教育一体化"的思想渊源；欧洲从经济到政治的一体化发展为欧洲高等教育的一体化提出了必然要求，欧洲高等教育的一体化正是顺应了欧洲一体化的趋势，是欧洲经济、政治一体化的延续发展。

在对博洛尼亚进程政策源流的分析中，认为：《大学宪章》、"伊拉斯谟斯计划"、"学分转换制度"、《里斯本认可协议》均为欧洲高等教育一体化改革的推行奠定了制度基础。因为《大学宪章》确定的大学自治、学术自由与合作的原则是建设欧洲高等教育区的建设必须遵循的原则，"学分转换制度"与《里斯本认可协议》已成为了博洛尼亚进程推进"欧洲高等教育一体化改革"的重要政策工具，"伊拉斯谟斯计划"（Erasmus Programme）已成为了"流动"政策执行的经济保障。

第三章 欧洲高等教育一体化 改革的结构要素

以会议推进的博洛尼亚进程，主要通过部长会议公报阐明其政策意图、目标及实现目标的途径、方法等，建设欧洲高等教育区是通过不断达成博洛尼亚部长会议制定的系列目标而实现的。欧洲高等教育一体化改革是从政策制定到政策执行的过程，这一过程自始至终围绕着政策。政策（包括目标）、政策工具与政策制定与执行的行动者是欧洲高等教育一体化改革的基本要素。

一 博洛尼亚进程的行动路线与"政策"[①]

在《索邦宣言》的大力鼓舞下，1999 年 6 月 19 日，29 国教育部长汇聚于意大利博洛尼亚签署了《博洛尼亚宣言》，明确了在新千年的前十年建成"欧洲高等教育区"的目标，该宣言成为了欧洲高等教育一体化改革的基本文件，标志着博洛尼亚进程的正式启动。此后，在布拉格、柏林、卑尔根、伦敦和鲁汶等欧洲城市相继召开了多次部长会议，博洛尼亚进程的政策就在这一系列会议中酝酿产生和发展。表 3—1 展示了从索邦会议到鲁汶会议（1998—2009）的各次部长会议提出的优先战略和目标。

豪格伍德与甘（Hogwood & Gum，1984）曾提出决定政策完美执行的十项要件，其中要求政策要符合多元利害关系人的期望与价值，政策

---

① 《鲁汶会议公报》将"社会维度"、"就业能力"、"终身学习"、"流动"、"全球维度"限定在"政策"层次，以区别于学位结构与资格框架、质量保证和认可三大行动路线。

表 3—1　　　　博洛尼亚进程：从索邦到鲁汶（1998—2009 年）

1998	1999	2001	2003	2005	2007	2009
索邦 宣言	博洛尼亚 宣言	布拉格 公报	卑尔根 公报	柏林 公报	伦敦 公报	鲁汶 公报
提出促进学生与教师流动	促进学生、教师、研究人员、职员的流动	提出流动的社会维度	采取便携式贷款与资助；增加流动人次数	关注签证与工作许可	应对签证、工作许可、薪金系统、认可的挑战	树立 2020 年实现 20%学生流动的标杆
提出建立共同的二级学位	提出建立易读、可比较的学位	公正的认可；发展合作学位	将博士学位纳入第三级学位	采纳欧洲高等教育区总体框架；启动国家资格框架	到 2010 年建立国家资格框架	到 2012 年，完成国家资格框架
		提出社会维度政策	主张入学平等	加强社会维度	承诺制订能得到有效监控的国家行动计划	到 2020 年测量国家社会维度目标的实现
		提出终身学习政策	国家终身学习政策认可先前学习	实施高等教育灵活的学习途径	高度认识高等教育对于终身学习的作用；为增强就业能力加强合作	终身学习作为公共责任，需要加强合作；呼吁加强关于就业能力的工作
提出使用学分	提出建立学分转换与积累系统	提出建立 ECT 和文凭补充	提出 ECTS 用于学分累积		必须连贯地使用工具和进行认可实践	继续执行博洛尼亚工具
	提出欧洲质量保证的合作	提出质量保证与认可专业人员之间的合作	提出建立机构、国家与欧洲三层面的质量保证	采纳欧洲质量标准与指南	建立质量保证登记处	质量成为欧洲高等教育区的支配一切的焦点

续表

1998	1999	2001	2003	2005	2007	2009
索邦宣言	博洛尼亚宣言	布拉格公报	卑尔根公报	柏林公报	伦敦公报	鲁汶公报
提出促进学生与教师流动	促进学生、教师、研究人员、职员的流动	提出流动的社会维度	采取便携式贷款与资助；增加流动人次数	关注签证与工作许可	应对签证、工作许可、薪金系统、认可的挑战	树立2020年实现20%学生流动的标杆
提出建立知识欧洲	提出高等教育欧洲维度	提出增强欧洲高等教育区的吸引力	提出连接高等教育区与研究区	加强基于价值与可持续发展的国际合作	采纳了博洛尼亚进程全球维度的策略	通过博洛尼亚政策论坛加强全球政策对话

资料来源：Eurydice Report，*Focus on Higher Education in Europe*，The Impact of the Bologna Process，Education，Audiovisual and Culture Executive Agency，2010（http：//www. ehea. info/article-details. aspx? ArticleId=98）。

议程反映社会民意的走向，政策要具有"充分共识与完全理解的政策目标"；"任务必须在正确的行动序列上陈述清楚"等。[1] 据此，博洛尼亚进程的政策可分为两类，一类是博洛尼亚进程要达成的主要目标，具有明确的行动方向，是已经将具体任务在行动序列上陈述清楚的政策，即行动路线。另一类是"政策"，其实现有赖于行动路线，是博洛尼亚进程要达成更深远的目标。博洛尼亚进程的三大行动路线分别是"学位结构与资格框架"、"质量保证"、"认可"，而"社会维度"、"就业能力"、"终身学习"、"流动"、"全球维度"等则被认为是"政策"（《鲁汶会议公报》将这些限定为"政策"层次，从某种意义上考虑的是其政策目标还没有转化为规则框架）。分析政策目标，是从博洛尼亚进程政策目标的表述中，理解政策含义和政策推出的缘由和因果关系，政策目标的实现路径等方面。通过政策目标分析，探求博洛尼亚进程将如何推进"欧洲高等教育的一体化改革"。

---

① 李允杰、丘昌泰：《政策执行与评估》，北京大学出版社2008年版，第131—133页。

（一）博洛尼亚进程的行动路线及其目标

1. 学位结构与资格框架

教育涉及国家的主权和利益，欧洲高等教育曾因为政治的敏感与隔离而处于相对封闭、保守状态，历史与文化造成博洛尼亚进程前欧洲各国高等教育学位结构体系存在很大差异，已经成为了人员流动的结构性障碍。只有重新调整学位结构，使得多样化的高等教育体系彼此兼容，欧洲高等教育一体化改革才能"纲举目张"。《索邦宣言》提出"发展教学与学习的框架，以加强流动与更紧密的合作"，《博洛尼亚宣言》强调"要达到高等教育系统的更兼容与可比较"，提出"采用两级学位即本科与研究生"。柏林会议将博士列入第三级学位改革议程。这样三级学位结构基本确定。学位结构的改变，必然要更新授予学位的基本要求。博洛尼亚进程通过建立资格框架表达重构学位结构的每一级资格授予要求。[①] 布拉格会议朝着建立欧洲高等教育区资格框架迈出了重要的第一步，《布拉格公报》清晰指出："应该通过发展一个共同的资格框架增强欧洲高等教育学位在世界范围的易读性与可比较……"《柏林公报》更进一步提出了具体的工具与方法："部长们要鼓励博洛尼亚的成员国精心制作他们自己的可比较的、兼容的高等教育体系，要尽量用工作量、学习成果、能力和大纲描述资格……" 2005年卑尔根会议采用了"欧洲高等教育区资格框架"，并且签约各国都承诺建立与这个欧洲高等教育的总体资格框架协调一致的国家资格框架。共同的资格框架，增强了欧洲高等教育体系的透明度与渗透力，使得资格的认可与评价更加容易。

2. 质量保证

博洛尼亚进程比以往更多地关注高等教育质量，因为质量保证对于保证学位的高质量、增强可比性具有重要意义，有质量的资格才能保证学生的就业能力，也是资格互认的前提。有质量的高等教育才能实现真正意义的社会维度和终身学习。欧洲高等教育区不仅是高等教育形式上

---

① 资格是指由授权机构颁发的学位、文凭及其他证书，证实学习者在成功完成学习后达到的特别的学习结果。

的相同，也需要高等教育内涵的一致。形式上相同的学位结构和资格体系，需要共同的质量标准作为"资格"质量的依据。《博洛尼亚宣言》提出要"促进欧洲在质量保证领域的合作，发展可比较的标准和方法"。这一理念随着博洛尼亚进程的推进在不断强化。布拉格会议呼吁进行认可与质量保证网络之间的合作。《柏林公报》明确指出"高等教育质量是建立欧洲高等教育区的核心"，强调制定相互共享的质量保证标准和方法的必要性，并敦请欧洲高等教育质量保证协会与欧洲大学联盟、欧洲学生联盟及欧洲高等教育机构协会协作制定欧洲层面的质量保证的标准、程序和准则。卑尔根会议采纳了欧洲高等教育区的质量保证标准与指南（ESG）。

3. 认可

认可的目的在于使学习者在一个教育系统取得的资格能在另一个教育系统（或国家）生效成为可能，而没有丢失其真正价值。认可直接关系着学生的流动、终身学习、入学、就业等，因而最终关系到统一的欧洲高等教育区的实现。如果没有学分与资格的认可，欧洲高等教育区将只是没有任何教育交换路径的不同高等教育系统的拼凑。资格的认可在博洛尼亚前很久就开始了，不过最初是为了满足学术与职业的流动对于资格的认可的最基本需要。随着流动日益频繁，需要在学分与资格的价值对等方面达成协议。资格认可已成为博洛尼亚进程的一个重要方面。《索邦宣言》鼓励各国政府"通过各种途径承认所获知识，以及各国之间文凭的更好互认"，同时"期待推进大学之间在此方面达成一致"；布拉格会议提议"大学以及其他的高等教育机构要充分利用现存的国家法律与促进课程、学位认可的欧洲工具，并呼吁 NARIC 与 ENIC 等机构与网络要简化认可程序并做到公正，并反映资格的多样性"。柏林会议强调参与国应修订并执行《里斯本认可协议》。博洛尼亚进程的贡献在于进一步发展了促进资格认可的工具：文凭补充、学分转换与积累系统、欧洲高等教育区资格框架，等等。

（二）博洛尼亚进程的"政策"及其目标

1. 社会维度

《布拉格公报》第一次提到了"社会维度"的概念，《柏林公报》

进一步明确了社会维度的角色即"日益增加的竞争需要必须由提高欧洲高等教育区的社会特性的目标即加强社会凝聚力，减少欧洲层面与国家层面的社会与性别不平等来平衡"，《伦敦公报》将社会维度与提高知识的水平、技能和社会能力等高等教育的这些一般作用联系起来，《鲁汶公报》重申了面对人口的老龄化的挑战，高等教育能使市民的才能与能力达到最大化的重要性。根据《柏林公报》，社会维度是指"进入、参与、完成各级高等教育的学生群体应该反映人口的多样性，即促进高等教育更广泛的参与，增加参与，确保学业的完成"。社会维度三大主要目标是扩大招生，增加参与，确保所有群体学业的完成。实现扩大招生，意味着要有灵活、透明的高等教育入学的机制能充分地包容来自各个社会阶层的个体；增加参与需要确保有平等的高等教育机会，尤其针对弱势群体，并不只是高等教育数量的增长；完成学业是指要确保所有学生不因不利背景而妨碍学业的完成。为此，博洛尼亚进程提出了增加妇女、低社会经济阶层入学机会、认可先前学习、采取灵活的入学途径、通过学生服务与学生财政支持改进学习的条件等实现社会维度的措施，并以此作为衡量社会维度实现程度的指标。

2. 就业能力

由于大量学生毕业，导致了劳动力过剩，加之本科毕业生就业能力差，而具有工作经验的毕业生更受欢迎，等等，于是就业能力政策便伴随着建立欧洲高等教育区的目标而提出。根据在斯洛文尼亚举行的一次关于就业能力的官方研讨会，就业能力是指"一系列的技能、领悟和个人贡献，使得毕业生更可能就业和选择职业，个人、劳动力、社会、经济会因之受益"。博洛尼亚后续工作组将就业能力定义为"获得最初就业、维持就业，并能在劳动力市场流动的能力"。为实现这一政策，博洛尼亚进程采取了一系列的行动措施来促进高等教育更加面向社会需求。如在高等教育机构与雇主之间开展了广泛的有关课程设计、学习项目的认证与质量保证、实习、将知识和研究应用于实践等方面的讨论，进而推动了高等学校的课程设置面向社会需求的课程改革，使学习项目中课程模块化设计更注重课程内容的职业针对性，与对学生就业技能的培养。

3. 终身学习

终身学习本意指的是在个体的一生分配教育，但实践探索中仍然被当作成人教育、继续教育、回归教育的同义词而无区别地使用，高等学校也将终身教育主要作为盈利方式。博洛尼亚进程提出"终身学习"政策，目标是为了提供更多的平等教育机会，进而提高欧洲社会的凝聚力、生活质量。博洛尼亚进程对于终身学习有了更新的全面理解：从学习的目的看，终身学习目的不再只是为了获得资格，更多地强调终身学习对于扩展知识，获得新技能、能力，充实个人成长经历的作用。从学习方式看，终身学习主要通过灵活的学习途径（部分时间学习，或走工作路线）实现。因而博洛尼亚进程特别强调高等教育对于实现终身学习的作用，将终身学习与高等教育的广泛参与联系起来。博洛尼亚进程采取的认可先前的学习、灵活的入学方式、学分互认等推进终身学习的措施为提高接受高等教育的机会提供了切实保证，使高等教育成为面向更多的人的开放系统。

4. 流动

流动指的是在国外学习一段时间，流动形式包括文凭流动、学分流动和其他的短期流动（如语言课程、实习等）。这项长期持有的政策在博洛尼亚进程每个最关键阶段都得到特别关注：《博洛尼亚宣言》承诺消除流动障碍，促进流动计划；鲁汶会议更有政治勇气，确定到 2020 年，欧洲高等教育区至少 20% 毕业生要有流动经历的目标，还强调要平衡各国之间人才的流失，增强欧洲高等教育区的稳定与可持续发展。博洛尼亚进程流动政策有着双重目的：一是为了促进欧洲高等教育区内各参与国之间流动，另外就是增强欧洲高等教育区的国际化与吸引力，主要从非欧洲高等教育区集中流入。博洛尼亚进程还特别强调流动的社会维度，通过克服障碍促进学生、教师、研究者和管理人员有效地畅通流动，达到增加欧洲高等教育系统的国际竞争力。博洛尼亚进程流动政策的实现基础是行动路线所推进建立的透明的欧洲高等教育区，而主要依赖欧盟的伊拉斯谟斯项目对于参与国学生与教职员的短期流动的大力支持，随后提出的便携式的国家贷款或资助等措施也是进一步推进流动政策的实施的必要保证。

5. 全球维度

全球维度作为一项战略目标，是几乎所有博洛尼亚进程行动路线和政策的目标指向。《索邦宣言》已经考虑到欧洲高等教育与世界的关系，《博洛尼亚宣言》进一步明确了要"提升欧洲高等教育的竞争力……确保欧洲高等教育获得与欧洲的文化、科学传统相等的吸引力"，卑尔根会议形成了关于欧洲高等教育区全球维度的具体目标：改进欧洲高等教育区的信息；加强欧洲高等教育区的吸引力与竞争力；加强政策对话；加强基于伙伴关系的合作；促进资格的认可。全球维度政策于2007年在"竞争与合作"的精神中启动。欧洲高等教育区各国为2010年及以后做出承诺，要采取关键性的行动改进一些支持性的政策，如，签证、社会安全保证、工作许可、薪金等，以促进学生与教职员的流动。

二　欧洲高等教育一体化改革的主题：
以学习者为中心与学习成果

博洛尼亚进程致力于欧洲高等教育一体化改革，贯穿着两个主题："以学习者为中心"和"学习成果"，体现了将教育理念嵌入到一体化改革举措之中的特征。

（一）博洛尼亚进程的核心思想：以学习者为中心

博洛尼亚进程吸取并拓展了由美国学者提出的"以学习者为中心"的教育新观念，并将之嵌入到博洛尼亚进程行动路线和政策之中。"以学习者为中心的教育是一种教学方式。在这种教学方式下，学生能够影响自己学习的内容、形式、材料和进度。在整个学习过程中，学生处于中心。教师给学生提供独立学习和相互学习的机会，并且给学生提供进行有效学习的技能指导。"[①] "以学习者为中心"在博洛尼亚进程中有着更宽泛的含义，不仅要求教学要从传授范式转向学习范式，还强调高等教育要面向所有的有能力完成学业的学生，为学生的发展服务。

1. "社会维度"以高等教育机会的平等为目标

社会维度是高等教育一体化改革的基础之一。社会维度一方面要求

---

① Collins, J. W., 3rd, O'Brien, N. P., *Greenwood Dictionary of Education*, Westport, CT: Greenwood, 2003.

各层次高等教育的入学、参与完成学业的学生群体应该反映出人口的多样性，另一方面是要让学生能够没有任何与社会、经济背景有关的障碍而成功地完成学业。社会维度通过提供充分的学生服务，创造更加灵活的高等教育学习途径，基于平等的机会拓宽各层次的高等教育参与度来实现。"社会维度"实质是让学生有更多的参与高等教育的机会，并且能成功地完成学业，是从高等教育的"量"和"质"方面考虑"学生"的需要，围绕学生采取措施实现学生参与高等教育机会的平等性。

2. "流动"为学生的个人发展创造机会

人力资本理论认为，人在各地的迁移投入也会提高人力资本。流动的意义与价值已成为共识。《伦敦公报》中部长们指出："教职员、学生和毕业生的流动是博洛尼亚进程的核心要素，能为个人的成长创造机会，发展个体与机构的国际合作，提升高等教育和研究的质量，给予欧洲维度实质的内容。"欧洲学生联盟认为："欧洲高等教育区所有成员国之间开展的流动不仅具有巨大的学术价值，对于增进对于欧洲多样性的认识，促进个体跨文化技能的发展具有重大作用。"① 博洛尼亚进程既将"流动"作为目标，也将之作为实现欧洲高等教育一体化的手段。部长们制定目标：到 2020 年，20% 的学生都要有国外学习的经历。博洛尼亚进程借助欧盟伊拉斯谟斯计划，开展学生、教职员的流动，提倡实行便携式贷款和资助，制定了欧洲高等教育区资格框架，提倡使用学分转换与积累体系为学生流动提供制度保障。自 1999 年以来，流动人数已经增加了 51600 个。

3. 高等教育质量保证强调学习者的中心地位

受部长会议委托，E4 小组即欧洲高等教育质量保证协会（ENQA）、欧洲大学协会（EUA）、欧洲学生联盟（ESU）、欧洲高等院校协会（EURASHE）一起制定《欧洲高等教育区质量保证标准与指南》（ESG），并于卑尔根会议采纳。ESG 将学生和其他相关利益者摆在外部质量保证首位，以学生在质量保证中的参与为目的。强调"应该为欧洲高等教育区的学生和其他高等教育的受益人考虑，不断发展和改

---

① ESU，"2008 Towards 2020：A Student-Centred Bologna Process"（http：//www. esu-on-line. org/news/article/6064/102/）.

进学术项目的质量"。

ESG 关于学生的学习评价就是一种"以学习者为中心"的评价方式。ESG 指出：学生评价是为了评估学习项目预期学习成果和其他目标的实现；无论诊断性评价还是形成性评价或总结性评价，学习评价须适合其目标；须具有明晰和公开的标准；须由了解评价学生获得知识、技能及相应资格的过程意义的人士承担，尽可能不依靠单个考官的判断；把考试规定的所有可能影响考虑进去；对于学生缺席、生病和其他缓考情况有明确规定；确保评价完全按高等教育机构所阐明的程序实施；将经行政核实检查以保证学习评价程序精确性。此外，学生应清楚地获知用于他们学习项目的评价策略和他们必须经历的考试和其他评价方法，以及要求他们该做的，还有评价他们表现的标准。

ESG 将对学生的学习支持及资源列入质量保证的范围。ESG 提出：除了教师之外，学生们还依靠其他的一系列助学的资源，这些包括物质上的资源，如图书馆及电脑设备，还有人力的资源（导师、咨询人员等），学习资源和其他支持机制应该真正为学生所用，符合他们的需求并及时地对来自服务使用者的反馈信息作出反应。因此要求高校应该确保为学生提供充足的学习支持资源，这些资源对于提供的每个学习项目也是恰如其分的。

（二）欧洲高等教育一体化改革的基本构件：学习成果

1. 什么是学习成果

学习成果最先是美国学者波斯纳和鲁德尼斯基在 1994 年提出的课程编制模式中使用的一个概念。[①] 这个专为中小学课程编制提供的模式，贯穿着一个中心思想是：让教师有目的地进行教学。"目的"中最关键的组成部分是取得"预期的学习成果"（intended learning outcomes），因而编制课程的第一步就是鼓励教师以"想法"或"打算"的形式表述预期的学习成果，由此确定学习内容及内容的排列程序和教学方式。[②] 博洛尼亚进程继续使用了"学习成果"一词，但含义发生了变

---

① 王伟廉：《高等学校本科课程编制模式探讨》，《高等教育研究》2003 年第 3 期。

② Posner G. J., Rudnisky, Alan N., *Courses Design: A Guide to Curriculum Development for Teachers*, NY: Longman Press, 1994.

化。传统的课程模块或者培养方案的"目的"或"目标"（"目标"是"目的"具体化）通常是从老师的角度编写，是对教师教学意图的一种泛泛又一般性的陈述。而在博洛尼亚进程中，使用学习成果描述的课程、培养方案、资格（Qualification）① 等的目标是预期学生所能取得的成果，而不仅是老师的意图。"学习成果陈述了经历一段时间的学习后，预期学生所了解、理解和/或展示的。"② 表明了学习成果是对学习结果的明确断言，是从学生的角度描述其完成学业后，在知识、技能、能力与态度等方面的综合的表现。学习成果的应用引导了教学范式从教师中心向学生中心的改变。欧洲理事会 Purser 认为"对于学习成果重要的是一种观念的认同……因此对学生或研究生们不再问你获得了什么学位而是你获得学位后能做什么，它将更多联系劳动力市场，更有利于灵活考虑终身学习、非传统学习和其他形式非正规教育"③。

2. 学习成果引导了教学范式从教师中心向学生中心的转变

学习成果是连接博洛尼亚进程"行动路线"与"政策"的纽带，是欧洲高等教育一体化改革的基本构件。学习成果的应用引导了教学范式从教师中心向学生中心的转变，夯实了博洛尼亚进程建构的新的统一的欧洲高等教育的基础。学习成果是实现学生中心学习的必要手段，是向学生中心学习转型的关键。对学生而言，学习成果能明确地表述对他们的期望，因而学生可以依据学习成果确定学习目标，衡量和指导自己的学习。对教育者而言，学习成果支配者着教学的其他过程，有助于教学计划的制订；有助于打破原有的教学大纲和教学进程的限制，而选择有意义的教学内容和活动以获得学习成果；有助于评估与评价；有助于课程与培养方案保持一致。学习成果方式推崇教师作为学习过程协调者和管理员的理念，认为许多的学习发生在没有教师在场的教室外，建议学生应该主动计划和管理自己的学习，独立学习，逐渐承担更多的学习

① Julia Gonzalez and Robert Wagenaar, *Universities' Contribution to the Bologna Process an Introduction 2nd Edition*, Spain: Publications de la Universidad Deusto, February 2008.

② Ibid..

③ Stephen Adam, "Learning Outcome Current Developments in Europe Update on the Issues and Application of Learning Outcomes Associated with the Bologna Rocess", *Bologna Seminar: Learning Outcomes based Higher Education: The Scottish Experience*, February 2008, pp. 21-22, at Heriot - Watt University, Edinburgh, Scotland.

责任。由此，学习成果的使用会产生一系列的连带效应，以学习者为中心设计有效的学习环境，选择相应教学策略，发展相应评估技术。

学习成果作为描述工具，在创建和连接国家和欧洲高等教育区资格框架中发挥着重要作用。描述成学习成果的资格及框架清晰、精确、透明，因而也有助于国际资格及系统的评估与认可。在资格与培养方案中清晰地表述学生完成学业后所能取得的学习成果，有利于学生根据所提供的准确信息，选择适合自己需要的学习领域与途径学习，也更能赢得雇主和评估机构信赖，从而改善与劳动力市场和用人单位的联系，达到促进就业的目的。学习成果易于识别与量化，有利于更好地了解与公正判断，简化评价与认可过程，有利于实现资格之间无缝连接，打通职业教育、培训与高等教育以及各种教育形式，能有效促进学生、教职员的流动。

学习成果为建立欧洲高等教育区通用的质量标准与保证程序提供了共同的方法与技术，奠定了欧洲高等教育质量保证体系的基础。欧洲高等教育质量保证协会的"标准与指南"也表达了对于学习成果的这种哲学含蓄的认识，认为"培养方案的质量保证必须包含开发与公布明晰的学习成果"，"学生评价程序应设计成测量预期学习成果与其它计划目标的实现"，"高等教育机构有责任提供关于学科培养方案的信息，预期的学习成果，授予的资格，教、学、评价的程序，学习机会等"。①

三　欧洲高等教育一体化改革的政策工具

根据关于政策工具的机制论的观点，政策目标代表政策的理想状态，必须通过政策工具的运作，政策目标才能顺利完成。因而，政策工具是政策设计与政策执行之间的联结，政策方案必须通过有效的政策工具执行，才能达成政策设计时的理想状态。十几年前，29个欧洲国家采纳了构建共同"欧洲高等教育区"的改革议程，"欧洲高等教育一体化"改革的目的在于融合欧洲高等教育系统，促进流动和学生就业，增强高等教育的欧洲维度与全球维度等。为实现政策目标，博洛尼亚进程推出欧洲高等教育区资格框架、欧洲高等教育质量保证标准与指南、文

---

① ENQA, Standards and Guideline, 2005 (http://enqa.eu/pubs_ esg. Lasso).

凭补充等政策工具，并继续应用发展了学分转换与积累体系（ECT）。

（一）欧洲高等教育区资格框架（QF-EHEA）及其工具作用

资格框架包含了高等教育系统所有资格，它表明授予资格的学生所知晓的、理解的以及能做的，也就是对于授予的资格所预期的学习成果，还表明教育或高等教育系统内不同资格之间的联系，也就是学习者在资格之间如何移动。

1. 欧洲高等教育区资格框架是学位结构调整的参照

欧洲拥有 40 多个国家、90 多种语言，不同的历史、文化背景导致了欧洲各国教育制度呈现多元化。博洛尼亚进程前，欧洲各国的学位自成体系，一些欧洲国家，例如英国、法国有着传统的长的连续学位结构。另外一些国家，例如德国与荷兰有着平行的学位系统，短的是大致与学士学位相当的应用型学位，长的学位直接达到硕士学位，分别由不同类型的高等学校承担。纷繁复杂的高等教育学位体系，已经成为学生流动、就业的障碍与提升欧洲高等教育竞争力与吸引力的重要影响因素。《索邦宣言》提出设计具有"国际比较性、对等的两级学位"，《柏林公报》明确"将博士学位纳入第三级学位"，博洛尼亚进程以学位结构的调整作为欧洲高等教育一体化改革的起点，引发系列的改革。

结构的改变，必然引起内容的变化。我们授予的每一级学位意味着什么？各个学习领域的每一级学位意味着什么？就学生学习而言代表什么？博洛尼亚进程通过"资格框架"清楚地描述了这些内容的变化。《索邦宣言》在建议两级学位的同时，提出建立共同的资格框架；《柏林公报》则更进一步提出要精心制定欧洲高等教育区总体资格框架。构建欧洲总体资格框架的意图是使得在共同的框架下的资格的认可变得更加容易。同时，共同的资格框架也有利于教育的相互理解，有利于增强教育的透明度与渗透力，有利于支持多种多样的学习机会与终身学习理念。2005 年卑尔根负责高等教育的部长会议采用了"欧洲高等教育区总体资格框架"（QF-EHEA）（见表 3—2），并且签约各国都承诺建立与欧洲总体资格框架协调一致的国家资格框架。专家评价"博洛尼亚进程改革主要的终结产品不只是建立了新的学位体系，而是基于学习成果的更好的资格框架"。

表 3—2　　　　　　　　　　　　　　　　欧洲高等教育区资格框架

等级	学习成果	ECT 学分
第一级	1. 能够表达在普通中等教育之上的某一领域内的知识和理解，典型的水准是通晓所学领域的前沿知识 2. 能以专业的方法在工作或职业应用其知识与智力，具有在所学领域设计、讨论、解决问题的能力 3. 能收集和解释相关数据（通常是在所学领域），以对相关的社会、科学或伦理问题做出判断或反思 4. 能与专家和非专业的听众交流信息、思想、问题以及解决办法 5. 具有为继续高度自主的学习所必需的学习技能	180—240 学分
第二级	1. 具有超过或比第一级资格更强的知识与能力，为在研究中产生创造性或应用理论打下基础或提供机会 2. 能在新的或不熟悉的环境中，超越所学专业领域（或多学科背景下），应用知识和智力及解决问题的能力 3. 能在信息不完整或有限的情况下，综合知识、处理复杂问题，并做出判断，还包括应用知识和判断对社会与伦理责任做出深刻思考 4. 能对专家或非专家听众清晰、明确地交流结论以及支持这些结论的知识与基本原理 5. 具有为继续自定方向或自主学习所需的学习技能	90—120 学分，最少在第二级水平完成 60 学分
第三级	1. 对于所学领域有着系统的理解，掌握该领域的研究技能与方法 2. 具有构思、设计、执行的能力，能适应真实的研究过程，拥有学术诚信 3. 通过开展大量有价值的工作，在拓展知识前沿的原创性研究方面取得成果，成果能在国家或国际正式刊物发表 4. 能与同行、更大范围的学术圈以及普通大众交流专业知识与技术 5. 将来能够在学术或职业范围内，推动知识社会的技术、社会与文化的进步	没有规定

资料来源：ENQA，"The Framework of Qualifications for the European Higher Education Area"（http：//www. ond. vlaanderen. be/hogeronderwijs/bologna/documents/QF-EHEA-May2005. pdf）。

2. QF-EHEA 推动了欧洲终身学习资格框架的建立

就在欧洲高等教育区资格框架于 2005 年 5 月被参加卑尔根会议的部长们采纳之前一年，欧洲理事会与欧盟委员会正式启动了构建欧洲终身学习资格框架（EQF-LLL）的工作。2008 年 4 月，由欧盟委员会建议的欧洲终身学习资格框架得到了欧洲议会和欧盟理事会的一致批准。至此，欧洲的资格框架就存在了两个，一个是集中在高等教育领域，由博洛尼亚进程开创的欧洲高等教育区资格框架（QF-EHEA）；另一个是面向整个教育领域，由欧盟委员会创立的欧洲终身学习资格框架（EQF-LLL）。欧洲终身学习资格框架的构建继承了欧洲高等教育区资格框架所采用的方法与原则，以能力描述学习成果，按知识、能力和技术等水平分为 8 个等级，从完成义务教育的第 1 级起，上至博士研究生毕业（或同等学力）的第 8 级，其中第 6—8 级与 QF-EHEA 的三级资格相对应。EQF-LLL 涵盖了包括初等教育、中等教育、高等教育以及职业教育与技术培训在内的整个教育领域，并打通了高等教育与职业教育，使得非正规教育和非正规学习得到承认，有助于终身学习的推进。

3. QF-EHEA 的透明和可比性，有助于认可和流动

欧洲高等教育区资格框架的制定与传统的学位、学历体系最大的不同在于，它注重学习的具体成果，而非时限和形式。只要达到同一级学习成果要求，可以通过不同的学习途径获得相同级的资格，这样可以兼容不同的教育形式。QF-EHEA 是连接国家资格框架（NQF）的总体框架，它以共同的参照标准将各国资格系统联系在一起，为资格在不同国家、不同系统和不同院校之间的比较提供了可能，克服了欧洲各国高等教育系统的差异而造成的难题。国家资格框架是对国家层次或教育系统层次资格的独立描述，描述系统内授予的所有资格，使它们彼此衔接或相关。国家资格框架的建立能让欧洲国家（或国家某部分）的教育资格框架及所包含的资格之间的关系更加透明，同时建立国家资格框架是实现欧洲终身学习资格框架与欧洲高等教育区资格框架兼容的关键。因为尽管 QF-EHEA 与 EQF-LLL 相似，但终究不是同一个，需要国家资格框架将两者融合在一起。

4. QF-EHEA 以能力表述学习成果，有助于学生就业

QF-EHEA 以能力（competence）描述取得资格的学习过程所能产

生的学习成果，高等教育机构以资格框架作为调整学习目标、重组学习内容、改善教学方法的基准，使高等教育机构的人才培养与劳动力市场的需求更加紧密地结合，有助于提高学生的就业能力。用人部门也可以从资格框架中更加清晰地了解学习者实际拥有的知识和能做的事情，从而促进学生就业。

（二）欧洲学分转换与积累系统（ECTS）及其工具作用

欧洲学分转换与积累系统的前身是隶属于欧洲委员会的欧洲学分互认体系，最初是为了在实施伊拉斯谟斯计划过程中，能认可学生那些流动转学期间所获得的学分。该体系能让学生获得由 ECTS 认证的学分和等级，这些学分和等级可以得到学生流动期间就读学校和母校的相互认可。1998 年年初，ECTS 网络服务专线正式开通，并规定 ECTS 系统内学校必须接受专家的检查，以确保系统运行的协调性。1999 年《博洛尼亚宣言》提到"建立一种学分系统——比如说欧洲学分转换系统——作为促进最广泛的学生流动的适当的手段"。布拉格会议认为，采取不仅提供转换功能而且提供积累功能的学分系统可使学习具有更大的灵活性。2003 年《柏林公报》提出，欧洲学分转换系统正日益成为各国学分系统的共同基础，在促进学生流动和推行国际教育项目方面发挥了重要作用。部长们希望进一步努力，使得 ECTS 在欧洲高等教育区不仅成为一个转换系统，还要成为一个长期使用的系统。博洛尼亚进程推动了 ECTS 的运用和升级，使之成为了促进博洛尼亚进程政策执行的重要工具之一。

1. ECTS 学分计算的标准性与透明性，有利于认可与流动

ECTS 中课程学分的分配是根据学生获得预期学习成果所承担的工作量计算的。学习成果描述的是学习者成功完成学习过程之后，应该知晓、理解并且会用的。学校规定某学习项目的学习成果要根据资格框架对学习成果的要求。因而就算在不同学校获得的相同的学分，学生付出的工作量是大致相当的，学校在认可学分时再参考课程目录、学生成绩单、学习协议、文凭补充等交换文件，就可以判断并决定是否可以累积学生的某些学分以获得某个资格。也就是说，如果学生是在其他的学习背景或时间内取得的学习成果，通过评价，也可取得学分。当学生从一

个学习项目转入另一个学习项目学习，学分同样可以转移，但获得的学分及相关的学习成果必须得到资格授予的机构的认可。加入 ECTS 的高校，必须遵循 ECTS 统一的技术规程，统一的学分分配原则和技术让学分计算更加标准，学习认可变得更加容易和公正，流动变得更顺畅。

2. ECTS 学分的转换与累积功能有助于实现"终身学习"和"社会维度"

并不是所有的学习者都是正规学习项目中的全日制学生，越来越多的成年学生要接受"个别"训练，而不一定非要获得某个具体的资格。一些学习者也仅仅只对某一特定教育内容感兴趣而并不希望获得资格。"终身学习"要求高等教育机构必须满足成年学习者和用人单位所要求的提供个别化的学习途径的要求。ECTS 同样可在继续教育中使用，应用的是相同的学分分配、授予、转移及积累原则。继续教育授予的学分是否可以通向资格，完全取决于学习者的要求或者资格授予的要求。

ECTS 的使用增强了学习项目及学习成果的透明性，不仅体现在学士、硕士、博士等主要的普通高等教育学位，而且还体现在高等教育机构对继续教育、非传统学习等所有的学习活动类型的学习成果认可之中。高等教育机构采用 ECTS 系统后，就能为在非正式教育环境下，通过工作经验、兴趣或自主学习，获得的学习成果授予学分，并与授予有相当学习成果的正式教育内容的学分一样，这样让非传统意义上的学习者因此受益。对半正式和非正式的学习的认可，使那些在传统意义上不能获得高等教育资格的学习者获得资格成为可能。通过执行半正式和非正式学习的认可程序也改善了高等教育机构的社会维度，机构为来自职业和非传统学习环境的学习者提供入学机会，促进终身学习成为现实。

（三）《欧洲高等教育区质量保证标准与指南》（ESG）及其工具作用

《欧洲高等教育区质量保证标准与指南》（ESG）由 2005 年召开的卑尔根部长会议采纳，ESG 为欧洲高等教育区的高等教育机构和质量保证机构提供帮助和指导，是欧洲高等教育质量保证的共同参照框架，也是促进欧洲开展高等教育质量保证合作和增强欧洲高等教育质量透明度的重要工具。

1. ESG 对于资格框架、ECTS 等政策工具实施的作用

质量是构成国家资格框架的要素之一，质量低劣的资格是没有价值的资格，质量保证系统对于促进欧洲高等教育资格的可比性与确保资格的质量起着重要作用。ESG 要求国家质量保证系统与国家资格框架建立紧密的联系，要求国家质量保证系统以国家资格框架为参照。ESG 要求国家质量保证机构应该在发展和实施国家资格框架中扮演重要角色，应该帮助高校向外界证明其所提供的学习项目与国家资格框架之间的联系。《ECTS 使用指南》也明确规定了 ECTS 使用必须与《质量保证标准与指南》相一致。高等教育机构通过内外部质量审查和学生反馈等质量保证方式保证 ECTS 的执行和使用。

2. ESG 是实现欧洲高等教育一体化改革目标的保证

博洛尼亚进程的就业能力、社会维度、全球维度、终身教育等政策目标的真正实现都依赖于高等教育的质量，都以质量为前提。ESG 是为欧洲高等教育机构内部质量保证、欧洲高等教育外部质量保证以及欧洲外部质量保证机构而制定的标准与指南，分别适用于欧洲范围内所有高等教育机构和质量保证机构。ESG 明确表达了其具体工作目标是鼓励高等教育机构培育出智力和教育成果，帮助高等教育机构管理和提高它们的质量，为质量保证工作提供指导和依据，将高等教育状态和质量评估结果向高等教育机构、学生、教职员及相关人员公布。

3. ESG 是高等教育机构和学生参与到欧洲高等教育一体化的改革的推手

鲁汶部长会议高度认识到高等教育机构教学和课程改革的重要性和必要性。认为课程改革将会引导高等教育走向高质量的、灵活的、适应个人发展的教育道路。因此要求高等教育机构在进一步实施 ESG 的过程中应优先考虑提高各阶段课程的教学质量。ESG 要求高等教育机构应该建立批准、定期审查和监测培养计划和资格授予的运行机制，具体内容应包括：高等教育机构应制定并出版清晰的预期学习成果，重视课程与培养计划的设计及其内容，定期发布关于培养计划与资格授予最新的客观、公正的信息等保证培养计划和资格授予的质量。

ESG 尊重高等教育机构享有内部质量保证的自主权。ESG 坚持"高等教育的提供者应该为高等教育质量及其保证担负主要责任"原则，认

为高等教育机构制定内部质量保证的具体程序是其自主权的一部分，因此并没有制定详细的质量保证程序，而是要求高校和机构应根据各自的情况采用 ESG 包含的标准，鼓励高等教育机构营造质量文化，并构建高效的组织提供有质量的学习项目。

ESG 将学生摆在重要位置。首先 ESG 是"以学习者为中心"的质量保证过程。为了让学生和其他利益相关者对于高等教育更有信心，因此特别强调学习项目、学习资源的有效性。其次 ESG 的质量保证是"学生参与"的过程。在外部质量保证过程中，ESG 要求将"学生和其他相关利益者如人才市场代表摆在首位"，在内部质量保证活动中，ESG 特别强调学生的参与。

四　小结

博洛尼亚进程是围绕着建立共同的欧洲高等教育区的总目标，通过制定政策和执行政策的过程，来实现欧洲高等教育的一体化。研究博洛尼亚进程可以从不同的视角，本书是从结构主义的视角研究博洛尼亚进程所推进的"欧洲高等教育一体化改革"。本章将"欧洲高等教育一体化改革"构造成由政策目标、政策、政策工具、政策核心思想、政策制定与执行者等要素组成的结构，探求了政策之间的关系、政策与政策工具的关系。研究发现，博洛尼亚进程政策之间是相互联系、相互依存的，共同推进"欧洲高等教育一体化改革"；博洛尼亚进程是一个实现"以学习者为中心"的过程；学习成果作为一种理念、方法，贯穿于"欧洲高等教育一体化改革"之中，成为"欧洲高等教育一体化改革"的基本构件；欧洲高等教育一体化改革政策目标明确，学位结构与资格框架、质量保证、认可已经成为具有明确的行动方向，行动序列清楚的"行动路线"，社会维度、就业能力、终身学习、流动、全球维度是"欧洲高等教育一体化改革"的长远目标，很大程度上要依赖三大行动路线的成功执行；博洛尼亚进程以欧洲高等教育区资格框架、学分转换与积累系统、《欧洲高等教育质量保证标准与指南》等政策工具实现其政策目标，推进着"欧洲高等教育一体化改革"。

第四章 欧洲高等教育一体化改革的结构特征

　　结构主义认为结构要素是按一定的秩序组成结构的，一个结构会表现出系统的特征。欧洲高等教育一体化改革是由政策目标、政策、政策工具以及政策的制定与执行者等要素组成的结构，这些要素之间是以什么样的秩序和关系组成欧洲高等教育一体化改革的系统的呢？本章将探讨欧洲高等教育一体化改革的整体结构特征和组织结构特征。

一　欧洲高等教育一体化改革的整体结构特征[①]

（一）博洛尼亚进程是整体改革，系统推进的过程

　　博洛尼亚进程前，欧洲各国的学位自成体系。纷繁复杂的高等教育学位体系，成为学生流动、就业的障碍，也是影响欧洲高等教育竞争力与吸引力的重要因素。博洛尼亚进程从学位结构改革入手，将多样的结构整合为一致的三级学位结构，并建立了对应于学位结构的"资格框架"，又进一步系统推进到课程、质量保证、认可等方面。学位结构的重构通过资格框架实现，接下来高校就依据资格框架重新设计学习项目以应对学位结构调整，因而高校层面的课程改革成了学位体系调整到位的真正落脚点。索邦宣言就明确指出"大学要迅速反应，积极主动地致力于学位体系的一

---

　　① 谌晓芹：《欧洲高等教育一体化改革：博洛尼亚进程的结构与过程分析》，《高等教育研究》2012 年第 6 期。

致化进程"① 认可与内外质量保证体系的建立有力保证了博洛尼亚进程的学位结构调整的有效性。如图 4—1 所示，从学位结构调整到建立资格框架再到重新设计学习项目是欧洲高等教育一体化改革的主线路。值得注意的是，在学位结构调整过程中，蕴含了从教师中心学习到学生中心学习的深刻的教学范式的变革。"以学习者为中心"和"学习成果"是博洛尼亚进程关于教育教学改革的两大主题，贯穿于从宏观的学位结构调整到微观的大学课程改革之中，是连接博洛尼亚进程行动路线与政策的纽带。

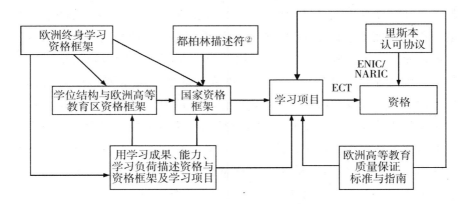

图 4—1　欧洲高等教育一体化改革整体框架

博洛尼亚进程在自上而下与自下而上相互作用中展开，在欧洲层面建构了欧洲高等教育区资格框架，制定了欧洲高等教育质量保证标准与指南（ESG）。在国家层面建构了国家资格框架，并以之作为高校制定学习项目的指南。欧洲高等教育区资格框架是连接国家资格框架的总体框架，它以共同的参照标准将各国资格系统联系在一起，为资格在不同国家、不同系统和不同院校之间的比较提供了可能，克服了欧洲各国高等教育系统的差异而造成的难题。ESG 作为欧洲高等教育质量保证的共同参照框架，旨在为欧洲高等教育区高等教育机构和质量保证机构提供帮助和指导，促进欧洲高

---

① "Joint Declaration on Harmonisation of the Architecture of the European Higher Education System", 1998（http：//www. ehea. info/）.

② 都柏林描述符（Dublin descriptor）由一个以联合质量行动（Joint Quality Intiative）命名的国际专家组制定，对每一博洛尼亚进程学位层级所应获得成就与能力做一般性描述。

等教育质量保证的合作和透明度。《里斯本认可协议》的全称为《欧洲高等教育资格认可条例》，是欧洲资格认可的主要法律工具，主要针对高等教育资格及高等教育入学资格的认可。欧洲国家学术认证与国家学术信息中心 ENIC/NARIC 网站是资格认可的工作平台，为资格认可提供所需的权威和准确信息。

（二）博洛尼亚进程的行动路线与"政策"相互依存、相互交织

伴随着学位结构与资格框架、质量保证、认可三大行动路线，博洛尼亚进程相继提出了社会维度、终身学习、就业能力、流动、欧洲高等教育全球维度等"政策"。作为欧洲高等教育区的发展目标，这些"政策"很大程度上依赖于从学位结构到资格框架再到课程的整体性的系列改革，而不能独立实现。"社会维度"是为了促进高等教育的更广泛参与，实现高等教育机会均等，该"政策"的实施要求资格框架能包容灵活的入学途径及学习形式。"就业能力"是为了促进毕业生初次就业和保持就业的能力，主要通过高等学校课程改革实现，课程改革的主要措施包括推进课程模块化，面向社会职业选择课程内容，增加关于欧洲的内容等。"终身学习"的实现以拓宽高等教育入学途径、灵活的入学形式为条件，因而需要在构建国家资格框架时予以考虑和支持。"流动"是为了让学生与教职员有更多国外学习和交流的机会，因而以公正的学历学位文凭认可制度，学分累积与转换体系的实施为实现基础。"欧洲高等教育全球维度"是为了欧洲高等教育系统能获得世界范围的吸引力和竞争力，其政策目标实现的前提是欧洲高等教育系统的兼容与可比较。如表4—1所示。博洛尼亚进程行动路线与政策相互依存、相互交织，形成了欧洲高等教育一体化改革的整体框架结构。

表4—1　　　　　　博洛尼亚进程"政策"及其实现基础

政策	政策含义或目标	高等教育对于政策实现作用	政策实现基础
社会维度	指进入、参与、完成各级高等教育的学生群体应该反映人口的多样性，即促进高等教育更广泛地参与，增加参与的机会，确保学业的完成	提供面向所有人的优质高等教育；提供相应的条件确保学生成功完成学业	认可先前学习 国家资格框架 质量保证

续表

政策	政策含义或目标	高等教育对于政策实现作用	政策实现基础
就业能力	指获得最初就业、保持就业，并能在劳动力市场流动的能力	使学生具备工作所需的知识、能力、态度，保证维持、更新的机会。学习完成后获得全面的学科知识和一般的就业能力	高等学校课程改革
终身学习	目标在于提高社会凝聚力、平等机会和生活质量	提高先前学习的认可，创造更多的灵活的、以学习者为中心的学习形式；拓宽高等教育入学渠道	国家资格框架的支持
流动	指能在国外学习一段时间，学习包括学术和社会方面	资格的认可；合作学位；灵活的课程	认可学分累积与转换课程改革
欧洲高等教育全球维度	提高欧洲高等教育系统国际竞争力，获得世界范围吸引力	改进欧洲高等教育区的信息；加强欧洲高等教育区的吸引力与竞争力；加强政策对话；加强基于伙伴关系的合作；促进资格的认可	欧洲高等教育系统的兼容与可比较

二　欧洲高等教育一体化改革的组织结构特征

（一）利益相关者参与

作为涉及全欧洲的高等教育改革，博洛尼亚进程是在来自47个国家的教育部长、高等学校、学生和教职员、国际组织的合作与参与中顺利展开的。合作与参与的平台是由部长会议和后续工作组组织召开的国际学术会议两个层次构成的论坛。部长会议每两年一次，部长会议期间由博洛尼亚进程后续工作组（Bologna Follow-up Group）负责管理。后续工作组由参与国家代表，欧盟委员会代表（1个），8个咨询组织（欧洲商业、欧洲理事会、泛欧国际教育组织、欧洲高等教育质量保证协会、欧洲学生联盟、欧洲大学协会、欧洲高等教育机构协会、联合国教科文组织欧洲中心)① 组成，代表着公共权力机构、高等学校、教师、学生、就业单位、国际组织及其他利益相关者。如表4—2所示。

表4—2　　　　　　　　博洛尼亚进程部长会议的咨询组织

咨询组织	组织性质与代表对象	主要活动和主张
欧洲商业（Business Europe）	欧洲商业是公认的社会合作伙伴，代表31个国家商业联合会已经成为欧洲商业正式成员的欧洲国家的各种不同规模的企业	欧洲增长与竞争力的主要倡导者，为欧洲大陆的公司而立，为其增长与竞争力开展富有影响的运动
欧洲理事会（The Council of Europe）	是欧洲大陆领先的人权组织。它包括47个成员国，其中28个是欧盟成员国。欧洲理事会所有成员都已签署了欧洲人权公约	欧洲理事会主张媒体表达自由、集会自由、平等和保护少数民族等。已发起了诸如保护儿童以及欧洲最大的少数民族等活动。欧洲理事会帮助成员国打击腐败和恐怖主义和进行必要的司法改革。自20世纪50年代开始，欧洲理事会与联合国教科文组织签订了七项关于欧洲高等教育认证的协议。1997年，欧洲理事会与联合国教科文组织共同制定了《里斯本认可协议》
泛欧教育国际组织（UNESCO）	是欧洲教学和研究人员的声音，代表了博洛尼亚进程覆盖的65万教学和研究人员（全世界3000万）	自博洛尼亚进程启动来，泛欧教育国际组织高等教育与研究常委会已经在积极发展和代表其成员组织的观点
欧洲高等教育质量保证协会（ENQA）	欧洲高等教育质量保证协会（ENQA）是一个伞式组织，代表来自欧洲高等教育区（EHEA）成员国的质量保证机构。ENQA的会员资格向欧洲质量保证机构和已经开展质量保证活动至少2年的其他高等教育领域的质量保证组织开放	致力于维持和增强欧洲高等教育的高质量，是所有博洛尼亚签约国质量发展的主要推动力。作为欧洲质量保证机构协会，ENQA致力于促进高等教育质量保证领域的欧洲合作并在成员中和利益相关者传播信息和专业知识，以开发和分享好的做法，促进质量保证的欧洲维度

---

① Bologna1999-2010 Achievements, Challengesand Perspectives（http://www.ond.vlaanderen.be/hogeronderwijs/ bologna/2010_ conference/）.

续表

咨询组织	组织性质与代表对象	主要活动和主张
欧洲学生联盟（ESU）	欧洲学生联盟（ESU）是来自39个国家的47个国家学生联盟（2012年12月）组成的伞式组织。ESU的目的是在欧洲层面，面向所有相关机构，特别是欧盟、博洛尼亚后续工作组、欧洲理事会和教科文组织欧洲中心，代表和促进学生教育、社会、经济和文化的利益。通过其成员，ESU代表了超过11万名在欧洲的学生	ESU的工作涵盖了资源、培训和告知国家学生代表欧洲层面高等教育政策发展情况。由于有关高等教育的决定越来越多地在欧洲层面采取，ESU作为唯一的欧洲范围内的学生平台扮演的角色也同样越来越重要。ESU工作中心支持其成员举办与学生相关研讨会、培训、宣传活动和会议，进行欧洲范围的研究与合作项目和活动，为学生、决策者和高等教育的专业人士提供信息服务和出版成果
欧洲大学协会（EUA）	是欧洲高等教育界的主要声音。EUA的会员资格开放给各个大学和国家大学校长会议，以及高等教育机构的协会和网络。在47个国家拥有约850家会员	EUA通过有针对性的活动，如：政策对话、会议、研讨会、项目和更有针对性的服务等，旨在支持他们的发展，以建立强大的欧洲大学
欧洲高等教育机构协会（EURASHE）	主要代表是（大学）学院和应用科学大学的国家协会和各高等教育机构，也有活跃在高等教育领域的其他专业协会和相关机构。目前与EURASHE有隶属关系的高等教育机构已超过1100个	EURASHE代表了欧洲高等教育区国家高等教育系统内部职业性的机构和专业的观点，旨在促进欧洲高等教育与研究区的发展。欧洲高等教育机构协会成员除了提供职业导向的课程，还从事应用和职业性研究以及技术应用
联合国教科文组织欧洲高等教育中心（UNESCO-CEPES）	旨在促进欧洲区域高等教育的合作以执行博洛尼亚进程目标为任务，承担与高等教育改革与发展有关的项目，促进高等教育政策发展与研究，作为高等教育重大题目的论坛，广泛收集与散发高等教育信息，是有关欧洲理事会/联合国教科文组织欧洲高等教育资格认可的秘书处	开展制定和执行高等教育政策，实施立法改革，学术质量保证和认证（包括排名），学术资格承认，就业能力和脑力劳动市场，管理和制度管理的新途径，大学自治和学术自由是高等教育的伦理维度，对教师培训的现状，在知识社会背景下大学与产业的关系，与跨国教育等活动

　　后续工作组每6个月至少碰头一次，由欧盟轮值主席国主持。部长会议制定行动路线与政策，达成协议或采纳标准，自愿参与的各国承诺按协议在本国执行博洛尼亚进程行动路线和"政策"，高等学校基于自治等原则通过课程改革、建立内部质量保障体系、实施流动计划等逐步实现博洛尼亚的政策目标。博洛尼亚进程体现了国家公共权力机构、高等学校、教师、学生等利益相关者的集体努力。如图4—2所示。

图4—2　博洛尼亚进程组织结构

资料来源：Bologna 1999 – 2010 Achievements，Challenges and Perspectivees（http：//www. ond. vlaanderen. be/hogeronderwijs/bologna/2010_ conference/）。

（二）自愿参加的政府间联盟

　　与欧洲的经济、政治联盟的规模比较，参与欧洲高等教育区的规模更大。根据2003年柏林公报部长的建议：欧洲文化公约的成员国只要公开表明愿意在他们国内高等教育系统追随和执行博洛尼亚进程目标就可以申请加入"博洛尼亚进程"，目前博洛尼亚进程包含了47个参与国，均来自于1954年签署欧洲文化公约的49个国家。目前47个成员国也就是欧洲理事会的47个成员国，其中包含28个欧盟成员国。

　　不同于经济、政治方面的联盟，博洛尼亚进程是国家自愿参加的政府间联盟行为，通过签订协议，成员国承诺实现政策目标。国家在统一的博洛尼亚进程政策目标指引下，按照统一的欧洲改革框架，各自开展改革。国家是政策执行的决定性力量和主要推动力。成员国制定自己的政策，也就是在执行博洛尼亚进程政策。高等教育机构是执行国家政策，实现博洛尼亚进程政策目标的落脚点。博洛尼亚进程在欧洲层面只是一个制定共同政策和协调工作的权威中心，而不是一个具有强制性执行力的权力中心，国家及国家的高等教育机构是政策执行主体。借助国际组织的力量在一定程度上增强了博洛尼亚进程国际教育政策执行力。一方面，博洛尼亚进程提出的政策与作为其咨询成员的国际组织教育政策方向的一致性，并有前期的实施基础，博洛尼亚进程整合这些政策并嵌入到博洛尼亚进程政策体系。另一方面，博洛尼亚进程将这些重要的国际组织作为咨询成员组织，借助国际教育组织自身的职能，在各个领域的影响力，推动其国际教育政策的执行（见表4—1）。博洛尼亚进程的组织结构，既符合了尊重国家意志，保护了国家的教育主权，又尊重高等教育机构的独立性、自治权原则，从而保证了国际教育政策的执行。

（三）借助欧盟的力量，保持相对独立性

欧盟委员会从博洛尼亚进程一开始就成为了其积极主动和忠实的成员。目前，欧盟全部的28个成员国都是博洛尼亚进程的签约国，占据了博洛尼亚进程的一半。对于博洛尼亚进程关于建立无边界的欧洲高等教育区的设想来说，1987年启动的欧盟伊拉斯谟斯流动计划以及有关的举措和工具，例如欧洲学分转换和积累系统功不可没；另一方面，博洛尼亚进程也促成了欧盟在高等教育领域的多方面改革行动。欧盟委员会与博洛尼亚进程分享着一些共同目标和承诺。

1. 制定终身学习资格框架

为适应全球化、人口结构的改变以及技术的飞速发展，高等教育必须为未来工作岗位培养更多高水平、复合型以及具有资格的人才。欧洲高等教育区资格框架（QF-EHEA），作为博洛尼亚进程调整学位的参照标准，已于博洛尼亚进程2005年卑尔根部长会议采纳。QF-EHEA对达到欧洲高等教育区三级学位所要求的学习成果进行了清晰严谨的描述，以便雇主、各类组织机构以及个人更加容易识别资格拥有者的知识和能力水平，从而促进流动、就业。鉴于博洛尼亚进程已经在高等教育领域取得了非凡成就，欧盟委员会认为在职业教育领域也应采取相应的行动。2008 年 4 月，欧洲议会和欧盟理事会批准了欧盟委员会建议的《欧洲终身学习资格框架》（EQF）。EQF 涵盖基础教育、高等教育和职业教育和技术培训，将知识、技术和能力水平分为 8 个等级，其中 6 至 8 级分别对应于欧洲高等教育区资格框架的三级学位。EQF 与 QF-EHEA 所秉持的精神和遵循的原则是一致的。首先，EQF 与 QF-EHEA 均采用学习成果和能力描述每一级资格的水平，强调以学习者为中心。博洛尼亚进程学位结构的调整并不仅仅意味着将传统的学习项目分割成两阶段或者三阶段，而是要求高等教育机构对学习内容进行重新思考，考虑学习项目是否充分明确了毕业生的需求，毕业生是否获得了必需的知识、技能和素质，让教学更以学习者为中心。于是高等教育机构已经开始依据在 EQF 和 QF-EHEA 基础上制定的国家资格框架，从学习成果出发来描写课程及模块，开展实质性的课程改革。其次，EQF 与 QF-EHEA 以满足终身学习的需求为主要目标之一。与博洛尼亚进程的目标一致，欧盟委员会要求高等教育应该反映人口多样性，以拓宽终身高等教育入学途径作为改善生活质量的手段。与北美和亚洲发达国家相比，欧洲青年高等教育入学率和成人大学教育比例不高。为此，欧盟成员国已经采纳了一个标杆：到 2020 年至少 40% 的 30—34 岁成年人受过高等教育（2007 年还只有 30%）。为推动欧洲经济从经济危机短时期的恢复并实现持续增长，欧盟委员会提出了一个投入标杆：对于高等教育的公共和私人投入应该不低于 GDP 的 2%。欧盟委员会还启动了一项对于未来技能要求以及与 2020 年差距的综合评估。这项工作包括了由欧洲职业训练中心（EDEFOP）承担的关于技能输出和需求的深度评估，鉴定主要经济部门未来岗位出现的能力和要求的新技能。

2. 以项目推动课程改革和流动

欧盟委员会的伊拉斯谟斯计划中"调整欧洲教育结构"项目为大学学科、专业制定了能力指标体系，全欧已有几百所大学在实施伊拉斯谟斯课程发展计划中建立了合作。几十个伊拉斯谟斯网站对于特定学科或专题，就像"智囊团"，限定学科质量标准，将社会要求以建议的形式推荐到课程改革中，尤其强调教学标准应反映前沿研究。欧盟委员会在

2008 年建立了大学—商业论坛，为课程改革、继续教育、流动、创业、知识与治理搭建了对话平台。伊拉斯谟斯计划的"大学—企业"合作项目为这些领域的最有创新的观点提供支持。

欧盟委员会通过居里夫人行动（Marie Curie Actions）、伊拉斯谟斯（Erasmus）、伊拉斯谟斯世界之窗计划（Erasmus Mundus）、欧洲创新和技术研究所等项目为日益增多的大量流动研究者，特别是博士候选人提供支持和资助。自 1987 年来，受伊拉斯谟斯项目资助留学的学生已经达到 300 万。伊拉斯谟斯世界之窗计划定位在研究生层次的高等教育交流，采用提供每年上万个奖学金和访问学者名额的方法，加强欧盟成员国大学之间的学术联系，提高欧洲高等教育的质量和竞争力，扩大欧洲高等教育在世界上的影响。到 2010 年，受 Erasmus 资助的合作硕士课程达 133 门，合作博士项目达 13 个，涉及 700 多所来自世界各地大学，建立了 63 个学生、教师学术交流的合作项目，63 个学生或教师的学术交流与合作。居里夫人行动是欧洲研究奖学金项目，资助研究人员到国外或私立部门完成对职业有用的能力和学科训练。

3. 致力于透明工具的开发

欧盟的伊拉斯谟斯（Erasmus）项目还致力于透明工具的开发。伊拉斯谟斯项目开发的学分转换和积累系统和文凭补充等透明工具，在博洛尼亚进程的应用中得到进一步完善。欧盟委员会通过制定《ECTS 使用指南》，通过工作于由欧盟委员会支持的博洛尼亚专家的国家团队的顾问的建议，以及通过为具有完善的课程目录和认可实践的高等教育机构授予 ECTS 标签以支持 ECTS 的使用。2009 年欧盟委员会出版了一本新的《ECTS 使用指南》，该指南考虑到 ECTS 已经从学分转换的工具发展成为转换和积累的工具，同时也增强了学习成果的重要性。文凭补充（DS）是欧洲范围内高等教育机构使用的对授予学位的补充说明，由欧盟委员会、欧洲理事会以及联合国教科文组织欧洲中心联合开发，欧盟委员会通过 ECTS 和 DS 顾问的咨询与指导，为实施良好的机构授予标签等形式推进 DS 的实施。DS 的设计和使用都紧密地结合 ECTS。博洛尼亚进程柏林部长会议，签约国家已对推广 DS 的使用达成一致意见。DS 以及在伊拉斯谟斯项目和 ECTS 广泛使用的个人学习协议，让学习认可变得更加简易。

4. 推进欧洲国家、高等教育机构之间的合作

博洛尼亚进程部长会议已经一致通过外部维度战略，集中于信息、促进、合作、认可和政策对话等方面。欧盟委员会以政策和项目给予博洛尼亚进程的外部维度战略强有力的支持。欧盟的对外政策旨在与全世界尤其是欧洲周边国家建立密切合作。为此，欧盟出台了《欧洲周边国家政策》，涉及几乎所有的博洛尼亚进程签约国。欧盟的项目对于准备加入欧盟的国家、周边国家以及发展中国家的高等教育具有强大的援建能力，特别是 Tempus 项目，该项目每年大约有 5500 万欧元预算。Tempus 于 1990 年启动，以支持欧盟周边国家高等教育的现代化，致力于构建欧盟周边国家的合作空间。该计划覆盖了西巴尔干、东欧、中亚、北非和中东的 27 个国家。Tempus 基金主要支持欧盟及其伙伴国家高等教育机构之间的合作项目和结构性改革措施。合作项目主要针对在新课程、教学方法与教学资源的开发、调整与推广以及质量保证、管理等方面；结构性措施主要针对伙伴国家高等教育机构和系统的改革和发展以及提高质量、增强与欧盟发展的一致等方面。

为了增强欧洲高等教育在世界范围的形象，欧盟委员会在 Erasmus Mundus 项目框架下启动了"全球促进项目"。该项目已建立了办理国际教育事务"在欧洲学习"网站、在高等教育机构和国家层面上建立了欧洲教育顾问试点网络、能力建设工作室。

5. 建立网络和协会促进高校提升教学质量

欧盟委员会通过大学网络和协会促进高等教育机构在提高教学质量上的相互支持和学习。伊拉斯谟斯计划以经费支持"Qrossroads"数据库的建设，作为外部质量保证机构发布关于高等教育机构的评估报告平台。欧盟委员会帮助建立并通过伊拉斯谟斯项目资助的欧洲高等教育质量保证协会（ENQA），许多外部质量保证机构已经申请加入。欧盟委员会支持制定系列特定学科的欧洲质量标准，这些标准有的被外部质量保证机构借用，有的已经成为欧盟权利范围内的质量保证机构。

三　小结

整体改革、系统推进是欧洲高等教育一体化改革的整体结构特征。

欧洲高等教育一体化改革是欧洲、国家、高等教育机构三个层面全面参与的改革过程，是在自上而下与自下而上相互作用中展开，改革的行动路线与"政策"相互依存、相互交织。贯穿欧洲高等教育一体化改革的核心思想是"以学习者为中心"和"学习成果"。

在组织结构方面，博洛尼亚进程是国家自愿参加的政府间联盟，国家及国家的高等教育机构是政策执行主体；博洛尼亚进程在欧洲层面有一个制定共同政策和协调工作的权威中心，博洛尼亚进程的政策制定是一个利益相关者参与的过程；欧盟委员会以正式成员的身份加入到博洛尼亚进程，使得博洛尼亚进程在有效地借助了欧盟的力量的同时，又保持了相对独立性，这是博洛尼亚进程取得现有成功的一个关键。

第五章 欧洲高等教育一体化改革的主路径：从学位结构调整到课程改革[*]

学位结构调整、质量保证、认可是欧洲高等教育一体化改革的三大支柱。欧洲高等教育一体化改革围绕主路径——学位结构的调整进行，学位结构的调整是欧洲高等教育一体化改革的主动力，带动了其他方面的"一体化"改革。通过对结构要素的分析，本书建构了欧洲高等教育一体化改革的整体结构。本章将通过对主路径的分析，探讨在学位结构调整过程中的政策目标、政策工具。与行动的互动过程，探讨在学位结构的调整中如何协调"一致性"和"多样性"？

一 学位结构调整中"一致性"与"多样性"的协调

博洛尼亚进程前，欧洲各国高等教育系统存在很大差异，构成了流动的结构性障碍。博洛尼亚进程以统一学位结构为起点，开始了欧洲高等教育区的建设历程。共同的学位结构奠定了欧洲高等教育系统一体化的基石，但一体化进程又需要保护和延续由历史沉积的特殊文化、科学传统，以及曾经辉煌的欧洲高等教育中那些还有着强大竞争力和吸引力的因素。博洛尼亚会议上部长们承诺"在我们机构职能的范围内，充分

---

* 谌晓芹：《欧洲高等教育一体化改革：博洛尼亚进程的结构与过程分析》，《高等教育研究》2012 年第 6 期。

尊重各国文化、语言、国民教育系统以及大学自治的多样性"①。为达成多样性与一致性的统一，博洛尼亚进程力图以"可比较"、"兼容"、"透明"原则构建高等教育系统框架。如，《索邦宣言》提出设计具有"国际比较性、对等的两级学位体系"②，《博洛尼亚宣言》进一步指出要建立"易读与可比较的学位体系"。为实现学位结构的可比较性、透明与兼容性，博洛尼亚进程推出了欧洲高等教育区资格框架、欧洲学分转换与积累系统、文凭补充等透明工具。

（一）资格框架的两级设计

在各自文化传统基础上逐渐建立和发展起来的欧洲各国高等教育系统，不仅带有本国鲜明的特点，在高等教育的层次、结构和类型上也存在很大的差异。为了使新建的共同的学位结构体系能包容各国高等教育系统多样性，博洛尼亚进程致力于建立两级资格框架体系。即在欧洲层面建立了一个共同资格框架，在国家层面建立各国国家资格框架。该体系既促进了欧洲高等教育结构的统一协调，又保留了各国高等教育的传统和特色。资格（qualification）涵盖了学位、文凭及其他证书。《索邦宣言》开始积极推进建立一个共同的资格框架，以促进流动与更紧密的合作。《布拉格公报》清晰地指明：应该通过构建一个共同的资格框架，增强欧洲高等教育学位在世界范围的易读性与可比较性。于是，卑尔根会议（2005）采纳了欧洲高等教育区资格框架（QF-EHEA），成员国承诺制定与 QF-EHEA 协调一致的国家资格框架（NQF）。总体而言，由博洛尼亚进程开创的 QF-EHEA 是连接国家资格框架的总体框架，能让国家高等教育资格框架及所包含的资格之间的关系更加透明。共同的资格框架，可增强教育的相互理解、教育的透明度与渗透力。QF-EHEA 以共同的参照标准将各国资格系统联系在一起，为资格在不同国家、不同系统和不同院校之间的比较提供了可能，克服了欧洲各国

---

① Eurydice, Focus on Higher Education in Europe 2010: The Impact of the Bologna Process (http://www.eurydice.Org).

② http://www.ond.vlaanderen.be/hogeronderwijs/bologna/documents/declarations_communiques.htm.

高等教育系统的差异而造成的难题。与此同时，QF-EHEA 可包含多种具体形式的学位、学历、文凭教育，资格框架的两级设计（欧洲层面为 QF-EHEA，国家层面为 NQF）为各成员国、高等教育机构预留了多样性的发展空间。

（二）以"能力"描述资格的学习成果

2003 年 9 月 19 日，为了评估博洛尼亚进程取得的进展，确定优先战略和新的目标，来自 33 个欧洲国家的教育部长们相聚柏林，拟定了《实现欧洲高等教育区》即《柏林公报》（2003）。柏林会议上部长们承诺将于 2005 年开始实施两级学位，强调通过加强高校与高校，高校与用人部门之间的对话提高对于新资格的理解与接纳。柏林公报要求：部长们要督促自己国家为高等教育系统制定一个可比较、兼容的框架，尽量使用学习成果、能力、学习负荷等描述资格。框架中的每种学位规定有不同的学习成果，第一、二级学位应该设置不同的方向与学位概貌（degree profile），以适应个体发展、学术及劳动力市场需求的多样性，使各级学位之间衔接顺畅。卑尔根会议宣布采纳的欧洲高等教育区资格框架（QF-EHEA）包含三级学位，并使用了学习成果描述每一级学位要求。学习成果（learning outcome）是经过一段时间的学习后，学生所知晓、理解的以及所能展现的东西。它是学生为获得资格应该能取得的学习结果，而不是老师的意图。学习成果主要表现为能力（competence）。能力是知识、理解、技能与才能的动态组合，是完成学习项目后的学习成果。培养能力是学习项目的目标，学生获得的能力形成于学习项目中不同的课程单元。以能力描述资格的学习成果，提高了资格的透明性与可比较性。总体来说，欧洲高等教育区资格框架注重的是学习的具体成果，而非学习时间的长短或学习的形式。在这种体系中，学生可以通过不同的途径学习，只要达到同一级资格要求的学习成果，即可获得相同级的资格，因此，这种以能力为核心的资格体系可以兼容不同的教育形式，从而保证了高等教育的多样性。这是 QF-EHEA 与传统的学位、学历体系最大的不同。如图 5—1 所示。

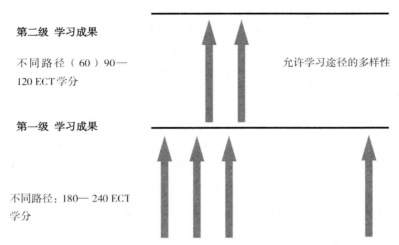

第二级　学习成果

不同路径（ 60 ）90—
120 ECT 学分

允许学习途径的多样性

第一级　学习成果

不同路径：180— 240 ECT
学分

图 5—1　获得类似学习成果的不同路径

资料来源：Julia Gonzalez and Robert Wagenaar, Universities Contribution to the Bologna Process, Publicationesde la Universidad de Deusto, February 2008, p. 19（http：//www. unideusto. org/tuningeu/images/stories/Publications/ENGLISH_ BROCHURE_ FOR_ WEBSITE. pdf）。

（三）ECTS 实现多种教育形式互通

为了促进资格和短期学习经历的认可以及学生的流动，《博洛尼亚宣言》提到"建立一种学分系统——类如欧洲学分转换系统——作为促进学生最广泛流动的合适手段"①，《布拉格公报》对建立这一系统的理由做了进一步解释："为了使学习具有更大的灵活性，应当采用一种如欧洲学分转换系统那样的学分系统，不仅具有学分转换功能而且还有学分累积功能。"② 以上提到的欧洲学分转换系统，于 1989—1990 学年开始推行，最初是欧盟在实施伊拉斯谟斯计划（即欧洲共同体关于大学生流动的行动计划）中开发的一个对学生国外学习经历予以承认的有效工具。随着《博洛尼亚宣言》的发布，欧洲学分转换系统焕发出新的活力，发展成为一个以学习者为中心的学分积累与学分转换系统（ECTS）。

---

① "Joint Declaration of the European Ministers of Education"（1999）, The Bologna Declaration（http：//ec. europa. eu/education/policies/educ/bologna/bologna. pdf）.

② Communique of the Meeting of European Ministers in Charge of Higher Education in Prague（2001）, "Towards the European Higher Education Area"（http：//www. ehea. info/）.

该系统根据学生获得预期学习成果所承担的工作量（即学习负荷，student workload）确定学分。这些工作量包括了获得某种学习成果而开展的所有学习活动（如讲座、研讨、实习、自学、专业考察、考试）通常花费的时间（用学时表示）。在大多数情况下，每个 ECTS 学分需要 20—30 个学时，学生每学年修习 60 学分，学习负荷约 1500—1800学时。按照 ECTS 的原则制定学习项目的教学计划，能实现学习结果和学习过程的透明化，不仅有利于资格认可，也有利于学业知识的传授及学习效果的评价。凭借 ECTS，学分如同"货币"一样，可以为不同的学习形式赋予相应的值，因而可在多种多样的学习形式中转换或累积，从而使学习途径更加灵活。欧洲高等教育区资格框架确定了每一级学习的 ECTS 学分范围，在制定国家高等教育资格框架时，可进行更具体的学分分配。因而 ECTS 是实现欧洲高等教育区资格框架与国家资格框架的兼容的关键。

（四） 文凭补充提供透明信息

为了切实推动资格互认，博洛尼亚进程推出了文凭补充（Diploma Supplement）。《博洛尼亚宣言》指出"执行文凭补充让学位更加易读与可比较"，卑尔根会议强调"所有博洛尼亚进程参与国应批准通过里斯本认可协议，每一个学习者应该免费得到文凭补充"。文凭补充包含了许多评估外国资格所必需的信息，如关于高等教育机构及学习项目情况与类型的信息；关于教育层次、学习负荷以及外国资格简介的信息；关于学习项目的组成成分及获得学分与等级的信息；对于预期学习成果的描述；关于资格目标与功能的信息等。文凭补充与资格证书一同签发，为多种多样的学习过程提供透明的信息。[①]

二 学位结构调整的关键：课程改革

教育体系的调整主要是政府的责任，而调整落实的责任在于高等学

---

① http：//www. ond. vlaanderen. be/hogeronderwijs/bologna/documents/declarations _ com-muniques. htm.

校和教师。对大学来说，正确理解博洛尼亚进程核心精神，并贯彻到大学课程的改革中关系到博洛尼亚进程的最终成败。《伦敦公报》清楚地表示，博洛尼亚进程的一个重要目标是"发展更多的以学习者为中心、基于成果的学习"；强调课程改革对于将资格引向更适应于劳动力市场的重要性；明确提出要正确地实施基于学习成果与学习负荷的学分转换与积累系统（ECTS），鼓励高等教育机构开发采用学习成果方法的课程模块与培养方案，鼓励高等教育机构要在开展课程改革中进一步发展与雇主的伙伴与合作关系。

（一）学习成果嵌入到博洛尼亚进程，是课程改革的根基

托马斯·库恩认为"科学的进步不是进化，而是一系列的由科学革命打断的和平短剧"[①]，科学革命通常是变革动力驱动的思维的转变——范式转变。学习成果是一种教学范式的改变，经过了漫长过程的孕育而产生，在博洛尼亚进程中终究成了促进欧洲陈旧的教育系统现代化的激烈的改革的核心，并开始产生深远的影响。在激进的欧洲高等教育改革中，学习成果从外围转移到中心。博洛尼亚进程的不同方面都包含了学习成果，整个博洛尼亚进程就是对学习成果的复杂、系统的应用。联合质量计划的专家们制定了"都柏林描述符"（Dublin descriptor），已被教育部长们采纳作为欧洲高等教育区资格框架的部分。依据都柏林描述符，博洛尼亚进程参与国积极创建具有新风格的国家资格框架，并使用学习成果描述各级学位，建立学科领域的标杆。欧洲高等教育质量保证协会（ENQA）制定了与欧洲高等教育资格框架（包括欧洲高等教育区资格框架和国家资格框架）相匹配的《欧洲高等教育区的质量保证标准与指南》（ESG）。

学习成果改变了课程设计的思路。传统教学主要为输入式，过度聚焦于教师而不是学生，学生们期待着有效和富有变化的教学风格，于是从教师中心到学生中心的教学变革便伴随博洛尼亚进程学位结构调整连

---

① Thomas Kuhn, *The Structure of Scientific Revolutions*, Chicago: University of Chicago Press, 1962.

带而来的重新设计学习项目的机遇而开始。传统的大学学习项目是以教师为中心设计的，课程设置通常是教师的兴趣与经验的反映，课程结构相当松散，很难达到平衡与有效。使用学习成果设计学习项目，使学习成果形成于学习项目、课程与模块中，其获得来自于一个连续的过程。因而学习成果是课程之间的联系，以致学习项目不再是许多松散的课程的累加，而是一个全盘考虑的，在水平、垂直方向相互联系的多层结构的课程"大蛋糕"，各门课程在总体的课程结构中都不可或缺，各门课程的学习成果相加会得到整个学习项目的学习成果。这样，由不同的教育途径可以获得相同的学习成果，某个学习项目的学习成果也更容易被认可为另一个学习项目的组成部分或者作为升学的基础。相对传统的课程设计，学习成果的使用也为高等教育机构保留了更多的灵活性、多样性，也尊重高等教育机构及其他教育文化的自主性。在应用学习成果而充满活力的课程改革中产生"欧洲高等教育一体化改革"的最终产品——更完美的资格。

（二）"欧洲教育结构调整计划"引领着课程改革①

考虑到自《博洛尼亚宣言》发表以来，各国在开展学位结构调整过程中，对于每一级学位层次的课程设置和学习期限，出现了不同的解释和理解。有的国家仅仅只是对本国原来各层次的学位或资格做简单化处理，贴上新标签而已，并没有深入把握博洛尼亚进程的主旨精神。为了促进欧洲高等教育一体化进程的发展，2000 年年末，欧盟委员会委托西班牙的第斯托大学和荷兰的格罗宁根大学，主持开展了作为"苏格拉底—伊拉斯谟斯计划"子研究项目的"欧洲教育结构调整计划"（Tuning Education Structure in Europe）。这项由大学推动的"欧洲教育结构调整计划"，旨在为博洛尼亚进程的政策在高等教育机构层面和学科领域的执行提供具体方法，其核心任务就是采用"学习成果"和"能力"表述学科参考点的方法，制定博洛尼亚进程新学位结构中每一级学

---

①　谌晓芹：《博洛尼亚进程之基本构件——学习成果及其意义》，《江苏高教》2012 年第 1 期。

位的学位标准。高等教育机构则依据 Tuning 制定的学位标准，并同样采用以能力描述学习成果的方法，重新设计、制定、实施、评估学习项目。该计划于 2001 年 5 月正式启动，两年为一阶段。Tuning 计划第一阶段重点是关于一般能力或者可转换技能、学科专门能力、学分转换系统作为累积系统的作用的研究；第二阶段的重点是关于教学与评价的方法、教育过程中提高质量的作用（强调建立在机构质量文化基础上的体系）等方面的研究；第三阶段则集中在博士学位以及在高等教育机构实施 Tuning 计划方法的策略。

1. 以研究推动课程改革

Tuning 计划基于的假设是"如果学习成果以及学科或专业概貌（profile）① 具有可比性，学位也就变得可比较与兼容了"。因此，Tuning 必须研究各层次毕业生的学习成果有哪些？"能力"（competence）有哪些？Tuning 认为，能力是知识、理解、技能与才能的动态组合，是完成学习项目后的学习成果，因而培养能力是人才培养的目标；能力形成于不同的课程单元，应在不同的教学阶段被评估。Tuning 将能力区分为一般能力和学科特定能力，学科特定能力因学科领域不同而不同。

Tuning 通过问卷调查方法研究一般能力的含义及构成。调查目的是启动欧洲层面关于"能力"的共同讨论。参与讨论的有来自学术领域外部的群体（毕业生和用人单位），还有学者（Tuning 的每个学科领域的代表和一些没有参与 Tuning 计划的学者）。调查也试图收集全欧洲对于毕业生能力发展的趋势与改变程度的最新信息，试图通过清晰语言表述的专门问题开展讨论达成不同国家之间对于能力要求的个性与共性的平衡。讨论分三个层次：高校层面、学科层面、欧洲层面。

关于一般能力的调查采用两套问卷进行，第一套问卷主要是确定有哪些"一般能力"以及每种"一般能力"的重要性程度，调查对象为毕业生和用人单位，第二套问卷是调查学者。为了准备调查毕业生和用人单位的问卷，Tuning 专家对关于一般能力的 20 个研究进行一次总结，确定了 85 项不同的能力。这些项目分成三类：工具能力、人际关系能力

---

① 学科、专业概貌是对学习项目的目标、学习成果的概述。

和系统能力。经过筛选，最后调查问卷确定了 30 项能力。问卷被翻译成 11 种欧盟官方语言，每所大学负责向毕业生和用人单位发放和回收问卷，最后将问卷交给西班牙的第斯托大学。每所大学会收到自己的数据文件和汇总图表和不同学科图表的电子邮件。因为达成协议和保密原因，没有中心级的图表和分析，每所大学自己分析自己的数据，并做出自己的反思。每所大学也能将自己的数据与总数据进行比较，以便得出结论，并提出自己学校的策略。每所学校的毕业生样本总数为 150 人，调查对象为最近毕业 3—5 年的学生。如果毕业生少，就选择最近 5 年毕业的学生，如果毕业生多，就选择最近 3 年毕业的学生。每所大学选择 30 个已经雇用了毕业生的用人单位或者毕业生对之有着工作兴趣的单位。大学采取邮寄问卷或者现场发放问卷的方式，对毕业生和用人单位进行调查，要求答卷在 10 日内送回。对于学者的调查，至少选择 15 名该学科领域的专家，调查问卷采用电子版，7 天之内回收。对于 30 种能力，要求调查对象回答该能力对于成就的重要性和最重要的 5 种能力。

2. 能力本位的专业教育模式

Tuning 计划采用"能力"作为描述专业和学科概貌的共同语言，高等教育机构在设计学习项目时就可根据那些要达成的"能力"选择知识和教学行为。由此学习项目的目标变得可测量，教学行为也会随之改变。Tuning 认为"可比较不同于同质化，对于学科或专业概貌（profile）来说，具有多样性不是缺点而是优点"。因此，Tuning 在调整教育结构和学习项目时强调坚持多样性和自主原则，允许高等教育机构自主调整课程，这样高等教育机构既没有损失自主性，同时还激发了它们改革的能量。Tuning 计划的学习项目设计、实施过程是教育质量的动态发展过程，如图 5—2 所示。教育质量发展动态图展示了学习项目设计的要素及过程：（1）必要的资源（教职员的质量、教学环境条件与设施等）；（2）必须通过相关的利益相关者的磋商建立；（3）描述学位或资格概貌；（4）用一般和学科能力表述学习成果；（5）建立和描述学术内容及结构；（6）确定达到学习成果的教学与评价策略；（7）建立相应的评价与质量保证系统以保证课程整体一致的实施。

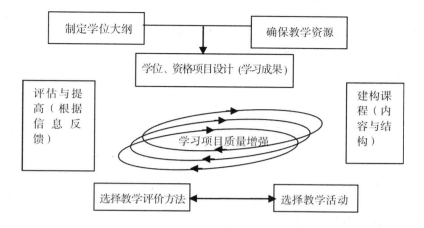

图 5—2　Tuning 教育质量发展动态图

资料来源：Julia Gonzalez and Robert Wagenaar, "Universities' Contribution to the Bologna Process", An Introduction 2nd Edition。

　　学位或资格概貌所要求的学习成果表述成"能力"后，课程内容与结构即采用描绘课程地图来建构（见表 5—1）。课程地图通过标明每门课程或每个课程模块包含了哪些学习成果（用能力表示），进而明确了每一种学习成果在培养方案中的位置。学习成果要通过教学活动实现，并由相应评价方式评价。因而确定了学习成果之后，接下来就是选择教学活动和相应评价方式。对应于多种多样的教学活动（讲座、讨论、研讨、练习课、实践课、实验课、导师个别指导、自学、实习、现场考察、写论文、项目工作、读书、主持会议等），Tuning 计划主张采用适合的评价方式（口试、笔试、口头陈述、测试、论文、实习报告、作品夹、现场考察报告、毕业论文等）。

表 5—1　　　　　　　　　　　　　　　**课程地图**

课程单元	学习成果								
	a	b	c	d	e	f	g	h	i
Unit 1		I		E					
Unit 2	R	I				ER			

续表

课程单元	学习成果								
	a	b	c	d	e	f	g	h	i
Unit 3								RA	
Unit 4			ERA						

I = introduced 介绍；E = emphasized 强调 ；R = reinforced 加强；A = assessed 评估

资料来源：Julia Gonzalez and Robert Wagenaar, Universities' Contribution to the Bologna Process An Introduction 2nd Edition。

Tuning 计划设计课程有规范步骤：第一步，提出模块/课程。首先必须选择是模块的体系还是非模块体系。非模块体系，每一门课学分不同，总学分是每学年 60；模块化体系中的模块或课程单元学分固定，模块化体系有助于注册于不同学科领域学生修习相同的模块。第二步，估算学生学习负荷。模块/课程单元的学习负荷的确定以获得预期学习成果教学活动的总时间为依据。第三步，通过学生评价核对估算的工作量。核对工作量的估算是否准确有不同的办法，最普通的办法是在学习过程中或课程完成后，对学生实施问卷调查。第四步，调整工作量或教学活动。监测的结果或者课程内容更新要求调整工作量、课程的教学活动类型。模块化模式，由于学分固定，需要调整学习材料、教学活动类型；非模块化课程的学分的调整，会影响到其他课程。

有别于传统的教学模式的课程设置，Tuning 计划分配课程学分主要依据模块或单门课程的学习负荷（即获得预期学习成果的教学活动的总时间）。Tuning 计划在计算模块或课程单元的学习负荷时，会全面考虑到取得预期学习成果的所有教学活动，尤其值得注意的是包括了学生的学习活动时间。学习负荷在时间上必须与课程的学分相当，通常每个全日制学生一学年需修满 60 学分，以 25—30 工作小时/学分计算，全日制学生每学年的学生工作量是 1500—1800 小时。在学习过程中或课程完成后，对学生实施问卷调查核对学习负荷的估算。Tuning 学位方案的设计过程是一个动态的质量发展过程。根据监测的结果要求调整学分、课程的教学活动类型、更新课程内容。

Tuning 注重能力培养为欧洲高等教育机构教育范式的转变、质量的追求、毕业生就业能力的增强、欧洲高等教育区的创立开辟了一个重要领域。"能力"在学习项目设计中的应用促进了欧洲学位与资格的易读与兼容，因而也就促进了教育的透明性。Tuning 的重大贡献在于为基于学习成果的学位结构和资格框架在高等教育机构与学科或专业层面的实施提供了具体的方法，并强有力地推动了高等教育机构以学习者为中心的课程改革以及相伴而来的教学及评价的变革。

三　欧洲高等教育学位结构"一体化"改革进展[①]

（一）博洛尼亚进程学位系统已成为欧洲高等教育区的主导学位系统

从学生注册率看，博洛尼亚进程学位系统已成为欧洲高等教育区的主导学位系统。一半以上国家，进入二级学位系统的学生已经超过90%，其他 1/4 的国家（或系统）进入二级学位系统的学生在 70%—89%。34 个高等教育系统中有 10 个系统，所有学生都注册到博洛尼亚进程学位系统，奥地利（47%）、德国（36%）、斯洛文尼亚（31%）和西班牙（4%）等国家学生注册到博洛尼亚进程学位系统的不到一半，俄罗斯和马其顿的原南斯拉夫共和国到 2008 年还没有启动学位改革。11 个国家有短期（少于 3 年）学位项目，注册率占学生总人数的 2%（如冰岛和瑞典）—30%（如土耳其）。面向受控职业的学科领域或欧盟管理的学科领域以及国家法律规定学制为 5—6 年的那些学科专业，仍然保留着长学制项目，如医学、牙科、药学、建筑学等。3/4 的国家的第一、二学级都留存了长学制项目，学生注册于长学制项目学习的比例介于 1%（芬兰与摩尔多瓦）与 19%（波兰）之间。

"180+120" ECTS 学分模式即"3+2"模式是最广泛使用的模式。大多数国家第一学级包含了 180 ECTS 学分和 240 ECTS 学分及其他期限。180 个 ECTS 学分占据优势，14 个高等教育系统中 75% 的学习项目实行 180 个 ECTS 学分。也门、塞浦路斯、格鲁吉亚、哈萨克斯坦、土耳其和乌克兰实施的是单一的 240 ECTS 学分模式。阿塞拜疆、波斯尼

①　数据来源：Eurydice, *The European Higher Education Area in* 2012: *Bologna ProcessImplementation Report*, Education, Audiovisual and Culture Executive Agency, p. 9。

亚和黑塞哥维那、保加利亚、希腊、西班牙和拉脱维亚等国学习项目75%是240个ECTS学分。第二学习周期一般实施120个ECTS学分，这种模式存在于42个高等教育系统，在阿尔巴利亚、也门、法国、格鲁吉亚、列支敦士登、卢森堡和土耳其是唯一的形式，另外18个高等教育系统有75%的学习项目实施120 ECTS学分制，27个国家有60—75 ECTS学分制，其中8个系统占主导优势。90 ECTS学分制尽管存在于21个高等教育系统，但实施不广泛，只有6个国家有50%及以上的学习项目实施这种形式。除此之外，还存在其他形式的学分制。除了典型博洛尼亚进程学习项目模式，31个高等教育系统还余存有长学制的学习项目，可获第一级学位或第二级学位。长学制学习项目通常是300—360 ECTS学分或5—6学年制。

各级学位之间理论上是衔接的，实际需要通过考试和学习课程。《博洛尼亚宣言》强调获得第一级学位是进入第二级学位的基本要求，《柏林公报》也阐明："第一级学位应该允许进入第二级学位，第二级学位可进入博士阶段学习。"绝大多数国家，理论上所有的第一周期学位都可以进入第二周期学习，那些不允许所有第一周期学位毕业生直接进入第二周期学习的国家，提出的理由是学术型和职业型学位的二元分化，因而要求第一周期的职业型学位获得者必须学习衔接课程。不过，即便理论上可以进入第二周期学习，实际上学生获准进入第二周期还必须满足附加的要求。21个高等教育系统中所有或部分一级学位持有者，要么通过参加考试，要么通过学习课程才能进入第二级学位学习。一些国家通过衔接课程和考试拓宽了晋升高一级学位学习的途径，如比利时、丹麦、荷兰等实行双轨制的国家，因为第一级职业学位的学习成果不太适合于第二级学位，衔接的部分实际上为那些学生打开了学习途径。大多数国家能从第一级学位进入到第二级学位学习，比例或者位于10%—24%，或者是25%—50%，13个系统达到75%—100%，捷克共和国是每个学生都可以。

大部分国家从第二级学位到第三级学位比例在5%—10%与10%—15%之间，摩尔多瓦、塞尔维亚、瑞典超过20%，奥地利、法国达30%。学位结构的调整让博士学院在欧洲高等教育区得到迅速发展，目前30个高等教育系统都存在博士学院。欧洲高等教育区所有的资格框架中都包括了博士学习，18个高等教育系统整个博士教育阶段都使用了ECTS，另外10个高等教育系统仅对于博士课程实施ECTS，其他18个还未使用。

（二）国家资格框架构建与学习项目重新设计的进展

国家资格框架的构建基本完成。《欧洲高等教育区2012：博洛尼亚进程执行报告》为评估国家资格框架的执行将资格框架实施分为10步，依次是：第一，决定启动由主管部门制定国家资格框架；第二，一致同意国家资格框架的目的，并拟定纲要；第三，制定NQF的程序已经建立，确定了利益相关者并建立了委员会；第四，对于学位结构、每一级学习成果和学分分布已达成一致；第五，已经开展国家讨论和征询意见，一致通过了NQF的设计；第六，NQF已经以立法形式采纳或高级别政策论坛上采纳；第七，各方面一致同意执行NQF，明确了高等教育机构、质量保证机构及其他机构的职责；第八，采用学习成果重新设计NQF包含的所有学习项目；第九，NQF包括所有的资格；第十，自我认证了资格框架与欧洲高等教育区资格框架的兼容性。比利时弗来芒语区、丹麦、德国、爱尔兰、马耳他、荷兰、葡萄牙、罗马尼亚、英国已经完成十步，13个国家已经走到了第7—9阶段，有待完成自我认证程序或者基于学习成果重新设计学习项目。还有18个国家已经以法律形式或在政策论坛采纳了NQF。

34个国家ECTS建立得比较完备，而且没有哪个国家ECTS在学习项目的分布低于50%。10个国家实施ECTS学分已达学习项目的50%—75%，并显然和学习成果相联系。不过学分与学习成果联系程度远低于ECTS应用于转换与累积。19个高等教育系统所有的学习项目实施了学习成果方法，奥地利、法国、比利时弗来芒语区、捷克、德国、波斯尼亚和黑塞哥维那、葡萄牙、乌克兰等国学习项目与学习成果联系的学习项目低于50%，阿尔巴尼亚、匈牙利、斯洛伐克有些学习项目根本没有联系学习成果。学分分配已从师生接触时间演进到基于学习负荷再到综合考虑学习负荷和学习成果。约占半数的24个高等教育系统分配学分基于学习负荷和学习成果。没有哪个国家分配学分仅根据师生面授时间了。然而，一些国家学分分配仅根据学习负荷，主要因为几乎没有学习项目完全采用学习成果。

（三）　欧洲高等教育区国家对于"学习成果"的接受程度

25 个高等教育系统制定了国家政策或法律指导和鼓励学习成果的使用；21 个高等教育系统通过制定指南和建议鼓励使用学习成果。大部分高等教育系统通过质量保证监控学习成果的使用并评估学生成就。大部分国家是外部质量保证和项目认证的监控，最广泛应用的直接评估学习成果执行方式是外部评估。

大部分国家开展了学生中心学习或者学习成果的项目培训。21 个国家开展了研讨和会议形式或教职员咨询和训练活动，一些国家出版了方法指南材料，还有一些国家为项目分配了国家或欧盟基金，这些支持行为通常由国家博洛尼亚专家组、部长、校长质量保证会议等机构组织实施。16 个国家所有教职员都能获得自愿参加的培训机会，三分之一的国家还没有进行教师培训或者仅对部分职员进行培训。

四　小结

本章通过对"学位结构与资格框架"进行政策执行分析，以验证"博洛尼亚进程是整体改革、系统推进的过程，是在自上而下与自下而上的相互作用中展开的过程"的观点。研究表明：在欧洲高等教育一体化改革主路径中，即"从学位结构调整到课程改革"，调整学位结构是一个统一性和多样性的协调过程；资格框架的两级设计为各成员国、高等教育机构预留了多样性发展空间；以学习成果、能力为核心的资格体系，可兼容多样性的教育形式；学分转换与积累能让学习形式、途径更加灵活多样；文凭补充为多种多样的学习过程提供透明信息。决定学位结构调整到位的关键是高等教育机构的课程改革，也最终关系到欧洲高等教育一体化改革的成败。受欧盟支持的 Tuning 计划引领着高等教育机构的课程改革，为高等教育机构的课程改革提供了具体的方法。"从学位结构调整到课程改革"是在欧洲层面、国家层面、高等教育机构层面、学科层面系统推进的过程，是四个层面之间自上而下与自下而上相互作用的结果。"以学习者为中心"和"学习成果"作为欧洲高等教育一体化改革的主题贯穿其中，体现了博洛尼亚进程整体设计高等教育改革的特点。

　　学位结构调整到课程改革的实然情况表明：三级学位调整只是时间问题，各国启动时间不一致，进展也不相同。但一些特殊学科依然会保留传统的学制，短期学制不尽如人意。博洛尼亚进程学位系统已成为欧洲高等教育区的主导学位系统，"180+120" ECTS 学分模式即"3+2"模式已经成为最广泛使用的模式，国家资格框架的构建基本完成，国家 ECTS 建立得比较完备，欧洲高等教育区国家已经接受了学习成果的观点。但课程改革并没有预期的那样顺畅，而是进展缓慢。因为在高等教育机构中那些实际运用学习成果于课程设置、教学过程的教师对于学习成果定义的真正理解和实际运用还有一段距离。学习成果的运用依然是课程改革的瓶颈，因为执行 ECTS、学生中心学习、资格框架、高等教育机构内部质量保证以及其他的政策全都依赖学习成果的圆满执行，因而这些政策的正确执行将比学位结构的调整花费更长时间。

第六章　欧洲高等教育一体化改革中的资格认可与质量保证

　　欧洲高等教育一体化改革的结构是动态的结构，其动态性体现在改革过程。欧洲高等教育资格认可体系和质量保证体系的构建是欧洲高等教育一体化改革的重要组成部分，是实现欧洲高等教育一体化改革主路径目标的有力保证。本章从"质量保证"和"认可"两条辅路径，分析了欧洲高等教育一体化改革的过程。

一　高等教育资格认可体系的"一体化"改革①

　　伦敦会议公报指出"对于高等教育文凭、学习期限和以往的学习经历（包括正式和非正式的学习）的公平认可，是欧洲高等教育区的重要组成部分。提供易读的、可比较的学位，保证有关教育制度和资格框架信息的公开性，是促进公民流动、保证欧洲高等教育区长期具有吸引力和竞争力的前提条件"。资格认可（Recognition）让"学习者在一个教育系统取得的资格能在另一个教育系统（或国家）生效，而没有丢失其真正价值"②。没有资格的认可，欧洲高等教育学位结构的调整所取得的最终结果"新的资格"就得不到承认；如果没有学分与资格的认可，欧洲高等教育区将只是不同高等教育系统的拼凑，系统之间没有

---

　　① 谌晓芹：《欧洲高等教育资格认可：体系、工作机制、基本特征》，《大学教育科学》2013 年第 2 期。

　　② Council of Europe-UNESCO, Convention on the Recognition of Qualifications Concerning Higher Education in the European Region（http：//www. ehea. info/Uploads/qualification/Lisbon_ Recognition_ Convention. pdf）.

任何教育交换路径，因而认可直接关系着学生的流动、终身学习、入学、就业等。欧洲高等教育资格认可体系的构建是欧洲高等教育一体化改革的必要途径。

（一）资格认可体系的结构要素

欧洲高等教育资格认可体系由三个主要部分构建：一是以《里斯本认可协议》（以下简称 LRC）作为唯一的认可资格与学分的法律文本；二是以 ENIC/NARIC 中心作为认可的工作平台；三是以欧洲高等教育区资格框架（QF－EHEA）、学分转换与积累体系（ECTS）、文凭补充（Diploma Supplement）等作为认可工具。

1. 法律文本——《里斯本认可协议》

由于高等教育的剧烈发展，特别是 1960 年以来欧洲高等教育多样化发展，学术认可变得极其复杂和困难，更新学术认可的法律文本尤显重要。LRC 即《欧洲高等教育资格的认可协议》，是于 1997 年 4 月 11日由欧洲理事会与联合国教科文组织共同制定的。该协议的产生取代了欧洲理事会的"欧洲高等教育协议"与联合国教科文组织的"关于高等教育的学习、文凭与学位协议"（1979 年生效）。由此避免了分设两个协议所带来的工作重复。LRC 附带了四个辅助协议，分别是：欧洲理事会与联合国教科文组织关于国际入学资格认可的建议（1999）；欧洲理事会、联合国教科文组织关于外国资格与学历认可的标准与程序（2001）；欧洲理事会、联合国教科文组织国际教育经典实例（2001）；关于合作学位认可的建议（2004）。其中关于标准与程序的建议汇集了一些好的实例，并详细阐述了认可的原则，其他三个辅助文本则是应用这些原则来解决认可过程中可能遇到的新问题。由于联合国教科文组织覆盖的欧洲区域比地理上欧洲区域范围更广阔，因而该协议包括了一些欧洲地理区域外的国家，如澳大利亚、加拿大、以色列、美国等。①

2. 工作平台——ENIC/NARIC 网

为了提供资格认可所需的权威和精确的信息，LRC 要求签约国必须

---

① Andrejs Rauhvargers, "The Lisbon Recognition Convention: Principles and Practical Application", article B 3. 4–1 in Eric Froment, Jürgen Kohler, Lewis Purser and Lesley Wilson (eds.), EUA Bologna Handbook–Making Bologna Work (Berlin 2006: Raabe Verlag).

建立和维持建设一个国家信息中心。于是欧洲理事会与联合国教科文组织欧洲区域委员会主办了欧洲国家学术认证与流动网（ENIC）。澳大利亚、加拿大、以色列、新西兰和美国等非博洛尼亚进程的成员国也是ENIC网的成员。对于欧盟和欧洲经济区以及参与欧盟相关项目的国家来说，它们既是ENIC网的成员，同时还建有国家学术信息中心（NAR-IC）。ENIC/NARIC网站构筑了欧洲高等教育资格认可的工作平台。ENIC与NARIC网对于欧洲国家及其他国家教育系统有着共同的专业知识，并且能有效地分享这些信息。通过ENIC/NARIC邮件系统对各国提出关于资格特别问题给予迅速的专业解释说明。ENIC/NARIC网也是认可政策发展的论坛。ENIC事务处与NARIC的咨询委员会一年会见2次，另外，每年ENIC/NARIC年会的前夕也要举行一次会议。

3. 认可工具——欧洲高等教育区资格框架、学分转换与积累体系、文凭补充

（1）欧洲高等教育区资格框架（QF-EHEA）。QF-EHEA由2005年于挪威卑尔根召开的博洛尼亚部长会议采纳。同时，博洛尼亚进程各成员国承诺依据QF-EHEA制定国家资格框架（NQF）。QF-EHEA描述了每一级资格（学历、学位、文凭等）的"学习成果"（learning out-come）。学习成果是经过一段时间的学习后，学生所知晓、理解以及所能展现的。① 它是学生完成学业后实际能达到的水平。学习成果直接表现在学生完成资格获得的能力（competence），是知识、理解、技能与才能等的动态组合，是具体的、可评价的。以学习成果描述资格，提高了资格的透明性与可比较性，让资格评估更简单、可靠。

（2）欧洲学分转换与积累系统（ECTS）。ECTS是一个允许学分在不同高等教育机构之间转换和累积的系统。申请加入ECTS的高等教育机构，必须在网上公布其课程目录，包括对学习项目（study program）、学校规章制度、学生服务的详尽描述。ECTS要求将课程目标描述成学习成果，并使每一项学习成果对应一定的学分。ECTS根据学习负荷（workload）计算学分。学习负荷是学生为获得预期的学习成果所应耗

---

① European Commission, ECTS Users' Guide, Luxembourg: Office for Official Publications of the European Communities, 2009 (http://ec. europa. eu/education/lifelong-learning-policy/doc/ects/guide_ en. pdf).

费的工作量。① 以学习负荷核定课程或课程模块的学分，有助于学习项目中不同学习内容之间的比例分配更加合理，使学习项目和资格更加透明，便于实现学分的累积与转换，促进资格认可。

（3）文凭补充（Diploma Supplement）。为了切实推动资格互认，博洛尼亚进程推出了文凭补充。文凭补充与资格证书一同签发，免费提供给每一个学习者，为多种多样的学习过程提供透明信息。文凭补充包含了许多评估外国资格所必需的信息，如关于高等教育机构及学习项目情况与类型的信息；关于教育层次、学习负荷以及外国资格简介的信息；关于学习项目的构成及获得学分与等级的信息；对于预期学习成果的描述；关于资格目标与功能的信息等。文凭补充的应用让资格证书更加易于理解与可比较，也有助于评估外国资格时能在国内高等教育系统找到匹配的资格。

（二）资格认可的工作机制

1. 资格认可的主要原则

关于资格认可的申请和执行，LRC 第 3 部分对国家、资格认定机构及资格持有者提出了一些基本要求和精神。如，外国资格的持有者有权申请资格评估，不能因为申请者性别、种族、肤色、语言、政治观点、民族、伦理、社会背景等受歧视；如果认可被否定或者没有结论，申请者有权申诉；东道主国家应该建立申诉程序，评估机构应该提供申请申诉程序的信息；某个国家签发的资格的持有者应该有能力通过另外一个国家对于这些资格的核定；承担核定的主体负责解释申请者不能满足认可要求的原因；等等。

实质性差异原则是协议关于资格认可的核心原则。根据实质性差异原则，各国应该将申请认可的资格认定为自己国家高等教育系统中相近的资格，除非两种资格之间存在实质性差异。尽管两种资格之间或多或少有区别，但认定时，关键看差异对于认可是否真正重要。只要两者之

---

① European Commission，ECTS Users' Guide，Luxembourg：Office for Official Publications of the European Communities. 2009（http：//ec. europa. eu/education/lifelong - learning - policy/doc/ects/guide_ en. pdf）.

间不存在实质性差异就应该认可。该原则适用于为了升学，短期学习或者申请学位而申请资格认定的情况。实质性差异原则克服了资格认可的机械性，既维护了认定机构的权威，也保护了资格拥有者的权益。

2. 资格评估与认可的责任与权利

LRC 第 3.3 条明确规定了资格评估与认可的责任与权力，指出"提供足够的信息是申请者，签发资格的高等教育机构和里斯本认可协议缔约方的责任"，要求高等教育机构应该直接或者通过毕业生为外国评估机构提供必要信息，LRC 各缔约方须充分提供其教育体系内的任一高等教育机构及其学习项目的信息。

认可资格的权力机构因认可目的而异。如果要求资格认可的目的是为了选择国外高等教育机构进一步学习，此时高等教育机构是资格认可的绝对权威。当然高等教育机构层面的认可应该与协议保持一致。如果资格认可的目的是为了就业，那么在非管制的职业，认可的决定权在用人单位。ENIC/NARIC 中心通常是评估资格，签发资格认可说明，给予高等教育机构、用人单位以认可建议。值得注意的是，许多国家的认可权最终掌握在教育部。

3. 资格认可过程

LRC 第 8.2 条指出："要确保资格评估和认可的过程透明、合理、可信。"通常认可程序包括认可机构接受认可申请，然后核实信息，评估资格，最后签发评估说明，如表 6—1 所示。

表 6—1　　　　　　　欧洲高等教育资格认可一般程序

步骤	工作内容	对申请者的要求	对认可机构的要求
1	接受认可申请	提供证书原件或证书复印件	申请者应该得到申请已经接受以及申请程序与标准的信息
2	核实是否需要补充信息	由申请者或高等教育机构提供补充信息	尽快通知申请者
3	核实信息的真实性		核实信息的真实性需要专业技能

续表

步骤	工作内容	对申请者的要求	对认可机构的要求
4	核实高等教育机构及学习项目的情况		向 ENIC/NARIC 中心提出征询，并由其提供已经认可的机构及其学习项目名单
5	评估外国资格		认可时不应该仅仅关注学习项目那些主要成分，还应该考虑他们设计方案的观点、预期的学习成果以及认可的目的
6	签发评估说明		应该给申请者签发评估说明，反映评估结果。说明应该采取建议的形式给予另外的机构，由它做出决定。如果是在同一机构内部，就可立即做出决定。如果评估出现否定结论，就必须解释原因以及申请者的可能要求

（三）资格认可体系的基本特征

1. 质量保证是资格认可的前提

LRC 明确规定对认可的资格有质量保证的要求，指出"缔约方必须提供其教育系统内的任一高等教育机构及其学习项目评估的信息"。（见 LRC 第 8.1 条）作为资格认可的最低要求，授予资格的高等教育机构必须已经通过了国家对于机构及其学习项目的质量评估。认可资格以质量保证为前提，一方面，促进了高等教育保证机构相互认可对于机构与学习项目质量评估的结果，由此进一步简化资格认可，提高资格认可的质量。另一方面，资格认可对于高等教育质量保证的要求，使得许多协议缔约国陆续建立了外部质量保证体系。情况与 1997 年采纳协议时，只有少数几个国家建立了质量保证系统形成了鲜明对比。

2. 资格认可信息透明

为了公正地认可外国资格，认可机构必须充分掌握外国资格的有关信息。LRC 规定：高等教育机构应向外国资格认可机构直接或者通过毕业生间接提供认可必要的信息；国家有义务提供国内高等教育系统内高等教育机构与学习项目的充分信息，以便其他国家证书的评估者能准确判断这些机构签发的资格质量是否合乎认可的要求；各国还应该列出有权授予资格的高等教育机构名单。随着欧洲高等教育区的建立而逐步完善的一系列工具也有效保证了资格认可的透明性。如欧洲高等教育区资格框架和国家资格框架有助于准确鉴定资格在国家教育系统的位置，欧洲学分转换与积累系统使学习项目和资格的成分更加透明，文凭补充对资格进行详细的补充说明。

3. 认可程序与职责清晰

资格的认可直接关系着升学、就业和对学业的承认等影响个人发展的重要方面，因而申请者期望体验到公正、简单、高效的资格认可过程。LRC 明确规定了申请者、签发资格的高等教育机构、缔约国承担提供充足信息的职责；ENIC/NARIC 承担核实信息、评估资格、签发说明和建议的职责。辅助协议《标准和程序》为资格认可程序提出建议，对各种认可情况进行周全考虑。由此保证了欧洲高等教育资格认可过程流程清晰，职责明晰。

（四） 资格认可体系"一体化"进展①

"认可"既是博洛尼亚进程核心目标，也是保证博洛尼亚进程行动路线执行的工具之一。尽管欧洲高等教育区大部分国家已经签署和批准了 LRC（到 2012 年止，只有希腊没有签署和批准该条例），但在那些还没有修改法律采纳 LRC 原则的国家，仍然存在执行 LRC 原则及其辅助文本方面的法律问题。大部分国家（约 30 个）由高等教育机构最终决定外国资格是否符合晋级学习的条件，其中 15 个国家是由高等教育机构的高层决定，其他基本由院系决定。这种情况也就增加了实际有资格认可决定权的那些职员对于总体的法律框架了解不多，在评估外国资格和学分时又缺少经验的风险。12 个国家，由教育部或中央政府的权力机构负责认可外国资格。至少还有 4 个国家是国家权力机构具有认可决定权，ENIC 和 NARIC 中心以及高等教育机构都不参与认可业务，这些情况都对高等教育机构的自主权产生了不利影响，也限制了高等教育

---

① 数据来源：The European Higher Education Area in 2012：Bologna Process Implementation Report Education，Audiovisual and Culture Executive Agency Eurydice，p. 9.

机构根据入学标准选择录取学生的权力。

LRC 已经被采纳了 14 年，由于 LRC 的执行关系到高等教育机构的自主权问题，一些国家还没有尽力确保他们的高等教育机构的认可程序遵循 LRC。目前已经想到的解决这个问题的好办法是将高等教育机构的资格认可纳入到质量保证过程，也就是通过对高等教育机构资格认可遵循 LRC 的情况进行评估，督促高等教育机构在实践中执行 LRC。14 个国家的外部质量保证已经正式评估了认可政策在高等教育机构的执行。欧洲高等教育区关于认可的工作组也强调了进一步加强质量保证和认可的联系，建议高等教育机构和质量保证机构应将认可纳入到内部和外部质量保证之中，并建议各成员国要在 2015 年前检查自己国家的相关法律是否符合 LRC 或修订相关法律。

二　高等教育质量保证体系的"一体化"改革

学位结构的重构是通过在欧洲层面和国家层面建立资格框架，在高等教育机构层面创制学习项目、课程教学和授予资格而实现的，因而对于教学过程和学习结果的质量保证也是实现博洛尼亚进程目标的保证。1999 年《博洛尼亚宣言》提出要"促进欧洲在质量保证领域的合作，发展可比较的标准和方法"，2003 年《柏林公报》明确指出"要发展高等教育机构、国家和欧洲三个层面的质量保证"，"发展共用的指标和方法"。博洛尼亚进程的十余年，在欧洲层面建立了共同的质量保证标准和方法，成立了质量保证机构登记处，对质量评估机构进行评估。高等教育机构、国家和高等教育机构三个层面的质量保证体系日益完善。

（一）欧洲层面质量保证"一体化"改革举措

1. 制定共同的高等教育质量保证标准和指南

2003 年博洛尼亚进程柏林会议，部长们委托欧洲高等教育质量保证协会（ENQA）与欧洲大学协会（EUA）、欧洲学生联盟（ESU）以及欧洲高等教育机构协会（EURASHE）即 E4 小组进行合作，协商制定欧洲层面的质量保证的标准、程序和准则。2005 年卑尔根会议，部长们采纳了由欧洲高等教育质量保证协会提议的《欧洲高等教育质量保证标准与指南》（ESG）。ESG 是欧洲高等教育质量保证的共同的参照框架。ESG 适用于欧洲高等教育区所有的高等教育机构和质量保证机构，无论其结构、职能、规模及其在国家高等教育体系中所处位置。ESG 为高等教育机构发展自己的内部质量保证体系以及质量保证机构承担外部质量保证工作提供帮助和指导，但 ESG 并不包含详细程序，"因为高校和机构的制定详细程序是他们自主权的一部分"①。

ESG 认识到国家高等教育系统的重要性、国家高等教育系统内高等教育机构和质量保证机构自主权的重要性以及不同学科专业的特殊性等。ESG 遵循柏林公报的精神，明确指出"高等教育机构负有自身质量保证首要职责，是国家质量框架下学术系统审核的基础"。ESG 强调质量保证的重点在于：学生、雇主和社会的满意度；高等教育机构自主权重视程度；外部质量保证与其目标的符合度，对于高等教育机构施加相应和必要的负担，评估高等教育机构目标的达成。

2. 建立欧洲高等教育质量保证机构登记处

为了能给高等教育机构提供有关在欧洲运行的那些可靠和值得信赖的质量保障机构的清晰和可信赖的信息，为了遏制"认证工厂"在欧洲获得信誉的可能性，为了能给高等教育机构在不同的质量保证机构之间进行选择提供工具，E4 小组向部长会议递交的报告 ESG 是最早提到关于建立欧洲质量保证机构登记处的设想。该提议得到了 2005 年卑尔根会议教育部长们的欢迎和首肯。2006 年，欧洲议会和欧盟理事会也表达了对建立欧洲质量保证机构登记处的支持。2007 年的《伦敦公报》肯定了 E4 团体对此所做的工作。2008 年 3 月，欧洲高等教育质量保证机构登记处（European Quality Asurance Register for Higher Education，EQAR）正式建立，它标志着博洛尼亚进程中促进欧洲质量保证合作的努力达到了一个新的高度。EQAR 以《欧洲高等教育质量保证标准与指南》，作为评判质量保证机构是否可以注册在案的主要标准，并向公众提供有关质量保证机构的清晰可靠信息，进一步增加欧洲质量的透明度，增强高等教育机构之间信任度，促进质量保证机构提高质量和增进

---

① ENQA, "European Standards and Guidelines for Quality Assurance in the European Higher Education Area", 2005（http：//www. eqar. eu/fi leadmin/documents/e4/ 050221_ ENQA_ report. Pdf）.

相互之间信任，提高学生、高校、劳动力市场和社会对欧洲高等教育质量的信心，从而促进学生流动，促进欧洲高等教育区的发展。截至2012年1月，13个欧洲国家的28个质量保证机构纳入EQAR的注册之列。

（二）国家层面外部质量保证体系的建立及其特征①

1. 外部质量保证方式多元化发展

博洛尼亚进程前，只有少数几个国家建立了清晰的外部质量保证体系。博洛尼亚进程启动后，已有22个国家建立了国家质量保证机构，其中半数是2005年以后建立的，少数几个国家是由新的机构取代了原有机构，如丹麦、法国、意大利等。欧洲高等教育区国家目前还有11个国家没有建立质量保证机构，主要是安道尔、卢森堡、列支敦士登、马耳他等高等教育规模小的国家。但是，虽然这些国家高等教育规模小，但并不意味着忽视质量保证，而是发展了一种不同、更合适它们的方式。例如卢森堡发展了一种进步取向评估。尽管安道尔的高等教育机构评估由政府负责，但外部质量评估则由其他国家的质量保证机构（大部分是西班牙国家机构）承担实施。列支敦士登要求其高等教育机构由列入EQAR名单的任何质量保证机构进行审核评估。

尽管所有的欧洲高等教育区国家事实上已经建立了外部质量保证的某些形式，尽管都采纳了ESG，但各国质量保证在哲学和方法上却是千差万别。其中最重要的区别体现在质量保证的重点是评估机构还是学习项目，或者两者都是。另一个区别是质量保证机构或国家机构是否被授权有允许高等教育机构或学习项目开办的权利。目前，欧洲高等教育区质量保证机构大多同时从事高等教育机构和学习项目的评估，而不是仅仅从事其中某一种。质量保证分为两种类型。一种质量保证具有监管职能。质量保证机构有权允许和停止学习项目和高等教育机构运行，或者有权对政府提出此类建议，以确保高等教育机构或项目满足最低的质量门槛要求。附属于允许或停止学习项目或机构开办的决定权，质量保证

① The European Higher Education Area in 2012: Bologna Process Implementation Report Education, Audiovisual and Culture Executive Agency Eurydice, p. 9.

机构还可提出提升质量的建议。另一种质量保证具有唯一的咨询职能。质量保证机构报告高等教育机构的质量管理情况，目的是支持和鼓励质量提升，赋予高等教育机构提高质量的责任。这种系统更可能采用轻触型外部质量保证过程，旨在确保机构采取必要的措施提高质量，几乎不干涉高等教育机构层次的决策。欧洲高等教育区的国家外部质量保证大多具有监管特征。21 个系统已经建立了具有决定权的质量保证机构，其中包括那些质量保证机构仅向政府提建议，实际由政府决定的国家。11 个质量保证系统具有咨询和促进取向特征。奥地利、列支敦士登、马耳他、瑞士四个国家是混合型的，不同特征的质量保证机构都有。不过，并不是所有的具有监管性的质量保证机构对于机构和学习项目的财政资助都会产生影响。保加利亚、塞浦路斯、德国、列支敦士登和波兰5 个系统的评估对于资助还未产生影响，相反，一些改进取向的质量保证机构，对于资助已经产生了影响，例如法国、卢森堡以及英国等。

2. 外部质量保证的跨界合作

欧洲高等教育质量保证强调系统之间的信任。政府是否能让其他国家的质量保证机构评估其国内高等教育机构（主要指的是必需的外部评估和认证）是一个衡量高等教育质量保证信任程度的重要的工具。欧洲高等教育区已有 14 个国家或系统宣称其所有的高等教育机构可以自由接受外国质量保证机构的评估；8 个国家提出在一定条件下，某些高等教育机构能够推行这种路线。例如奥地利和塞浦路斯，公立的高等教育机构可以由非本国的质量保证机构评估，但私立高等教育机构却不能。丹麦和德国，非本国质量保证机构仅能认证合作学位，然而其他的学习项目能由非本国质量保证机构评估，但不能认证。摩尔多瓦和西班牙指出其高等教育机构如已经国家认证，就能接受其他国家质量保证机构的评估，旨在获得声誉。不然，就会被认为是一种重复工作，而不是信任的证据跨界的合作。一些高等教育系统也指出，即使它们的高等教育机构不能由国外的质量保证机构评估，但在某些学习领域能由国际认证组织进行认证。波兰从 2011 年开始生效的新法律，已成为了其高等教育机构由国际评估机构评估的依据，其评估结论将被国家质量保证系统参考。很多国家在扩大外部评估小组，参与到 ENQA 或者是其他的国际质量保证网络，成为 ENQA 的正式成员。

3. 利益相关者参与质量保证过程

博洛尼亚进程文件强调学生应该充分参与到高等教育和自身学习经验的进步与增强之中。参与的形式应该广泛多样，涉足质量保证体系方方面面。过去十年，欧洲高等教育质量保证系统发展的显著特征是认识到利益相关者参与，尤其是学生作为主要的利益相关者参与的重要性。学生参与质量保证的形式主要为：学生参与治理结构、评估团队、自评报告的准备、决策过程和后续程序五个方面。目前 11 个高等教育系统表明了学生已按部就班地参与到质量保证系统的方方面面。学生几乎未参与到后续程序。

ESG 不仅强调了学生和国际同行的重要性，而且还强调了雇主等其他利益相关者。ESG 明确指出学习项目的质量保证和授予，必须从雇主、劳动力市场代表和其他组织得到定期反馈信息。雇主的参与已经成为许多系统中质量保证的特征。28 个国家宣称在尊重机构自主权前提下，已经对雇主参与提出正式要求。

（三）　高等教育机构内部质量保证的特征及其进展①

1. 高等教育机构内部的质量保证是国家质量保证系统的基石

2003 年的《柏林公报》强调，高等教育质量保证的根本责任在于高等教育机构本身。内部质量保证体系包括质量保证的政策与程序。内部质量保证采取对学位项目和学位授予进行内部审批、周期监测和定期评审的形式。目前，除了新成员波黑外，博洛尼亚进程 47 个成员国和地区都不同程度地建立了内部质量保证体系。其中 21 个国家和地区的所有高等教育机构都建立了内部质量保证体系；20 个国家大多数高等教育机构建立了内部质量保证系统；6 个国家部分高等教育机构建立了内部质量保证体系。除了爱沙尼亚、斯洛伐克、乌克兰和英国四个国家，大多数国家都要求高等教育机构建立内部质量保证体系，并体现在高等教育法律法规中。多数国家内部质量保证由高等教育机构自身决定，然而许多国家强调其他的行动者。希腊、爱尔兰、意大利、西班

---

① The European Higher Education Area in 2012: Bologna Process Implementation Report Education, Audiovisual and Culture Executive Agency Eurydice, p. 9.

牙、瑞典和英国等几个国家强调质量保证机构外部评估的优先权，这些外部评价对于内部质量保证过程的组织明显产生了主要影响。阿塞拜疆和黑山共和国是唯一声明由教育部负责决定内部质量保证的重要方面，尽管黑山共和国指出教育部在高等教育评议会的建议基础上行动。另外的几个国家指出教育部与其他行动者的联合，如格鲁吉亚、西班牙和列支敦士登就是这种情况。

2. 内部质量保证的透明性

高等教育机构通过发布不断改进质量的战略和自我批评性报告增强内部质量保证的透明度。近 5 年来，许多高等教育机构已经发布了持续提高质量的战略，高等教育机构已经为提高质量制定战略做了很大的努力。25 个国家高等教育系统超过了 75% 的高等教育机构已经发布了持续提高质量的战略，12 个国家宣称所有的高等教育机构已经发布了这样的战略。另外 11 个国家不到 25% 的机构已经出台了这样的战略，3 个国家估计发布改进质量策略的高等教育机构约占 25%—50%，估计约占 50%—75% 有 8 个国家。[①] 22 个国家高等教育系统还没有高等教育机构出版批评性报告，另外 11 个提出达到最低的百分比（1%—25%），6 个国家所有的高等教育机构都出版了这种报告。

三　小结

"认可"的目的是让欧洲高等教育学位结构的调整所取得的最终结果"新的资格"得到承认，学位结构的欧洲一致性必然需要高等教育质量保证的欧洲一致性。学位结构调整、认可、质量保证是欧洲高等教育一体化改革的三大支柱，三者的结合体现了博洛尼亚进程整体改革的思路。

欧洲高等教育资格认可体系由三部分建构：一份法律文本——《里斯本认可协议》（LRC），一个工作平台——ENIC/NARIC 网，一套认可工具——文凭补充（DS）、学分转换与积累体系（ECTS）、欧洲高等教

---

① Education, Audiovisul and Culture Executive Agency, The European Higher Education Area in 2012: Bologna Process Implementation Report, p. 68（http://eacea. ec. europa. eu/education/eurydice）.

育区资格框架（QF-EHEA）等；欧洲高等教育资格认可以"实质性差异原则"为主要原则，具有完善的工作机制；该认可体系具有以质量为前提、以透明性为基础、认证程序与职责清晰等特征。"认可"的实际执行情况表明：《里斯本认可协议》推动了国家质量保证体系的建立，资格的认可让欧洲高等教育的信息更加透明，欧洲高等教育资格的认可已经按照规定的程序进行。为了推动认可，欧洲高等教育区认可工作组建议高等教育机构和质量保证机构将认可纳入到内部和外部质量保证之中。资格的认可关系着流动、终身学习、入学、就业，因而最终关系着统一的欧洲高等教育区的实现。欧洲高等教育资格认可体系的构建作为欧洲高等教育一体化改革的重要组成部分，直接推动了欧洲高等教育一体化进程。

　　欧洲高等教育质量保证一体化改革是在欧洲、国家、高等教育机构层面的实施过程，呈现出整体性和系统性特征。欧洲高等教育质量保证的"一体化"改革过程是以建立共同的《高等教育质量保证标准与指南》为起点，在欧洲层面建立了高等教育质量保证的登记处，在国家层面依据共同的质量保证标准建立并实施外部质量保证，在高等教育机构层面建立并实施内部质量保证。内部质量保证的责任主体为高等教育机构，外部质量保证呈现出注重跨界合作、利益相关者参与、外部质量保证方式的多元化等特征。自博洛尼亚进程启动以来，欧洲高等教育质量保证已经发生了深刻变化，但仍然有着发展的空间。尽管有着共同的ESG，但欧洲各国或各高等教育系统在质量保证的取向上非常不同。利益相关者参与到质量保证的各方面还只是一个被接受的原则，但远没有成为普遍现实。尽管建立了欧洲高等教育质量保证机构登记处，许多国家仍然不愿意委托国外的外部质量保证机构对国内的高等教育机构进行质量评估。

第七章　启示与借鉴：我们可以从博洛尼亚进程中学习什么？

博洛尼亚进程旨在通过建立欧洲高等教育区，提升欧洲高等教育的质量，增强欧洲高等教育的吸引力和竞争力，提高欧洲大学生的能力，促进他们在欧洲高等教育区就业等。博洛尼亚进程从启动到现在，历时十年，它是一个开放发展的过程，其行动路线与政策在不断地完善与跟进。从组织与管理的视角看，作为系统的高等教育改革，博洛尼亚进程呈现了一系列明显特征：目标明晰；整体改革、系统推进；自上而下与自下而上相互作用；以事实为依据，重视数据收集；决策的利益相关者模式等。在全球化趋势下，增强高等教育国际竞争力、吸引力，增强毕业生市场就业能力，提高高等教育质量，也同样是中国高等教育面临的问题。博洛尼亚进程所推进的高等教育改革的成功经验已经引起了世界的关注。他山之石，可以攻玉。我国高等教育改革学习博洛尼亚进程，一是要学习如何改革，二是要学习所改革的。前者涉及改革的方式方法，后者是具体的改革内容。

一　学习如何改革

（一）整体改革，系统推进

作为一项重大的跨欧洲的高等教育改革，博洛尼亚进程是一个渐进实现的过程。47 个国家自觉参与，涉及几乎所有的欧洲高等学校的高等教育改革，在 10 年后实现了阶段性的目标，其成功的一个重要因素在于改革进程的系统性。博洛尼亚进程高等教育改革的系统性体现为在宏观上进行整体设计，从各方面系统推进，于微观处入手。博洛尼亚进程整体设计了学位结构与资格框架，然后从质量保证、认可、就业能力、终身学习、社会维度、流动、全球维度等方面围绕着共同的目标，系统地推进欧洲高等教育的一体化改革。"学位结构与资格框架"执行的实际路线是从学位结构调整入手，制定学术资格框架，对每一层次培养人才所需达到的要求提出指导性的要求与建议，进而将落脚点放在课程改革上。"以学者为中心"与"学习成果"作为核心思想贯穿于整个博洛尼亚进程。质量保证是资格的质量保证，是学生能力的质量保证，也是实现认可、就业能力、社会维度等目标的保证。认可是整个欧洲高等教育一体化改革的目标之一，也是实现欧洲高等教育一体化的重要工具。"从微观入手解决"体现为欧洲高等教育一体化改革是从学分制改革入手，从课程改革入手。学分制改革、课程改革不仅决定了学位结构与资格框架构建的成功与否，也最终决定认可、就业能力、终身学习、社会维度等政策目标的实现。

高等教育的复杂性决定了改革高等教育应该是系统的、连续的过程。改革中产生的问题，改革中没法解决的问题，需要进一步深化改革才能得以解决。博洛尼亚进程高等教育改革的连续性体现在博洛尼亚进程所推进的欧洲高等教育一体化改革过程是在明晰思路中逐渐展开，不断跟进的过程。从1999年至2010年每两年一次的部长会议在总结经验的基础上，提出新的目标，或在原来目标上更进一步，为后续改革指明方向。到2010年博洛尼亚进程并没有宣告结束，而是自然延伸到一个新的阶段——欧洲高等教育区。

（二）基于研究的渐进改革

博洛尼亚进程政策的制定以及对政策的评价是以数据收集为基础的。数据收集与分析是博洛尼亚进程系统性工作的方法，伴随着博洛尼亚进程而逐渐成熟，综合可比较的统计数据和情景化的信息为系统的控制提供事实基础。整个改革强调在数据收集与分析的基础上，对成效进行批判性的评估，又为未来政策的制定提供充分准确的信息依据。

数据收集开始于卑尔根会议，当时是为了清楚地了解社会维度和流动政策执行过程中面临的挑战。在此之前，对于社会维度政策的实施情况，有着各种目标不同的调查，每种调查有着各自不同的调查表和不同的调查范围。为了确保最好的可信度与可比度，需要有一致的，最起码不矛盾的方法，于是合并了不同组织的方法，使之互为补充。基于数据收集与分析，博洛尼亚进程后续工作组的国家代表，定期撰写国家报告；受博洛尼亚后续工作组委派的工作组在部长会议期间为下一次部长会议做清查报告；欧洲大学协会出版趋势报告；欧洲教育信息网（EU-RYDICE）出版《聚焦欧洲高等教育结构——博洛尼亚进程国家趋势》。受欧盟委员会资助，"Tuning" 即调整欧洲教育结构项目帮助大学以及院系制定各专业的学习方案，为在大学层面及学科领域实行博洛尼亚进程提供一种具体的方法。欧洲高等教育质量保证协会通过它的成员，与欧洲大学协会、欧洲高等学校协会、欧洲学生联盟协商合作，形成了欧洲高等教育区质量保证标准与指南。考虑到国家与文化的多样性已经影响了博洛尼亚进程欧洲层面的改革在国家与高等教育机构层面的执行，为了展现学生对博洛尼亚进程 2010 年执行状况的看法，ESU 在完成《博洛尼亚终点线——欧洲高等教育改革十年报道》前进行了问卷调查，以收集不同国家学生联合会的意见和信息，问卷发给了欧洲学生联盟的 37 个国家的 45 个国家级学生联合会。问卷要求国家学生联合会陈述他们在博洛尼亚进程实施中自己取得的成就和面对的挑战。问卷调查为国家的学生联合会展现博洛尼亚进程十年高等教育改革的效果提供了可能。正是通过这些研究，博洛尼亚进程在获得广泛的民意支持的同时，也确保了决策的科学性，最终得以顺利推进并取得显著成效。

（三）利益相关者参与

从政策的制定上看，在博洛尼亚进程中体现出利益相关者参与度极高的特点。正是通过不同的利益相关者的对话与协作，欧洲高等教育的发展获得了新的动力与思想。社会维度、就业能力、终身学习、流动性、全球维度等教育政策理念在利益相关者参与的研讨中不断清晰、明确、成熟，并最终形成全欧范围政策。作为涉及全欧洲的高等教育改革，博洛尼亚进程是在来自 47 个国家的教育部长、高等学校、学生和教职员、国际组织的合作与参与中顺利展开的。合作与参与的平台是由部长会议和后续工作组组织召开的国际学术会议两个层次构成的论坛。部长会议每两年一次，后续工作组每 6 个月至少碰头一次。后续工作组由参与国家代表、欧盟委员会代表（1个）、8个咨询组织（欧洲商业、欧洲理事会、泛欧国际教育组织、欧洲高等教育质量保证协会、欧洲学生联盟、欧洲大学协会、欧洲高等教育机构协会、联合国教科文组织欧洲中心）组成，代表着公共权力机构、高等学校、教师、学生、就业单位、国际组织及其他利益相关者。博洛尼亚进程体现了国家公共权力机构、高等学校、教师、学生等利益相关者的集体努力。

博洛尼亚进程的政策与学生、教师群体的利益密切相关，这也为博洛尼亚进程的顺利推进赢得了广泛的社会支持。博洛尼亚进程通过增加妇女、低社会经济阶层入学机会，认可先前学习资格开辟灵活的入学途径以及提供学生服务与经济资助等措施，促进这些群体对高等教育更广泛地参与，并改善其学习条件；就业能力政策，推动了高等学校的课程改革，使得"毕业生更可能就业和具有更多的职业选择，于是个人与社会及经济因之受益"；博洛尼亚进程从学习方式和目标等方面进一步全面解释了终身学习，其灵活的学习方式，为社会提供了更多接受高等教育的平等机会。流动政策符合了教师、学生、研究人员国外学习的愿望。《博洛尼亚宣言》承诺消除流动障碍，促进流动计划的实施。其后的鲁汶会议更有政治勇气，目标是到2020年，欧洲高等教育区至少20%的毕业生要有流动经历。这一目标增强了欧洲人力资源的流动性，也大大激发了欧洲高等教育界在全球维度获得文化、科学更高吸引力的愿望。[①]

（四）以评估促改革

纳克迈尔斯（Nachmias，1981）认为，政策评估是一种客观、系统验证公共政策的方法。奎德（Quade，1989）政策学者琼斯（Charles O. Jones）认为，评估的目的在于当政策开始执行以解决问题时，明确那些政策厘定之初所定的目标，是否已经达成或正在达成。美国公共行政学者罗森布鲁姆（David H. Rosenbloom）指出，政策评估的目的不仅在于检视某项政策是否达成预期的影响，更重要的在于检视政策的执行是

---

① Barbara M. Kehm, *The European Higher Education Area：Perspectives on a Moving Target*, Rotterdam, Netherlands.

否妥适（Rosenbloom，1993）。

　　为了在2010年建立一个统一的"欧洲高等教育区"，博洛尼亚进程推出了一系列的行动路线和政策。为了衡量博洛尼亚进程成效，博洛尼亚进程政策评估的主要方式是清查，清查是部长会议委托清查小组进行的回溯性过程评估，是对博洛尼亚进程已执行一段时间的行动路线和政策，进行监测与评估，关注政策和计划在执行上有哪些限制和困难。清查报告就是一份内部通报系统，以协助持续了解政策在执行时的问题所在。博洛尼亚进程各成员国每两年举行一次部长会议，当次会议要对前两年的工作进行评价和总结，讨论决定下一个两年的优先工作计划并发布相关公报。2003年柏林会议部长们决定要采用清查来评估博洛尼亚进程的进展，第一次清查于2005年开始实施。2005年卑尔根会议上，当清查小组向部长会议呈递报告时，部长们一致认同，应提前为2007年5月召开的伦敦会议准备另一份评估报告。部长们于《伦敦公报》上要求为鲁汶会议准备进一步的清查报告。欧盟委员会通过终身学习项目，从财政上支持博洛尼亚进程的清查工作。清查以博洛尼亚后续工作组的国家报告提供的材料为基础。博洛尼亚进程中的清查依靠博洛尼亚进程参与国与后续工作组合作完成，参与国参与对等的自评（即由参与国填写相同的问卷，并在问卷基础上撰写国家报告）。清查旨在促进国家采取行动。所有的国家在实现博洛尼亚进程的目标中都取得了进展，清查让进展更加明显。

　　政策评估不同于追踪监测，因为它不仅是搜集政策行动的结果与信息，而且还要进行价值判断。价值判断会受到评估者政策立场、观念与需求的影响。清查是博洛尼亚进程官方的评估，其结果会受到评估者立场的影响。博洛尼亚进程中其他机构也独立开展了政策执行评估。欧洲学生联盟（European Students' Union，ESU）基于对博洛尼亚进程背景文件、清查报告、部长会议的一般性报告、工作组报告、博洛尼亚研讨会及其他利益相关者出版物与统计资料进行综合深度分析，完成了《学生视野中的博洛尼亚进程》（2005、2007、2009、2010、2012）与《博洛尼亚终点线——欧洲高等教育改革十年报道》。以监测博洛尼亚进程的实现过程。因而，相比于博洛尼亚官方和学者报告和评论，欧洲学生联盟的十年报道从学生的视角看待博洛尼亚进程的变化，反映的问题更真实，提出的批评更犀利。

欧洲大学协会（EUA）系列趋势报告是定时为每两年一次部长会议准备的，跟踪报告博洛尼亚进程实施进展情况。受欧盟委员会和博洛尼亚后续工作组委托 CHEPS，INCHER-Kassel，ECOTEC 三个研究中心开展的独立评估报告于 2008 年出版，以评估博洛尼亚宣言以及其后公报的那些可操作的目标在课程改革、质量保证、资格框架、认可、流动以及社会公平等方面实现的程度，它同样也评价了博洛尼亚进程操作性的目标导致策略性目标即"建立欧洲高等教育区"、"促进欧洲高等教育系统全球化"的达到程度。

二　学习所改革

（一）建立灵活、兼容的学历学位体系

为了统一欧洲高等教育区的高等教育学历学位系统，博洛尼亚进程于 1998 年索邦宣言提出建立二级学位，2005 年卑尔根会议正式采纳欧洲高等教育区资格框架。欧洲高等教育区资格框架，是对获得相应资格的一般要求（既有学分要求，也有学习成果的要求）。然后要求各国依据欧洲高等教育区资格框架制定自己国家的资格框架，各高等教育机构再基于国家资格框架制定学习项目。欧洲高等教育不是按专业组织教学，而是按学习项目（Study program）培养学生。博洛尼亚进程学位调整过程贯穿着"以学习者为中心"的教育思想，用学习成果表达获取资格和修完学习项目能达到的学习结果。在共同的资格框架下，同一层次的学习可以授予不同类型的资格；不同的学习途径只要获得相应的学习成果，即可以获得同样的资格。资格框架将学历、学位教育，普通教育与职业教育整合在一起，是一个灵活兼容，也是一个更加开放与体现教育公平的高等教育系统。

我国没有建立资格框架，从 1981 年 1 月开始实行至今的《中华人民共和国学位条例》是明确规定学位要求的唯一法律，类似于一个"国家资格框架"，不同的是它仅仅只对三级学位要求进行简单规定。《中华人民共和国学位条例》已实施 30 年之久，对学位的要求还停留在 30 年前的水平，已经不太适用于我国日益复杂和多元的高等教育学位

体系，也表现出国际可比性和相容性不强，为此，我国应在构建一个包含高等教育的各种学位和学历的完整的资格框架的基础上，修订学位条例。

（二）基于学习成果，以学习者为中心开展专业课程改革

1. 科学制定专业标准体系

高等教育机构能否在欧洲高等教育区资格框架内，采用"学习成果"方式，基于以学习者为中心的理念，设计并实施学习项目和课程是博洛尼亚进程目标最终得以实现的关键。为了推动博洛尼亚进程能在高等教育机构和学科层面有效实施，欧盟委员会委托西班牙的第斯托大学和荷兰的格罗宁根大学，主持开展了调整欧洲教育结构计划（Tuning Education Structures in Europe）。Tuning 计划的核心任务就是确定学科专业的学习成果，以此制定学科参考点。Tuning 计划认为学习成果主要表现为"能力"，通过调研提出了一套能力指标体系，作为高等教育机构设计学习项目和课程参考点。Tuning 计划同时还详细说明了高等教育机构应该如何基于学习成果设计课程、分配学分、选择教学方法和评价方法、保证教育质量等一整套具体方法和步骤，为高等教育机构设计学习项目与设置课程提供理论与方法指导。

对应于欧洲"学习项目"（或学位项目、教育项目），我国是以"专业"作为高校人才培养的基本载体。作为规定专业划分、确定专业名称、决定专业所属类别，反映培养人才的业务规格和工作方向的重要文件——专业目录及其专业介绍和学位条例是我国高等学校设置专业、制定专业人才培养方案、设置课程的主要依据。与博洛尼亚进程同期的这一阶段，我国高等教育也处于急剧变革之中。由于高等学校本科专业目录的全面修订牵动面大，直接影响到本科生招生、培养、学位授予、就业、教育质量评估，本科专业目录的修订就是这一时期变革的焦点之一。我国高校本科专业目录于 1998 年完成了第四次修订，2012 年 10 月完成了第五次修订。

对比博洛尼亚进程中欧洲高等教育的一体化改革，我国本科专业改革从目录修订到高校修订专业培养方案，还没有形成核心的教育理念和一个基本一致的方法。如果说有，还只是一种重在知识的传授与评价，

重输入而非产出的"以教为中心"的理念和范式。虽然紧接着新专业目录的颁布，教育部即将出版《专业介绍》（专业介绍就如同"学位概貌"的集合），以此作为高等学校制定专业培养方案的具体指导，但如果还按照1998年《专业介绍》的模式，只是对各个专业培养目标、业务规格、主要课程等进行简要介绍，《专业介绍》只会成为高等学校制定培养方案的套用模板。由于我国还没有制定专业标准，对于各学科专业学生的能力要求不够明确，大多数高等学校在制定学校培养目标和专业培养目标时，对学生的学习结果或能力的要求表述是抽象而含糊的，可操作性不强，不利于指导教育教学和学生评价。因而制定一套具体、系统、明晰的学科能力指标体系势在必行，还需要组织专业人士开发各专业标准。

2. 专业教育应注重学生"能力"培养

博洛尼亚进程中，从欧洲层面的欧洲高等教育区资格框架到国家层面的国家资格框架，再到高等教育机构层面的学习项目的制定，整个欧洲高等教育一体化的改革过程贯穿着两个主题，一是"学习成果"，一是"以学习者为中心"。以学习者为中心倡导了从以教师为中心向以学习者为中心的教学范式的转变，"学习成果"是从学生的角度来考虑则是实现这一教育理念的途径和方法。Tuning计划不仅制定了9大学科的能力指标体系，而且为高等教育机构实现"以学习者为中心"的教学改革提供了具体方法的指导。Tuning计划将学生应具备的学科能力划分为一般能力和学科特定能力，一般能力是欧洲大学生必须具备的基本素质，与专业无关，具有跨学科性、可迁移性和转换性。学科特定能力则与学生所学学科或专业有直接的联系。Tuning计划通过调查研究提出了30项学科一般能力。在此基础上，又制定了各个学科不同阶段（学士、硕士和博士）的一般能力和特定能力。Tuning计划提出的能力体系成为高等教育机构制定培养方案和设置课程的参考。因而，决定了博洛尼亚进程人才培养的能力本位的方向。目前，我国大学的人才培养不是实行美国的通才教育模式而重视一般能力的培养，也丧失了苏式专才模式的优点，并没有重视学生专业能力的发展。由于过分地强调知识教育，学生实践能力、探索能力、应用能力、自主学习能力等发展比较弱。我国有待进一步明确大学生的素质要求，并通过培养方案的实施得到全面落实，同时也应借鉴 Tuning 计划的方法，鼓励学生、用人单位以及其他利益相关者参与到能力体系的构建过程。

（三）进一步完善高等教育质量保证体系

质量保证是建设欧洲高等教育区的重要基石，博洛尼亚进程有力地推动着欧洲高等教育质量保证体系的"一体化"改革。欧洲高等教育质量保证体系包含一个准则、内外部高等教育质量保证两个体系，跨越欧洲、国家、高等教育机构三个层面，分别由《欧洲高等教育区质量保证标准和指南》、欧洲高等教育质量保证机构登记处、国家高等教育外部质量保证系统和高等教育机构内部质量保证系统组成。《欧洲高等教育区质量保证标准和指南》为欧洲高等教育质量保证的参照框架；欧洲高等教育质量保证机构登记处对外部质量保证机构实行注册管理，向公众提供有关质量保证机构的清晰可靠信息；国家高等教育外部质量保证以自评报告、外部评审、公布评审结果以及后续行动为主要形式和手段；高等教育机构内部质量保证采取批准与监测及定期审查学习项目和学位授予、评估学生、保证教师质量、确保学习资源和学生支持、公布信息等形式和手段。欧洲高等教育质量保证呈现出制度的规范性、体系的完整性、信息的透明性、方式的多样性、质量评估的国际性等特点，其中质量文化是欧洲高等教育质量保证的核心，质量文化意识强调高等教育质量的重要性，强调高等教育质量保证的责任在于高等教育机构本身。欧洲高等教育质量保证体系的建设过程伴随着质量文化意识的成长。

我国高等教育的质量保证工作正方兴未艾，高等教育内外部质量保证体系的构建正逐步完善。外部质量保证已形成了新建本科院校合格评估、普通高等学校本科教学工作审核评估制度，并建立了普通高等学校本科教学基本状态数据库、普通高等学校本科教学质量年度报告等连接和沟通内外部高等教育质量保证的手段。高等学校也在原有的教学检查和质量评价的基础上，进一步完善内部质量保证的制度，但高等学校内部质量保证还不是自觉之举，还没有把它作为高校本身的责任，质量文化意识还相对淡薄，主要是被动地接受评估的意识。外部质量保证还没有构建好完善的高等教育质量标准体系用以指导内外部质量保证工作，评估制度还只是适用于国内自评的制度，对于国际可比较性考虑不多。外部质量保证过程还只是一个行政推动的过程，虽然已将省属院校的审核评估权限下放到省级政府，但第三方高等教育质量保证机构在评估中的作用甚微。相比欧美高等教育质量保证，我国的高等教育质量保证体系的建构与实施还任重道远。因此，由教育行政主管部门主持制定一整套我国高等教育质量标准体系，进一步完善我国高等教育质量保证制度，建设我国高等教育质量文化为当务之急。

（四）继续深入推进学分制改革

博洛尼亚进程所推动的欧洲学分转换与积累系统（ECTS）的应用，代表了学分制改革的方向和内容。学分制是以学习自由作为理论基础，以选课制为主要形式，通过量化学生学习量，对授予学位、资格实行总量控制的一种教学管理制度。学分制的思想起源最早可以追溯到德国学习自由思想，经美国民主自由和实用主义思想进一步推动而发展。[①] 作为学习量的量化，学分具有了如同"货币"流通功能，ECTS（欧洲学分转换与积累系统）是学分的流通功能的充分实现。ECTS（欧洲学分转换与积累系统）作为一种支持学习项目设计、实施及高等教育资格授予的工具，与基于学习成果的资格框架的配合使用，使学习项目和资格更加透明，也促进了资格认可和学生流动。ECTS 适用于各种类型的学习项目，能实现普通高等教育和高等职业教育，在校学习和工作学习，正规学习和非正规学习、非正式学习之间学分的转换和累积，是广泛实现终身学习的有效机制。学分转换与积累系统是学分制的进一步发展。

1977 年我国恢复高考制度，高等教育重新走上正轨，教育制度借鉴的目光开始投向西方。1978 年教育部确定在几所重点大学试点学分制，《人民教育》上发表了《试行学分制，多快好省地培养人才》的文章，标志着试行学分制成为高等学校教学管理改革的内容之一。由于思想上的顾虑，认为"学分制是资本主义的产物"、"有教育自由化的色彩"，并且当时发展高等教育的意图是"多出、快出人才"，关键在于

---

① 薛成龙、邹大光：《论学分制的本质与功能——兼论学分制与教学资源配置的相关性》，《北京大学教育评论》2007 年第 7 期。

扩大招生名额、缩短教育时间，学分制对增多培养学生人数无直接作用，以致"学分制试行十年成效并不显著"。随着 1985 年发布了《中共中央关于教育体制改革的决定》，提出要扩大高等学校的办学自主权，于是学分制的试行在 20 世纪 80 年代掀起了第二次热潮，大约 200 多所院校参与学分制的试行。原国家教委、国务院学位委员会于 1993 年发布了《关于进一步深化普通高等学校教学改革的意见》，进一步推动了学分制在全国高校的试行。到 1996 年年底，全国约 1/3 的高校在试行学分制，表现在增设专业选修课和公共选修课，教学计划对各类课程的学分分布设定了要求。随之，我国高校在学分互认方面也开展了一些探索：1994 年，为实现资源共享、优势互补、平等互利和相互促进，武汉大学等 5 所湖北省境内的大学实施了五校联合办学，学生可以跨校选课、辅修双学位。2003 年，在多年实践的基础上，上海交通大学等 13 所高校也探索实施跨校、跨学科专业的辅修制。① 但是这种学分互认还只是在小范围内实施，只有少数学生能够跨校交流学习。尽管我国高等学校已普遍实施了学分制，但总体情况表明，我国高校对于实施学分制内涵及意义认识还不够深刻，以致学分制的实施还流于形式。随着我国高等教育改革的深化发展，我国高校应重新审视学分制改革的方向和内容，进一步推进学分制真正意义上的实施。

（五）进一步完善学历学位认可体系

在经济全球化，高等教育国际化的背景下，我国的留学教育、中外合作办学日益广泛，高等教育机构和社会用人单位面临着处理各种资格、学分和学习经历的认可问题。尤其是近年来，来自欧洲国家的学历学位认证申请总数最大，占我国的国外学历学位认证的 40%（2010年）。② 我国应借鉴欧洲高等教育资格认可的成功经验，建立与欧美资格框架更兼容、可比的学位制度和学分制，建立资格认可与高等教育质量保证相互促进的机制，完善资格认可的相关法律，实现资格认可的信

---

① 韩磊磊、源国伟：《中国高校学分制 30 年——大学教学制度改革讨论述评》，《高教探索》2008 年第 4 期。

② 万玉凤：《回眸：国（境）外学历学位认证 20 年》，《中国教育报》（招生　考试　就业周刊）2011 年 3 月 23 日。

息透明与公正。

1. 有待建立透明的学历学位体系

各国高等教育学制和学位制度存在差异是要进行资格（学历、学位）认可的一个根本原因。差异越大，认可就越复杂、困难。欧洲高等教育区通过实施欧洲高等教育区资格框架缩小各国资格差异，通过推行学分转换与积累系统和文凭补充实现资格透明，从而降低认可的复杂性，从根本上解决认可的困难问题。我国没有建立资格框架，从 1981 年 1 月开始实行至今的《中华人民共和国学位条例》是明确规定学位要求的唯一法律，类似于一个"国家资格框架"，不同的是它仅仅只对三级学位要求进行规定。实施 30 年之久的《中华人民共和国学位条例》是对学位标准的简单陈述，在国内已经缺乏实际指导作用，在国际上也无助于外国人对中国学位标准的真正了解。要实现我国高等教育更大范围的合作与开放，调整学历学位体系，使之与欧洲的高等教育资格框架更接近、可比是必经之路。尤其是当"学习成果"方法已经在欧美高等教育资格及课程设计中广泛应用时，我国也应该提倡在制定学位标准和专业培养方案中采纳这种方法，以使我国授予的学历学位在国外认证时更可比、更透明。

2. 有待加强高等教育质量保证对资格认可的制约机制

欧洲高等教育资格的认可对于授予资格的机构和学习项目应通过质量保证机构的认证有明确规定，因而质量保证是关系到机构授予的资格是否能得到认可的关键，这一规定推动了博洛尼亚进程各成员国及其高等教育机构以《欧洲高等教育区质量保证标准与指南》（ESG）为参照框架构建内外部质量保证体系。我国正在逐步完善高等教育质量保证体系，但我国高等教育质量保证的标准、管理体制以及运行机制与欧美还存在较大差别，只有减少差别，我国高等教育的质量才能在国际上得到认可，并达到加入某些认可协议的要求，如《里斯本认可协议》，那么我国学历学位才能在更大的范围内得到认可。

3. 有待加强信息平台建设，促进国际认可信息交流

我国国（境）外高等教育学历学位认证服务由教育部留学服务中心承担，学历认证可在中国留学网登录申请。教育部留学服务中心已经建成国家教育认证信息中心网站，公布中外高等教育学历学位制度、关于

境外高等教育机构的可靠信息和中外合作办学信息等。虽然我国的境外学习学位认可已经实现网络化，但信息平台还是一个孤立的网站，与其他国家进行学术认可信息的交流不够充分，在分析学历学位认可问题，探讨完善有关学历学位认可立法问题方面没有发挥出应有的主动性和主导能力，有待加大平台建设力度，促进信息交流与认证合作。

第八章 结论、创新点与研究局限

一 结论

（一）博洛尼亚进程是法国等发起国借助欧洲框架进行整体协调一致的高等教育改革，以达到增强自身以至整个欧洲的高等教育的目的

法国战后频繁改革高等教育，改革的焦点集中于如何扩大入学机会，减少学业失败，促进教学的职业化等方面。博洛尼亚进程则是在欧洲范围内通过建立共同的教学框架，达到实现终身教育，扩大高等教育的"社会维度"，提高大学生就业能力，提升高等教育质量等目标。法国历次改革的政策与博洛尼亚进程的政策具有很大的关联性。博洛尼亚进程能推进欧洲高等教育的一体化改革，是因为欧洲人历来就具有"全欧理念"，也因为欧洲政治、经济的一体化已经发展到一定阶段，对高等教育的一体化提出必然要求，欧洲高等教育领域已有的一些制度和政策也为欧洲高等教育的一体化奠定了基础。

（二）博洛尼亚进程是整体改革，系统推进的过程

欧洲高等教育一体化改革的"整体性"体现在欧洲、国家、高等教育机构三个层面的全面参与改革，体现在博洛尼亚进程"行动路线"与"政策"之间是相互联系的整体，体现在"欧洲高等教育一体化改革"具有联系改革的共同的核心"学习成果"和"以学习者为中心"。系统推进体现在：欧洲高等教育一体化改革是从学位结构调整到资格框架的建立再到课程改革的推进，体现在从学位结构一体化改革推进到质量保证"一体化"改革和资格认可的"一体化"改革，体现在三大行动路线的执行也是一个系统推进的过程。学位结构、质量保证与认可的

"一体化"改革是在欧洲、国家、高等教育机构自上而下与自下而上相互作用中展开的。

（三）博洛尼亚进程具有推进欧洲高等教育一体化改革的结构

博洛尼亚进程政策执行的结构有利于推进欧洲高等教育一体化改革。表现为政策目标明确，有配套的政策工具，政策执行路径清晰，执行主体责任明确。博洛尼亚进程政策制定与执行的组织结构有利于国际高等教育政策的执行。表现为：国家自愿参加组成政府间联盟；国家是政策执行的决定性力量和主要推动力；建立了国际教育政策制定和协调工作的权威中心；借助国际组织的力量。

（四）透明工具的配合应用实现了"统一性"和"多样性"协调

博洛尼亚进程能实现欧洲高等教育"统一性"和"多样性"协调的一个主要原因是："资格框架"、"学分转换与积累系统"、"文凭补充"等透明工具的配合应用。"资格框架"的两级设计，既统一了欧洲高等教育的学位结构，又为国家、高等教育机构预留了多样性发展空间。采用学习成果描述的资格框架，可兼容多种多样的教育形式，允许通过不同的教育路径获得同级的资格。"学分转换与积累系统"让学习者通过不同学习形式、途径获得的学分像"货币"一样得到转换和积累，从而既打通了各种学习形式和途径，又承认了多种多样的学习经历。"文凭补充"向高等教育机构、用人单位以及资格认可机构等提供有关学习者各种学习过程的信息，使得多种多样的教育形式和途径的信息更加透明。

（五）博洛尼亚进程是一个"以学习者为中心"的高等教育改革过程

博洛尼亚进程的行动路线和"政策"从不同的方面促进实现"学习者中心"。"社会维度"政策旨在让学生有更多参与高等教育的机会，并能成功地完成学业；"流动"政策提供学习交流机会，促进学生发展；"质量保证"强调学生参与质量保证过程；"学习成果"的多层面推动了教学范式从教师中心向学生中心转变。

二　创新点

第一，对博洛尼亚进程启动的原因进行了新的历史解读，提出博洛尼亚进程是法国等发起国试图通过欧洲整体一致的改革摆脱战后高等教育改革与发展的困境，以增强国家自身及整个欧洲高等教育的竞争力和吸引力。

第二，提出博洛尼亚进程政策执行的结构有利于推进欧洲高等教育一体化改革。表现为政策目标明确，政策工具配套，政策执行路径清晰，政策执行主体责任明确。进一步而言，博洛尼亚进程政策制定与执行的组织结构有利于国际高等教育政策的执行。表现为：国家自愿组成政府间联盟；国家是政策执行的决定性力量和主要推动力；建立了国际教育政策制定和协调工作的权威中心；借助国际组织的力量推动单个国家改革的进程。

第三，提出了博洛尼亚进程在政策执行上的特征：整体改革，系统推进；基于研究的渐进改革；利益相关者广泛参与；以评估促改革。

第四，与其他相关研究不同的是，从博洛尼亚进程的经验分析，详细建议我国高等教育改革应从方法和具体制度改革两方面学习博洛尼亚进程的改革成果。提出建立灵活、兼容的学历学位体系；基于学习成果，以学习者为中心开展专业课程改革；进一步完善高等教育质量保证体系；继续深入开展学分制改革；进一步完善学历学位认可体系等政策性建议。

三　研究局限

首先，由于结构主义强调的是"理解和解释"世界，而不是"改造"世界。本书基于结构主义视角研究欧洲高等教育一体化改革，研究重点倾向于解释博洛尼亚进程所推进的"欧洲高等教育一体化改革"的结构，特别是欧洲高等教育一体化改革的"应然"研究，对于改革的"实然"状况缺乏批判性分析。其次，博洛尼亚进程已经跨入到第二个十年，即"欧洲高等教育区"阶段，本书重在研究1999—2010年这一段，没有向下延伸到至今仍在进行的第二个十年。最后，本书基于经验分析，提出了相关高等教育改革的政策性建议，但对于中国高等教育改革如何进行整体设计、系统推进改革没有做进一步探讨。对这些问题的探讨，需要掌握扎实的政策分析的理论与方法，需要有批判性思维，需要对"欧洲高等教育一体化改革"的实然结果有更全面深刻的了解。

附录 1　大学宪章[*]

1988 年 9 月 18 日于意大利博洛尼亚

导　言

在欧洲最古老的大学建校 900 周年之际，欧洲大学的校长们齐聚博洛尼亚并签署此文件。在欧共体国家之间的边界最终废除之前的四年时间时，校长们一直盼望着所有欧洲国家之间的深远合作。他们相信各个民族和国家应比以往更加意识到在不断变化和日益国际化的社会里大学将扮演的角色。校长们认为：

1. 在这个千年即将接近尾声之时，人类的未来很大程度上取决于文化、科学和技术的发展，并由以真正大学为代表的文化、知识和研究的中心所构建。

2. 大学向年青的一代传播知识的任务，在当今世界也意味着必须为整个社会服务，因为整个社会之文化的、社会的和经济的未来特别要求在继续教育上做相当大的投入。

3. 大学必须为未来几代人提供教育和培训，使他们尊重自然环境和生活本身的伟大和谐。

以下签名的欧洲大学的校长，面对所有国家和所有民众的良知，宣传现在和将来都必须支持大学使命的基本原则。

---

　　[*] 王晓辉：《全球教育治理——国际教育改革文献汇编》，教育科学出版社 2008 年版，第 17—18 页。

基本原则

1. 在由于地理和历史传统因素而形成的不同社会里，大学是一个自治的机构。大学通过研究与教学，以批判的方式，创造和传递文化。为了满足当代世界的需要，大学的研究与教学必须在道义上和智力上独立于整个政治权威、经济权威和思想意识权威。

2. 大学中的教学活动不能与研究活动分开，以保证教学适应社会需求和科学知识进步的变革。

3. 研究、教学和培训的自由，是大学生活的基本原则，政府和大学必须在各自职责范围内，保证尊重这一基本要求。大学拒绝不宽容并在不断对话中，成为教师和大学生的理想聚会之地。教师须具有知识传授能力并以研究与创新为发展途径，大学生应有丰富自己头脑的权利、意愿和能力。

4. 大学具有欧洲人文主义传统，还具有追求普遍知识的永久情怀。为了履行其使命，大学淡漠了地理与政治疆域，并申请相互认识和文化互动的至关必要性。

方　法

按照这些原则，达到这些目标需要适合于目前状况的有效方法。

1. 为了确保研究与教学的自由，必须赋予大学共同体所有成员实现这些自由的有利方法。

2. 教师的录用及其地位的规定，必须遵循研究活动和教学活动不可分的原则。

3. 每所大学在欣赏其自身状况特殊性的同时，必须确保其学生的自由，确保他们达到文化与培训目标所需的必要条件。

4. 大学，尤其是欧洲的大学，将信息与文献的相互交流和为学术进步而开展的共同努力，看作是知识不断进步的基本途径。为此，大学最初就鼓励教师与学生的流动，并认为一个有关地位、职衔、考试（完全保留国家文凭合法有效）和颁发奖学金的总政策对于保证实现当前大学的使命是必需的。

　　以下签名的校长，代表各自的大学承诺全力实施此宪章，并尽力促进每个国家和超国家组织依据此宪章认真制定其政策。此宪章为大学自主意愿的一致表达。

附录 2　索邦宣言[*]

——协调欧洲高等教育体系的结构

1998 年 5 月 25 日于巴黎大学

　　欧洲一体化进程最近取得较大进展。与之相关的是，我们应该谨记欧洲一体化进程不仅体现在欧元、银行和经济领域，还应当是知识的欧洲。我们现在必须加强欧洲大陆在智力、文化、社会技术方面的发展，而大学在很大程度上对知识的发展起到决定性作用。

　　约在 750 年前大学诞生于欧洲。我们四个国家为拥有若干最古老大学而感自豪，这些大学目前正值庆祝其重要诞辰之时，正如巴黎大学今日所为。昔日，学生和学者可以在此大陆自由往来，迅速传播知识。但现在，太多学生直至获取文凭都享受不到跨越国界学习的好处。

　　我们正处于教育和工作环境发生重大变革、职业生涯进程多样化的时期，终身教育与培训成为明显之必需。我们应当为我们的学生和整个社会提供一个高等教育体系，使之获得自身卓越的最佳机遇。

　　开放的欧洲高等教育空间具有广阔、积极的前景。当然要尊重我们的多样性，但更需要不懈努力去消除障碍以发展一种教学框架，来促进更紧密的流动和合作。

　　我们高等教育制度的国际认可和潜在吸引力直接与其内部和外部的清晰性相关。一种主要包括本科和研究生两个阶段的制度即将诞生，这种便于比较与对等的制度会在国际上得到认可。

　　此种高等教育制度的独创性和灵活性将通过使用学分（如欧洲学分

＊ 王晓辉：《全球教育治理——国际教育改革文献汇编》，教育科学出版社 2008 年版，第 19—20 页。

转化系统 ECTS）和学期来实现。对于选择在欧洲不同大学接受初始或继续教育，并希望能够在生命的任何时间获得学位的人来说，允许他们所获学分有效。实际上，不论学生来自何种环境，他们都应能够在其职业生涯的任何时间进入大学领域。

本科生应有机会学习多种课程，包括综合学科学习的机会、发展外语能力和使用新信息技术的能力。

在研究生阶段，可供选择的有较短期的文凭——硕士，或较长期的文凭——博士，并在获得硕士学位之后可以继续攻读博士学位。两个文凭阶段都强调研究与独立工作。

在本科阶段和研究生阶段，鼓励学生至少到国外大学学习一个学期。同时，教学人员和研究人员应当在本国之外的欧洲国家工作。应当充分利用欧盟不断增长的对学生与教师流动的资助。

大多数国家，不仅仅是欧洲内部的国家充分意识到促进这一变革的必要。欧洲大学校长联席会（The Conferences of European Rectors, University Presidents）、我们各自国家的专家与大学学者均表示对此做过广泛思考。

欧洲高等教育学术证书互认协议去年在里斯本获得通过。此协议确定了一些基本条件，但允许每个国家根据本国情况提出更具建设性的计划。由此结论出发，我们可以在此基础上构建未来。由于欧盟的指令，在高等教育职业性文凭的相互承认方面已存在诸多共同点。

我们的政府将为此目标继续发挥重要作用，鼓励通过各种途径承认所获知识，以及各国之间文凭的更好互认。我们期待推进大学之间在此方面达成一致。通过经验交流、共同文凭、项目试验和各方对话，我们的整个学位和教育结构将趋于和谐。

为改善文凭的外部认可度，促进学生流动，提高其可就业能力（employability），我们在此承诺，支持一个可供参照的共同框架。今天正值共同庆祝巴黎大学诞生 800 周年纪念日，它为我们提供了创建欧洲高等教育空间的庄严机会。为欧洲，为其学生，更广泛地说为其公民，我们的国家认同和共同利益会在此空间中相互作用而得以增强。我们呼唤欧盟其他成员国和其他欧洲国家为此目标与我们携手并肩，呼唤所有欧洲大学不断改善与更新为公民提供的教育，以提升欧洲在世界上的地位。

　　法国国民教育、研究与技术部部长　克洛德·阿莱格尔

　　意大利公共教育、大学与研究部部长　卢吉·贝林格

　　英国高等教育大臣　泰莎·布莱克斯通

　　德国教育、科学、研究与技术部部长　尤根·吕特格尔斯

附录 3 博洛尼亚宣言[*]

欧洲教育部长联合宣言

博洛尼亚，1999 年 6 月 19 日

欧洲一体化进程以其近些年的特别成就，对欧盟及其公民来说已经成为更为具体、更为适切的现实。广阔的前景以及与其他欧洲国家愈加紧密的关系，又为此现实提供了更为宽广的空间。同时我们在政界、学术界和公共舆论中看到一种萌发的意识，即建立一个更为完整、更具雄心的欧洲，特别注重其智力、文化、社会、科学和技术等方面的增强。

今天，一个知识的欧洲被广泛认为是促进社会发展和人类进步不可替代的因素，是加强并充实欧洲公民素养，给予公民应对新千年挑战的必要能力，强化共同价值观及同属一个社会文化空间的意识不可或缺的因素。

人们普遍认为教育和教育合作对于发展与增强稳定、和平与民主的社会意义重大，对于东南欧国家来说更是如此。

1998 年 5 月 25 日，《索邦宣言》正是得益于以上认识，阐明了大学在欧洲文化领域发展的关键作用。它强调，建立欧洲高等教育空间是促进公民流动、提高就业能力、推动整个大陆发展的一个重要途径。

诸多欧洲国家已经接受了承诺完成宣言提出的目标之邀请，并签署宣言或表示同意其原则且它们保证实现宣言提出的目标。欧洲从那时起开展的一些高等教育改革的方向，证实了诸多政府的行动意愿。

欧洲高等教育机构已经接受挑战，在欧洲高等教育区建设中起着重

---

[*] 王晓辉：《全球教育治理——国际教育改革文献汇编》，教育科学出版社 2008 年版，第 21—23 页。

要作用，作为 1988 年于博洛尼亚创立的《大学宪章》所建立的基本原则的结果。

前进方向以及具有意义的目标已经明确，但全面实现不同高等教育系统的更大相容性和可比性仍需要不懈努力。1999 年 6 月 18 日的会议集中了我们所有国家的权威专家和学者，对即将实施的行动提出了极为有用的建议。

特别是我们必须争取欧洲高等教育系统的更大国际竞争力。任何文明的活力和效力均以其文化与科学传统一样在全世界具有吸引力。

在申明支持索邦宣言的普通原则的同时，我们承诺协调政策以保证在短期内，无论如何在第三个千年的前十年结束时实现以下目标，这些目标是我们创建欧洲高等教育空间、提升欧洲高等教育系统在世界的影响力最为关切的：

●采用一种便捷清晰、可比的学位系统，通过设置"学位附录"，提高欧洲公民的可就业能力（employability）和欧洲高等教育系统的竞争力。

●采用主要基于本科和研究生两个阶段的高等教育系统。至少需要三年时间完成第一阶段学习，之后才能进入第二阶段。第一阶段完成后授予的文凭相当于欧洲劳动力市场要求的一种职业资格。第二阶段可以获得许多欧洲国家存在的硕士和（或）博士文凭。

●建立一种学分系统，如欧洲学分系统（ECTS），作为促进学生最大范围流动的一种适当方式。学分也可以在高等教育系统之外，包括终身学习的环境中获得，只要这些学分得到相关大学认可。

●在克服自由流动障碍的同时，要对学生能否获得参与学习和培训的机会及相关服务予以特别关注；对教师、研究者、行政人员能否无偏见地享有其法定权利并获得他们在欧洲范围内参与研究、教学、培训的认可予以特别关注。

●促进欧洲在质量评估方面的合作，目的在于建立可比的标准和方法论。

●增强高等教育中的欧洲维度，特别是在课程开发、机构间合作、流动计划以及学习、培训、研究一体化计划等方面的欧洲维度。

我们特此承诺，在我们机构职能的范围内，充分尊重各国文化、语言、国民教育系统以及大学自治的多样性，实现这些目标，以巩固欧洲高等教育空间。为此目的，我们将继续政府间合作之路，并继续欧洲高等教育领域非政府组织合作之路。

我们期待大学再次快速、积极响应并为我们的成功积极贡献力量。

既然欧洲高等教育空间的建设需要不断的支持和监测，以适应不断变化的需求，我们决定在未来两年内再聚首，以便评估取得的进步并决定新的步骤。

上述宣言由以下国家负责高等教育的部长签署：奥地利、比利时（法语区）、比利时（弗来芒语区）、保加利亚、捷克共和国、丹麦、爱沙尼亚、芬兰、法国、德国、希腊、匈牙利、冰岛、爱尔兰、意大利、拉脱维亚、立陶宛、卢森堡、马耳他、荷兰、挪威、波兰、葡萄牙、罗马尼亚、斯洛伐克共和国、斯洛文尼亚、西班牙、瑞典、瑞士联邦、英国。

附录 4 布拉格公报*

教育部长会议公报

布拉格，2001 年 5 月 19 日

分别在签署《博洛尼亚宣言》两年后和《索邦宣言》三年后，欧洲分管高等教育的部长们，代表 32 个签署国，在布拉格会集以审查进程所取得的进展，并为进程未来几年确定方向和重点。部长们重申致力于到 2010 年建成欧洲高等教育区的目标。布拉格选择召开本次会议表明了加入到欧洲一体化进程的意愿。

部长们听取和审议了后续工作组的报告——《深化博洛尼亚进程》，认为《博洛尼亚宣言》设立的目标已被广泛接受，并为大多数成员国以及由大学和其他高等教育机构作为发展高等教育的基础。部长们重申，必须继续努力推动流动性，使学生、教师、研究人员和行政人员受益于欧洲高等教育领域的丰富性，包括其民主价值观、文化和语言的多样性和高等教育系统的多样性。

部长们注意到欧洲高等教育机构于 3 月 29—30 日在萨拉曼卡举行的会议和 3 月 24—25 日在哥德堡举行欧洲学生会议的建议，并感谢欧洲大学协会（EUA）和欧洲国家学生联盟（ESIB）在博洛尼亚进程的积极参与。他们还注意到，并赞赏了许多推进进程深化的其他措施。部长们还注意到欧盟委员会的建设性援助。

部长们指出，宣言中建议的有关学位结构的活动在大多数国家都受到了广泛而热情的处理。他们特别赞赏质量保证工作的进展情况。部长

---

* Communique of the Meeting of European Ministers in Charge of Higher Education in Prague, "Towards the European Higher Education Area", 2001 (http://www.ehea.info/)，本书作者自译。

们认识到必须进行合作以应对国际教育带来的挑战。他们还认识到教育中终身学习观点的必要性。

一　博洛尼亚进程六大目标的进一步行动

《博洛尼亚宣言》提出，部长们断言，建立欧洲高等教育区是提升欧洲高等教育吸引力和竞争力的条件之一。他们支持的观点是：高等教育应该被视为一种公共事业，并仍将是一种公共责任（法规等），并认为学生是高等教育界的丰富的成员。从这一点上看，部长们对进程下一步发展意见如下：

1. 采用易读与可比较的学位系统

部长们鼓励大学以及其他的高等教育机构要充分利用现存的国家法律与促进课程、学位认可的欧洲工具，便于公民在整个欧洲高等教育区能有效使用他们的资格，施展能力与技能，并呼吁 NARIC 与 ENIC 等机构与网络要简化认可程序并做到公正，并反映资格的多样性。

2. 采纳两级学位结构

部长们充分肯定了实施情况。一些国家已经采纳了这种结构，其他一些国家也饶有兴趣在考虑。着重指出的是，在许多国家，大学以及其他高等教育机构已经能授予学士和硕士学位，或对等 2 级学位。重申了2001 年 2 月在赫尔辛基举行的关于学士学位的研讨会上提出的建议，即"要根据个性发展的多样性、学科和劳动力市场的需要，调整培养计划与大纲"。

3. 建立学分系统

部长们强调：为了学习与资格更具灵活性，应采纳基于学分转换与积累系统（ECTS）的共同资格框架。相互认可的质量保证系统有助于学生就业，增强欧洲高等教育可比性、吸引力与竞争力。学分系统和文凭补充的普遍使用也会促成这方面的进步。

4. 促进流动

部长们重申了《博洛尼亚宣言》所设立的流动目标的至关重要性。他们承诺消除所有阻碍学生、教师、研究人员和行政人员自由流动的障碍，并强调流动的社会维度。他们注意到欧洲共同体计划提供的流动机会以及这一领域取得的进展，例如 2000 年欧洲理事会在尼斯批准的流动行动计划的启动。

5. 促进质量保证合作

部长们认可了质量保证系统对于确保质量标准与促进欧洲资格的可比性起着重要作用，强调国家开展质量保证系统之间的密切合作、相互信任与接受，鼓励大学及其他高等学校传播好的经验，设计相互接受评价与认证的机制。

为了进一步促进高等教育欧洲维度加强高等教育的欧洲维度与毕业生的就业能力，部长们呼吁高等教育机构制定含有欧洲内容、方向或组织的各层次课程模块、课程。特别关系到高等教育机构国际合作课程与模块以及合作学位的认可。

二　强调以下几点

1. 终身学习

终身学习是欧洲高等教育区的必要元素。在未来欧洲知识经济社会，对于面对竞争的挑战，使用新的技术工具，改善社会维度、平等机会与生活质量，终身学习战略是非常必要的。

2. 高等教育机构与学生

部长们进一步明确了大学及其他高等教育机构与学生作为完全的、主动地、建设性的参与者。部长们认为质量是欧洲高等教育区信任、依赖、流动、可比与吸引力的基本条件，认为培养方案的学术质量与可持续的就业能力存在着密切联系，呼吁高等学校要主动参与。部长肯定了学生应该参加并影响大学及其他高等教育机构的教学组织和内容。部长们还重申需要考虑博洛尼亚进程中的社会维度。

3. 提升欧洲高等教育的吸引力

各国部长们一致认同增强欧洲高等教育对欧洲和世界其他地区的学生吸引力的重要性，应通过制定一个共同的资格框架，一致的质量保证和认证机制，并通过增加信息的努力，增强欧洲高等教育学位在全球范围的可读性和可比性。部长们特别强调，高等教育和研究的质量是欧洲国际吸引力和竞争力的重要决定因素。部长们一致认为，应更多地关注欧洲高等教育区所带来的好处，呼吁增加欧洲国家之间的关于跨国教育的合作。

三　继续跟进

部长们承诺将根据《博洛尼亚宣言》目标，继续开展合作。合作建立在相似性的基础上，并受益于文化，语言和国家制度之间的差异，借鉴所有可能的政府间合作，以及与欧洲的大学及其他高等教育机构、学生组织、社区项目等正在进行的对话。

部长们欢迎新成员申请加入博洛尼亚进程，欧洲共同体的苏格拉底、达·芬奇或田普斯计划对这些国家是开放的。他们接受克罗地亚、塞浦路斯和土耳其申请。

部长们决定，一个新的后续会议将于 2003 年下半年在柏林召开，审查进展情况，并确定欧洲高等教育区进程的下一个阶段的方向和重点。他们确认有必要建立后续工作的组织，包括一个后续小组和筹备组。后续组应当由所有签约国，新的参与者以及欧盟委员会的代表组成，并且应该由时任欧盟轮值主席主持。筹备组应当由主办上届部长会议和接下来的部长级会议的国家代表，两名欧盟成员国和两个非欧盟成员国的国家代表组成；后者四名代表将通过后续小组选出。欧盟轮值主席国和欧盟委员会也将是筹备组的一部分。筹备小组由主办下届部长级会议的国家代表主持。

应让欧洲大学协会、欧洲高等教育院校协会（EURASHE）、欧洲国家学生联合会和欧洲理事会为后续工作提供咨询。为了进程的深远发展，部长们鼓励后续小组安排研讨会，以探讨以下几个方面：有关认证和质量保证的合作，认可问题以及博洛尼亚进程中学分使用，联合学位的发展，社会维度，具体注意流动障碍，博洛尼亚进程的扩大，终身学习和学生参与等。

附录5 柏林公报

教育部长会议公报[*]

柏林，2003 年 9 月 19 日

一 前言

1999 年 6 月 19 日，也就是《索邦宣言》签署的一年后，29 个欧洲国家教育部长签署了《博洛尼亚宣言》。他们商定了一个重要的共同目标：到 2010 年，建立一致和连贯的欧洲高等教育区。2001 年 5 月 19 日在布拉格举行了第一次后续会议，他们增加了目标数，并重申他们致力于到 2010 年建立欧洲高等教育区。2003 年 9 月，为了评估博洛尼亚进程取得的进展，确定优先战略和新的目标，来自 33 个欧洲国家负责高等教育的部长相聚柏林，再次会晤，以期加快实现欧洲高等教育区。他们同意以下注意事项、原则和优先事项：

部长们重申了博洛尼亚进程"社会维度"的重要性。提高竞争力的需要，必须与提高旨在增强社会凝聚力和减少国家和欧洲层面的社会和性别不平等的欧洲高等教育区的社会特征目标相平衡。在这方面，部长们重申其立场，即高等教育是公共产品和公共责任。他们强调，国际学术合作与交流，应以学术价值为准。

部长们适当考虑欧洲理事会在里斯本（2000 年）和巴塞罗那（2002 年）的结论，旨在使欧洲成为"世界上最具竞争力和活力的知识型经济，经济能持续地增长，并提供更多更好的就业机会和更大的社会

---

* Communique of the Conference of Ministers Responsible for Higher Education in Berlin，"Realising the European Higher Education Area"，2003（http：//www. ehea. info/），本书作者自译。

凝聚力",并呼吁在博洛尼亚进程的背景下采取进一步的行动和更密切的合作。

部长们注意到后续小组委托所做的关于博洛尼亚进程在布拉格和柏林会议之间的进展报告。他们还注意到欧洲大学协会(EUA)的报告《趋势 3》,以及一些在布拉格和柏林会议之间召开的研讨会的成果。研讨会由一些成员国、高等教育机构、组织和学生组织,并作为工作计划的一部分。部长们还注意到,国家报告相当程度地证实了博洛尼亚进程原则应用所取得的进展。最后,他们注意到来自欧盟委员会和欧洲理事会的消息,了解到他们对进程实施提供的支持。

部长们同意,应努力确保在各国的高等教育和研究系统之间全面建立更紧密的联系。新兴欧洲高等教育区将受益于与之协同发展的欧洲研究区,从而夯实知识欧洲的基础。保护欧洲的丰富文化和语言多样性的目标基于对其多元化传统的继承,并通过加强欧洲高等教育机构之间的合作,促进创新潜力及社会和经济的发展。

部长们认识到高等教育机构和学生组织在欧洲高等教育区发展中发挥的基础性作用。他们关注来自欧洲大学协会(EUA),由高等教育机构的《格拉茨公约》所产生的消息,关注欧洲高等教育院校协会(EU-RASHE)和欧洲国家学生联盟(ESIB)交流的贡献。

部长们欢迎世界其他地区对欧洲高等教育区发展所表现的青睐,并特别欢迎还未加入博洛尼亚进程的欧洲国家代表,欧盟委员会后续工作组代表,拉美和加勒比高等教育共同空间的代表作为嘉宾出席本次会议。

二　进展

部长们欢迎自布拉格高等教育峰会以来采取的促进更具可比性和兼容性,促进高等教育系统更加透明,提高欧洲高等教育质量的各种举措。他们欣赏所有合作伙伴——高等教育机构、学生和其他利益相关者为此而进行的合作和承诺。

部长们强调博洛尼亚进程中建立欧洲高等教育区的所有元素的重要性,并强调需要加强在机构、国家和欧洲层面的努力。然而为了增强进程发展动力，他们承诺实现未来两年的战略重点。他们将加强努力，促进有效的质量保证体系，加强两级学位体系有效运用，改进学位与学历的认可制度。

（一）质量保证

高等教育的质量已被证明是建立欧洲高等教育区的核心。部长们承诺支持进一步发展高校、国家、欧洲三个层面的质量保证。强调必须发展质量保证共用的指标和方法，强调高校自主原则，质量保证的基本责任在于高校自身。认为到2005年，国家质量保证系统应该包括如下几点：明确高校、机构的责任；评估培养方案或者高校，既有内部评估还有外部评价，学生参与评估，出版评估结论；认证系统、证书或者可对比的程序；国际参与、合作和网络。部长们呼吁在欧洲层面，欧洲高等教育质量保证协会（ENQA）通过其成员与欧洲大学协会（EUA）、欧洲院校协会（EURASHE）与欧洲学生联盟（ESIB）合作，制定一系列质量保证的指标、程序与指南，并探索充分的同行评价。

（二）开始实施两级学位系统

部长们高兴地注意到，继他们在《博洛尼亚宣言》承诺实行二级学位系统，形成一派全面重组欧洲高等教育的景象后，所有部长都承诺2005年开始实施二级学位。强调要巩固改革成果，通过加强高校与高校，高校与用人部门的对话，提高对于新资格的理解与接受。鼓励成员国制定自己的资格框架系统，必须使用工作量、级、学习成果、能力、大纲等术语。他们承担制定欧洲高等教育区总体资格框架的任务。每种学位应该规定不同的学习成果。第一、二级学位应该有不同的方向与大纲，以适应个体发展、学术及劳动力市场需求的多样性。各级学位之间衔接要顺畅。

按照《里斯本认可协议》，应该实现第一级与第二级学位的衔接，应该给予完成第二级学位者进入博士研究的机会。部长们邀请后续行动小组，对短期高等教育是否以及如何链接到欧洲高等教育区资格框架的第一级进行探索。部长们强调力求高等教育对所有人平等的承诺。

（三）促进流动

学生、学者与职员的流动是建立欧洲高等教育区的基础，不仅是对学术与文化，对于政治、社会、经济同样重要。部长们满意地注意到，自上次会议以来，流动性的数量有所增加，也感谢欧盟计划的大力支持，同意将采取必要的措施改进流动的质量，扩大学生流动的覆盖面。重申了移除流动的障碍，采取措施使用便携式贷款与资助。

（四）建立学分系统

强调欧洲学分转换系统对于促进学生流动与国际课程发展起着重要作用。他们注意到 ECTS 正日益成为国家学分系统的一般基础。他们鼓励在实现让学分转换系统不仅是学分转换，还应该是学分的积累系统的目标上有新的进展。

（五）学位认可：采用易读、可比的学位

部长们强调各参与国应修订《里斯本认可协议》，呼吁 ENIC 与 NA-RIC 与国家官方进一步执行《里斯本认可协议》。确定能为 2005 届所有的毕业生自动、免费提供文凭补充，呼吁高校与用人部门充分利用文凭补充，以便得益于日益改善透明性与灵活性高等教育学位系统，进而促进就业、学术认可。

（六）高等教育机构与学生

部长们鼓励高校与学生向博洛尼亚进程承诺，认为成员的自主参与将能确保长期的成功。部长们认为强大的高等教育机构对经济和社会发展的贡献，高等学校必须有内部的组织与管理权。他们进一步呼吁高等学校必须确保改革成为机构功能与过程的核心，部长们注意到学生组织在博洛尼亚的建设性参与过程，并强调需要不断地让学生加入，包括在进一步活动的早期阶段。学生是参与高等教育治理的完全成员。部长们指出，整个欧洲高等教育区内的国家已基本制定了法律措施，确保学生的参与。

呼吁机构与学生组织明确增强学生参与高等教育治理的途径与手

段。部长们强调要给予学生充分的学习与生活条件，以便能在规定的时间内完成学业，无任何与社会经济背景有关的障碍。他们强调必须收集更多可比较的有关学生社会和经济情况的数据。

（七）促进高等教育欧洲维度

部长们指出，继布拉格号召，正在组织开发具有欧洲内容的课程与课程模块。部长们指出各国高校已经采取行动将学术资源与文化传统融进培养方案的制定及联合学位的发展之中。合作学位必须保证学生国外学习的时间以及语言学习机会，使学生可以充分发挥其在欧洲认同、公民意识和就业能力等方面的潜力。部长们同意在国家层面消除联合学位建立与认可的障碍，积极支持联合学位课程质量发展。

（八）促进欧洲高等教育区的吸引力

部长们认为应该加强欧洲高等教育的吸引力与开放性。他们已准备进一步发展为来自第三世界的学生的奖学金项目。宣称高等教育的国际交流应基于学术质量与学术价值。鼓励通过博洛尼亚研讨会和会议向来自世界其他区域的代表开放，开展与世界其他区域的合作。

（九）终身学习

部长们强调高等教育对于实现终身学习的重大贡献。他们正着手与国家政策联手实现终身学习的目标，督促高校及有关机构尽可能地实现终身学习，包括对于先前学习的认可。他们强调，这样的行动必须成为高等教育活动不可分割的一部分。部长们进一步指出欧洲高等教育区资格框架应该广泛包含灵活的学习途径、机会和技术，并相应使用 ECTS 学分。他们强调需要按照公民的终身学习的愿望和能力，改善所有公民从终身学习路径进入高等教育和采用终身学习路径完成高等教育的机会。

三　其他行动

（一）欧洲高等教育区和欧洲研究区——知识社会的支柱

意识到需要促进欧洲高等教育区（EHEA）与欧洲研究区（ERA）

之间更紧密的联系，也意识到作为欧洲高等教育不可分割的一部分——研究的重要性，部长们认为在博洛尼亚进程中有必要超越现在只是对高等教育主要的两周期的关注，应该将博士层次作为第三级。他们强调研究和研究训练的重要性，及在维持和改善高等教育质量与增强欧洲高等教育竞争力的过程中，对于跨学科性的促进将更为普遍。部长们呼吁增加博士和博士后层次的流动性，鼓励有关机构增加在博士的研究和培训年轻研究人员方面的合作。

部长们将做出必要的努力使欧洲高等教育机构成为更有吸引力和有效的合作伙伴。因此部长要求高等教育机构提高研究的地位，增强研究与技术、社会和文化发展及社会的需要的相关性。

部长们理解有目标达成障碍的存在，这些仅靠高等教育机构无法解决。它需要金融和适当的来自各国政府和欧洲机构的决策的强有力的支持。

最后，部长们声明应给予博士教育的网络支持，刺激其卓越地发展，并成为欧洲高等教育区的标志之一。

（二）盘点

以 2010 年设定的目标，期待能采取措施盘点博洛尼亚进程已经取得的进展。中期盘点将提供关于进程实际上如何推进的可靠信息，并为采取纠正措施提供可能。部长们责令后续工作组为 2005 年的会议组织盘点工作，准备好关于进展以及未来两年优先行动（质量保证、两级学位系统、学历学位认可）的详细报告。

四　后续计划

（一）新成员

部长们认为有必要适应《布拉格公报》的条款，申请会员资格如下：

加入《欧洲文化公约》的国家应当有资格成为欧洲高等教育区会员，前提是他们同时要宣称——

他们愿意在自己的高等教育系统追求和实现博洛尼亚进程的目标。

他们的申请应该包含如何实现《宣言》的原则和目标的信息。

部长们决定接受请求加入阿尔巴尼亚、安道尔、波斯尼亚和黑塞哥维那、教廷、俄罗斯、塞尔维亚和黑山，"原南斯拉夫马其顿共和国"，并欢迎这些国家成为新成员，成员国的数量拓展到 40 个。

部长们认识到，加入博洛尼亚进程意味着所有签约国要进行实质性的变革。他们同意支持新的签约国的这些变化和改革，并将之并入到博洛尼亚进程共同讨论和支持中。

(二) 后续的结构

部长委托后续小组执行公报包含的所有问题，博洛尼亚进程的总体指导和准备部长会议。后续小组由所有博洛尼亚进程成员国代表和欧盟委员会组成，欧洲理事会、欧洲大学协会、欧洲高等教育机构协会、欧洲学生联盟和联合国教科文组织欧洲高等教育中心为协商成员。后续小组应该每年至少召开两次会议，由欧盟轮值主席主持，下一届部长会议的东道国作为副主持。

欧盟轮值主席国主持的委员会，应当监督后续小组在会议之间的工作。委员会将由主席，副主席（下一个东道国），前任和现任的欧盟主席，由后续小组选择的三个成员国，欧盟委员会组成，欧洲理事会、欧洲大学协会、欧洲高等教育机构协会和欧洲学生联盟为协商成员。后续小组及委员会认为必要，可临时召集工作小组。整个后续工作将由举办下一届部长会议的国家提供的秘书处支持。

在柏林会议后第一次会议，后续小组被要求进一步定义委员会的责任和秘书处的任务。

(三) 2003—2005 工作计划

为了本公报和报告中表达的主题和行动取得进展，部长们要求后续小组协调博洛尼亚进程活动，并于 2005 年举行的下届部长会议上报告。

附录 6 卑尔根公报

——正在实现的目标[*]

教育部长会议公报

卑尔根，2005 年 5 月 19—20 日

我们这些博洛尼亚进程成员国的教育部长们为中期审查和为 2010 年设定目标和优先发展战略而碰面。这次会议，我们欢迎亚美尼亚、阿塞拜疆、格鲁吉亚、摩尔多瓦和乌克兰成为博洛尼亚进程的新成员国。我们对表达于博洛尼亚宣言及后续的布拉格和柏林公报中的博洛尼亚进程的原则、目标和承诺有着共同的理解。我们承诺协调我们的政策，通过博洛尼亚进程到 2010 年建立欧洲高等教育区（EHEA），我们承诺协助新成员国实现进程目标。

一 伙伴关系

我们强调作为博洛尼亚进程合作伙伴的高等教育机构及教师和学生的核心作用。由于必要的立法改革在很大程度上已恰如其分，他们在实现进程中的作用变得更为重要了，我们鼓励他们继续加强努力建立欧洲高等教育区。我们欢迎欧洲高等教育机构明确承诺去实现进程，我们知道优化课程结构变化的影响还需要一段时间，以确保引进欧洲需要的创新的教学过程。

我们欢迎工商业代表的组织及社会合作伙伴的支持，期待为实现博

---

[*] Communique of the Conference of European Ministers Responsible for Higher Education in Bergen, "The European Higher Education Area–Achieving the Goals", 2005（http：//www. ehea. info/），本书作者自译。

洛尼亚进程的目标而加强合作。我们欢迎作为进程合作伙伴的国际机构和组织继续支持博洛尼亚进程。

二 盘点

我们注意到朝着后续组报告（2003—2005 年），欧洲大学协会报告《趋势 4》和 ESIB 的报告《学生视野下的博洛尼亚》所设立的目标，已经取得了巨大进步。柏林会议上，我们要求后续组做中期盘点，聚焦在三个重点——学位制度、质量保证和学历学位认可。清查报告表明三个优先领域已经取得了实质性的进展。重要的是确保所有成员国要步调一致。因此，需要同时在机构和政府层面更多地分享培养能力的专业知识。

（一）学位系统

我们非常满意已经在大面积地推行二级学位系统，多于半数的学生已经注册到新的学位系统。尽管如此，在升学方面还存在着障碍。政府、高校、社会之间必须开展对话，为具有学士学位的学生提供更多的就业机会，包括公共服务部门的岗位。

我们已经采纳欧洲高等教育总体资格框架，包含三级学位，并使用学习成果与能力描述学位要求。我们承诺到 2010 年制定与欧洲整体资格框架相兼容的国家资格框架，并于 2007 年启动这项工作。

我们再次强调，确保欧洲高等总体资格框架与在欧盟国家及参与国普遍实施的欧洲终身学习资格框架的互补性。

（二）质量保证

几乎所有国家已经根据柏林公报列出的标准对质量保证系统做出了有关规定，并开展合作与网络建设。但在学生参与以及国际合作方面有待进步，高校继续完善内部质量保证机制，加强内部质量保证行动，并注重与外部质量保证的联系。我们采纳 ENQA 提出的欧洲高等教育区质量保证标准和指南。我们承诺制定国家质量保证机构同行评价模式，希望欧洲质量保证机构登记处的原则要基于国家的评估。各国学位认可与质量认证机构要进一步加强合作。

（三）学位认可

45个国家中已经有36个修正了里斯本认可条例。我们承诺保证完全遵守里斯本认可条例的原则，并将之合并于相应的国家法律。我们呼吁所有成员国指出被ENIC/NARIC网络确定的学位认可方面存在的问题。我们将制订行动计划改进国外资格的认可。我们希望里斯本认可条例有辅助性文本。呼吁欧洲高等教育区所有国家官方和其他的利益相关者能认可由两个及两个以上国家授予的学位。

国家和欧洲资格框架的建立是终身学习植入高等教育的机会。我们将和高校一起改进对于先前学习的认可，允许通过非正式学习也能获得高等教育学位。

三　挑战与战略

（一）高等教育与研究

高等教育能进一步加强研究，研究又能巩固着高等教育对于社会经济、文化以及社会凝聚力的作用。研究与研究训练对于维持、改进欧洲高等教育区的质量以及增强竞争力与吸引力具有重大意义。因而需要协同发展高等教育机构和研究机构，协同发展欧洲高等教育区与欧洲研究区。欧洲总体资格框架应该包含以学习成果方法描述的博士学位，博士训练的核心成分通过初期研究促进知识进步，考虑博士学位培养方案的结构化，需要有透明的监督与评估。博士学习方案要促进跨学科的训练，发展迁移能力，以满足更广泛的就业市场需求。在欧洲高等教育区内增加从事研究的博士研究生数量，我们认为博士研究生既是学生，又是早期研究者。我们责成博洛尼亚后续工作组协同欧洲大学协会以及其他感兴趣的成员，为2007年的会议准备关于博士培养基本原则的报告。

（二）社会维度

社会维度是博洛尼亚进程的组成部分，是欧洲高等教育区的吸引力与竞争力的一个必要条件。我们再度承诺让所有人有着平等机会接受高质量的高等教育，务必改善学习条件，以便学生完成学业，而没有任何社会与经济背景的障碍。社会维度包含了要求政府采取措施在财政与经济方面帮助学生，尤其是社会弱势群体，或者是为他们提供入学指导与咨询。

（三）流动性

流动性是博洛尼亚进程的主要目标。我们重申将采取联合行动促进便携式贷款与资助，推进流动性的实现。通过发放签证与工作许可，鼓励学生参与流动计划，努力消除流动障碍。学校与学生都要充分利用流动计划，提倡完全认可这些计划中在国外的学习经历。

（四）欧洲高等教育区的吸引力与世界其他部分的合作

欧洲高等教育必须开放，应该对世界其他部分具有吸引力。我们必须坚持可持续发展的原则，重申国际学术合作中学术价值。我们强调文化间的理解与尊重的重要性，我们渴望其他世界能理解博洛尼亚进程，通过分享我们改革过程的经验。我们强调开展关于相互利益的对话，必须确定合作的区域，加强思想与经验的交换。

四　为 2007 年推进清查工作

我们责成后续组继续并且拓宽清查过程，并要求清查要基于相应的方法，能为下一次的部长会议提供详细数据。我们希望清查要基于适当的方法，并继续在学位系统、质量保证和学历学位认可等领域开展，到 2007 年我们将在很大程度上完成这三个中期战略重点。

特别期待如下方面的进步：

- 执行欧洲高等教育质量保证协会制定的质量保证标准与指南。
- 执行国家资格框架。
- 授予、认可合作学位，包括在博士层次。
- 为高等教育灵活的学习途径创造机会，包括认可先前学习的程序。

我们责成后续组比较参与国师生流动的数据以及学生的社会和经济情形，作为下届部长会议清查和报告的基础。未来清查还必须考虑社会维度。

五　为 2010 年准备

在博洛尼亚进程目前成就的基础上，我们希望建立一个基于质量和透明原则的欧洲高等教育区。我们必须为建立知识型社会珍惜我们丰富的文化遗产和文化多样性。我们致力于维护现代社会复杂背景下的高等教育的公共责任原则。高等教育处于研究、教育和创新的十字路口，也是欧洲竞争力的关键。当我们接近 2010 年，我们承诺确保高等教育机构享有必要的自主权来实施改革，我们承认机构需要可持续资金。

欧洲高等教育区为三级学位结构，每一层级都有让学生为劳动力市场准备，进一步的能力建构，成为积极公民的功能。总体资格框架、一致的欧洲质量保证标准和指南、学历学位认可等均是欧洲高等教育区（EHEA）的主要结构特征。

我们支持在柏林设置的后续组织，包含泛欧教育国际组织（EI）、欧洲高等教育质量保证协会（ENQA）和欧洲工业和雇主联盟（UNICE），作为后续小组新顾问。

由于博洛尼亚进程旨在建立欧洲高等教育区（EHEA），我们必须考虑到需要采取适当的措施，以支持 2010 年以后的持续发展，我们让后续组来探索这些问题。

2007 年我们将在伦敦举行下届部长会议。

附录 7　伦敦公报[*]

一　前言

（一）为了对 2005 年卑尔根会议以来博洛尼亚进程取得的进步进行评价，博洛尼亚进程各成员国负责高等教育的部长齐聚伦敦。

（二）依据我们一致同意的吸纳新成员的标准，我们欢迎黑山共和国加入博洛尼亚进程，成为其中的一员。

（三）博洛尼亚进程过去两年的发展，使我们向实现建立欧洲高等教育区的目标迈进了重要一步。我们正在丰富多样的欧洲文化遗产的基础上，按照大学自治、学术自由、机会平等和民主的原则建立欧洲高等教育区，这将会促进流动性，提升欧洲的吸引力和竞争力。展望未来，我们认识到在这个不断变化的世界，我们的高等教育制度要不断地适应变化，以确保欧洲高等教育区保持其竞争力，有效地应对全球化的挑战。就目前而言，我们很高兴看到推行博洛尼亚进程所有合作伙伴所给予的长期以来的支持和承诺。我们欢迎工作小组和研讨会为帮助我们推动这一进程所做的贡献。我们愿意继续合作，相互帮助，增进交流。

（四）我们重申自己对增强欧洲高等教育区的兼容性和可比较性的承诺，同时，我们也尊重各国高等教育制度的多样性。我们认识到高等教育机构在社会发展中产生了重要影响。它们不但是传统的学习、研究、创造和知识传播的中心，同时也在社会基本价值的界定和传播过程中发挥了关键作用。我们的目标是保证高等教育机构拥有其必需的资源，使它们的各项目标得以全面实现。这些目标包括：帮助学生为其成

为民主社会的积极公民做好准备；帮助学生为未来的事业和个人的发展做好准备；把高等教育机构建设成为广泛的高深知识的基础；促进科研和创新。

（五）因此，我们强调建立强有力的高等教育机构的重要性，高等教育机构要具有多样性、充足的经费、自主权，并对社会负责。在欧洲高等教育区内，要尊重和提倡无歧视原则、公平原则。我们会尽力维护这些原则，保证学生和教职工不受到任何形式的歧视。

二　欧洲高等教育区的进展

（一）我们的评估报告，以及欧洲大学联合会的《动态报告 V》、欧洲国家学生联盟（ESIB）的《学生眼中的博洛尼亚进程》和欧洲教育信息网的《聚焦欧洲高等教育结构》这四份报告都表明，在过去的两年中博洛尼亚进程取得了全面进步。越来越多的人认识到，博洛尼亚进程所取得的积极成果将会推动高等教育由以教师为主导的模式向以学生为中心的模式转变。我们将会继续支持这一重要的发展。

流动性

（二）教职工、学生以及毕业生的流动是博洛尼亚进程的核心因素之一。人员的流动为个人的成长创造了机会，促进了个人以及高等教育机构间的国际合作，提高了高等教育和科研的质量，使欧洲维度的高等教育取得了实质性的进展。

（三）自 1999 年以来，人员的国际流动取得了一定的进展，但仍面临一些挑战。影响人员流动的因素很多，其中移民、学分与学历的相互认可、财政支持不足，以及资金安排不灵活等问题最为突出。我们认识到，各国政府应该在签证、居住和工作许可方面提供方便。但是，相关措施的制定超出了我们高等教育部长的职权范围，我们要努力寻求与各自政府的合作，以使这一方面的工作取得决定性的进展。在国际层面上，我们将会全面运用大家一致通过的认可工具和程序，并考虑采取措施进一步鼓励教职工和学生的流动。这些措施包括鼓励大量增加合作项目的数量，开设灵活的课程，促使高等教育机构为促进教职工和学生的流动承担更多的责任，以及促进欧洲高等教育区内各国更加公平、平衡地发展。

学位结构

（四）在高等教育三级学位体制的基础上建立欧洲高等教育区的工作，在国家层面和高等教育结构层面上都取得了很大进展。第一级学位和第二级学位课程的学生注册人数大大增加，同时，两级学位之间的结构性障碍也有所减少。同样，三级学位体制中的博士生计划的数量也有所增加。我们认为，要使接受高等教育所获得的文凭更加符合劳动力市场和进一步学习的需要，进行课程改革十分重要。今后，我们要集中力量清除高等教育各个阶段的入学和晋级障碍，在考虑学习结果和学生学业负担的基础上合理地运用《欧洲学分转换与积累制度》（ECTS）。我们强调提高毕业生就业能力的重要性，同时，我们也注意到有关这方面数据收集的工作有待进一步加强。

认可

（五）无论从欧洲高等教育区内部还是整个世界来讲，对于高等教育文凭、学习期限和以往的学习经历（包括正式和非正式的学习）的公平认可，是欧洲高等教育区的重要组成部分。提供易读的、可比较的学位，保证有关教育制度和资格框架信息的公开性，是促进公民流动、保证欧洲高等教育区长期具有吸引力和竞争力的前提条件。我们很高兴，目前已有包括黑山共和国在内的 38 个博洛尼亚进程的成员国，签署了欧洲理事会和联合国教科文组织联合推出的《欧洲高等教育文凭互认公约》（简称《里斯本公约》），我们希望尚未加入的国际能将其作为优先计划予以考虑。

（六）《里斯本公约》、《欧洲学分转换与积累制度》以及《文凭说明书》的执行都取得了一定成绩，但是各国和高等教育机构所确定的认可方法的适用范围还不够一致。因此，为了推进认可实践工作的开展，我们要求博洛尼亚进程后续工作小组（BFUG）安排欧洲网络信息中心（ENIC）和国家学历认可信息中心（NARIC）工作网络，对各国的行动计划进行分析，并将好的做法在各国推广。

资格框架

（七）资格框架是在欧洲高等教育区内实现高等教育的可比较性和透明性的重要工具，有利于促进学生在高等教育系统内部和高等教育系统间的流动。资格框架要帮助高等教育机构开发以学习结果和学分为基础的学习模块和学习计划，同时，要改进文凭（包括对以往各种学习）的认可工作。

（八）我们注意到，国家资格框架的实施工作已经初显成效，但仍需要更加努力。我们要争取全面推行国家资格框架，到 2010 年前出台《欧洲高等教育区资格框架》。由于这是一项很有挑战性的工作，我们敦请欧洲理事会支持我们的工作，分享一下制定详细的国家资格框架的经验。我们强调设计资格框架的目的是为了促进学生和教师更广泛的流动，增强就业能力。

（九）国家资格框架不但与《欧洲高等教育区资格框架》相一致，而且也将与欧盟委员会提出的《欧洲终身教育资格框架》相一致，对此我们感到满意。

（十）我们认为卑尔根会议上通过的《欧洲高等教育区资格框架》，是推进全球化背景下的欧洲高等教育发展的核心因素。

终身学习

（十一）评估报告显示，在大多数国家已经存在一些灵活的学习方式的成分，但是开发更加系统化的灵活的学习方式来支持终身学习的工作仍处于起步阶段。因此，我们敦请后续工作小组进一步推广好的实践经验，使大家对终身学习过程中高等教育的作用形成一种一致的理解。在欧洲高等教育区的成员国中，只有少数国家在认可以往的学习经历以便评估入学和获得学分资格方面进展不错。我们敦请后续工作小组与欧洲网络信息中心（ENIC）和国家学历认可信息中心（NARIC）网络合作，对如何认可以往的学习经历提出一些改进建议。

质量保障与"欧洲质量保障机构登记处"

（十二）卑尔根会议上通过的《欧洲高等教育区质量保障标准和指

导纲要》是促使质量保障工作得以改进的重要力量。所有成员国都已开始实施，而且一些国家已经取得了实质性进展，尤其是外部的质量保障工作较之以往有很大进展。尽管仍需进一步改进，但是 2005 年以来，各个层次学生的参与面越来越广。高等教育机构对质量问题负主要责任，因此他们应该继续完善他们的质量保障制度。我们承认，在认可和质量保障决议方面取得了一些共识，同时我们也鼓励质量保障机构继续开展国际合作。

（十三）由欧洲大学联合会（EUA）、欧洲高等教育质量保障网（ENQA）、欧洲高等教育机构联合会（EURASHE）和欧洲国家学生联盟（ESIB）（"E4 团体"）于 2006 年联合主办的第一届欧洲质量保障论坛，给大家提供了一个讨论欧洲质量保障发展的机会。我们鼓励上述四个组织继续每年举办一届质量保障论坛，以方便各国交流实践经验，确保欧洲高等教育区的质量不断提高。

（十四）我们感谢"E4 团体"，为了使质量保障工作更具可行性，他们根据我们的要求设立了"欧洲质量保障机构登记处"。这个登记处的目标是，让所有利益相关者和公众都能得到有关于欧洲高等教育区质量保证标准与指南（ESG）合作的可靠和质量保障机构的客观信息。因此，该登记处不仅会增强欧洲高等教育区国家和其他国家对高等教育的信心，而且还将有助于在质量保障与认可决议方面达成共识。我们欢迎"E4 团体"建立的登记处，并按照他们所提议的运作模式与其合作。该登记处自愿加入，资金自筹，运作独立，信息透明。申请加入该登记处者，必须通过由国家权威机构所要求的评估，只有得到国家权威机构所要求的评估认可，证明达到了 ESG 法国高等教育管理集团的要求者，方可加入。我们敦请"E4 团体"通过后续工作小组定期向我们报告工作进展情况，以确保经过两年的运行之后，在考虑到所有利益相关者意见的情况下能对登记处进行外部评价。

博士生

（十五）欧洲高等教育区和欧洲研究区之间更紧密的合作，仍是我们工作的一个重要目标。我们认识到，在欧洲高等教育区资格框架内开发各种各样的博士生项目，是很有价值的；但我们也要避免过度规范，强求一致。同时，我们很高兴地看到，提供更多的第三级学位，改善博士生的地位和工作前景，为初级研究者提供经费，是增强欧洲科研能力，提高欧洲高等教育质量和竞争力的必要前提。

（十六）因此，我们敦请各高等教育机构继续努力，将发展博士生项目纳入到他们的发展战略和政策之中，为博士生和初级研究者开辟合适的职业道路，提供合适的机会。

（十七）我们敦请欧洲大学联合会继续支持各高等教育机构，不但分享在整个欧洲都在实施的创新性博士生项目的经验，而且就其他一些关键问题分享经验，如公开的入学安排、监督和评价程序，可迁移技能的发展，以及增加就业能力的方法，等等。我们将会寻找适当的机会，鼓励各国政府及其他研究资助机构就资助和其他问题进行更多的交流。

社会维度

（十八）高等教育应该在增进社会团结，减少不平等现象，提升人的知识、技能水平，增强人的社会适应能力方面发挥重要作用。因此，高等教育政策的目标应该定位于最大限度地挖掘个人的潜能，促进个人的发展，使他们为建设可持续发展的、民主的、知识型社会做贡献。在高等教育的社会维度，我们一致的愿望是，参与并完成不同层次的高等教育的学生群体应该反映出我们的人口多样性。我们重申学生在不受他们的社会和经济背景影响的情况下完成学业的重要性。因此，我们将继续努力为学生提供适当的服务，创造更多灵活的渠道，使学生进入高等教育机构，接受高等教育，以及在机会均等的基础上使学生更广泛地参与各个层次的高等教育。

全球视野下的欧洲高等教育区

（十九）我们很高兴地看到，博洛尼亚进程的改革已经在世界上很多地区引起了浓厚的兴趣，并促使欧洲与其他国际伙伴就一些问题进行了讨论。这些问题包括文凭互认、建立在伙伴关系基础上的合作的利益、相互信任和理解以及博洛尼亚进程的价值所在。此外，我们也认识到，世界其他地区的一些国家为了使他们的高等教育制度与博洛尼亚进程框架更加一致，已经做出了努力。

（二十）我们采取"全球背景下的欧洲高等教育区"这一策略，并将推动下述政策方面的工作：改进欧洲高等教育区的信息服务工作，提高欧洲高等教育区的吸引力和竞争力；增进伙伴关系基础上的合作；加强政策对话以及改进认可工作。这项工作应该与经济合作与发展组织、联合国教科文组织联合制定的《跨国高等教育质量保障指南》结合起来。

三　2009 年优先计划

（一）在接下来的两年多时间里，我们一致认为要集中力量完成大家认同的行动计划，这包括正在实施的优先计划：三级学位制度、质量保障以及学位和学习期限的认可。我们将会特别致力于以下几方面的行动：

流动性

（二）在 2009 年的国家报告中，我们要报告各个国家在促进学生和教职工流动方面所采取的行动（包括将来的评价措施）。我们将会特别关注前面"二·（三）"中提到的各国面临的主要挑战。我们也同意建立一个国家专家网络，以便共享信息，帮助各国确定和清楚影响资助和贷款便捷化的障碍。

社会维度

（三）同样，我们将会对有关社会维度方面的国家发展战略和政策（包括行动计划以及评估其效果的方法）予以报告。在国家层面上，我们将敦请所有的利益相关者来参加和支持这项工作。

数据收集

（四）我们认识到，需要改进博洛尼亚进程所有成员国有关流动性和社会维度工作方面的信息工作，以使有关数据更易查询。因此，我们敦请欧盟理事会和欧洲学生联合会（Eurostudent）一起开发可比较的、可信的评估指标和数据，评估博洛尼亚进程各成员国在实现促进社会维度和人员流动工作总体目标方面的进展。这方面的数据应该包括参与高等教育的公平性和毕业生的就业能力等。这项工作应该与后续工作小组一起合作开展，在 2009 年部长级会议上要提交一份报告。

就业能力

（五）在建立三级学位制度的基础上，我们敦请后续工作小组考虑有关如何提高高等教育各个阶段和终身学习环境中学生的就业能力的细节问题。这也是所有利益相关者的责任。政府和高等教育机构需要就改革的理论基础问题与企业主和其他利益相关者进行更多的交流。我们将会在政府内适当地开展工作，确保公共服务领域的就业和职业生涯结构与新的学位制度完全相容。我们要求高等教育机构进一步发展与企业主的合作伙伴关系，推进正在进行的以学习结果为基础的课程创新工作。

全球视野下的欧洲高等教育区

（六）我们敦请后续工作小组汇报到 2009 年为止欧洲高等教育区内整个欧洲、各个国家以及各高等教育机构三个层面的整体进展情况。所有的利益相关者在各自的责任范围内都要发挥一定的作用。在报告全球视野下的欧洲高等教育区的发展战略时，后续工作小组尤其应该优先考虑两个问题。第一，为了使有关欧洲高等教育区的信息更易获得，建立博洛尼亚进程秘书处网站，发行欧洲大学联合会的博洛尼亚进程手册。第二，增进文凭互认。我们要求各高等教育机构、欧洲网络信息中心和国家学历认可信息中心以及欧洲高等教育区内的其他有实力的认证权威机构，以同样开放的心态来评价世界其他地区的文凭，就像他们期望欧洲文凭在其他地区被如此评价一样。这种认可是以《里斯本公约》的基本原则为基础的。

评估

（七）我们敦请后续工作小组在各国报告的基础上继续进行评估，为 2009 年的部长级会议服务。我们期待评估中的定性分析进一步加强，尤其是有关流动性、全球视野下的博洛尼亚进程以及社会维度的问题。评估内容应该继续包含学位制度和毕业生的就业能力，学位和学习期限的认可，以及根据高等教育管理集团的要求实施的各项质量保障工作的进展情况。为了开发以学生为中心、以学习结果为基础的学习模式，接下来应该通盘考虑国家资格框架、学习结果和学分、终身学习以及认可以往的学习的工作。

四　展望 2010 和更远的将来

（一）在欧洲高等教育区继续向前发展和应对全球化挑战的过程中，我们希望彼此间的合作能在 2010 年之后依然继续保持。

（二）我们决心把握住 2010 年这个标志着博洛尼亚进程向欧洲高等教育区过渡的时刻重申，致力于发展高等教育，是确保欧洲和各国社会可持续发展的关键因素之一。我们要抓住 2010 年这个机会，重新阐释我们在 1999 年提出建立博洛尼亚进程并付诸行动的理念，并且超越有关结构和工具的问题，确立建立欧洲高等教育区的价值观和理念。我们一定要努力抓住 2010 年这个机会，重构我们的高等教育系统，使之能够超越当前的问题，能够应对那些决定我们未来的挑战。

（三）我们敦请后续工作小组从整体上考虑如何在 2010 年后进一步发展欧洲高等教育区的问题，并在下次 2009 年的部长级会议上报告。这份报告要铭记现行的非正式的合作安排进展得很顺利，而且已经促成了前所未有的改变；提出包括有关恰当的支持结构的建议。

（四）在先前的评价报告、欧洲大学联合会的《动态报告》，以及欧洲国家学生联盟的《学生眼中的博洛尼亚进程》报告的基础上，我们敦请后续工作小组与各咨询专家合作，为 2010 年准备一份报告，其中包括一份独立的评估报告，对 1999 年以来旨在建立欧洲高等教育区而实施的博洛尼亚进程的整体进展情况进行评估。

（五）我们将 2010 年的部长级会议的性质、内容和地点的决定权交给后续工作小组，由他们在 2008 年上半年做出决定。

（六）下一次会议将会于 2009 年 4 月 28—29 日在比利时的鲁汶召开，由比利时、荷兰和卢森堡三国经济联盟承办。

附录 8　鲁汶公报

——欧洲高等教育区的新十年[*]

教育部长会议公报

鲁汶，2009 年 4 月 28—29 日

博洛尼亚进程的 46 个成员国高等教育部长于 2009 年 4 月 28—29 日齐聚比利亚的鲁汶，对博洛尼亚进程已经取得的成果进行评估，并确立了欧洲高等教育区未来十年的优先发展计划。

一　前言

（一）在 2020 年前的十年里，欧洲高等教育将为建立极具创造力的知识欧洲做出重要贡献。面临着人口老龄化的严峻挑战，欧洲要想取得成功就必须最大限度地提高全民素质，充分发挥全民才智，全面促进终身教育，扩大高等教育的覆盖面。

（二）同时，欧洲高等教育还面临着全球化以及科技的高速发展带来的机遇和挑战，新的教育机构、新的学习者和新的学习方式不断涌现。以学生为中心的学习方式和人员的流动将会培养学生适应不断变化的劳动力市场的能力，使他们成为积极的、有责任感的公民。

（三）目前，整个欧洲面临着全球金融危机的威胁。为了促进经济的恢复和可持续发展，灵活而充满活力的欧洲高等教育将会在大力推进各个层次的教学和科研结合的基础上不断创新。我们知道，如果要成功

---

[*] 李婧、罗玮：《鲁汶公报——2020 年前的博洛尼亚进程》，《大学·研究与评价》2009 年第 7 期，第 91—94、111 页。

地应对目前所面临的挑战，推进社会和文化的发展，高等教育的公共投资列为最为重要的优先发展计划。

（四）我们承诺，将尽全力推进欧洲高等教育的建设。高等教育是一种公共责任，所有的高等教育机构都要通过树立各种目标来满足社会的广泛需求。我们的目标是保障高等教育机构拥有其必需的资源，使它们的所有目标得以全面实现，如：为学生终生成为民主社会的积极公民做准备；为学生未来的职业生涯和个人发展打下基础；把高等教育机构建设成为广博的先进知识基地；推动科研和创新。高等教育政策与制度方面的必要改革将继续保持和欧洲的机构自治、学术自由、社会平等的理念紧密结合，同时也需要学生和教职工的广泛参与。

二　成就及其巩固

（一）过去的十年中，我们致力于欧洲高等教育区的建设，使其深深地扎根于欧洲的知识、科技、文化遗产和远大理想，不断促进政府、高等教育机构、学生、教职工、雇主和其他利益相关者的长期合作。欧洲相关组织和机构也为欧洲高等教育改革做出了显著贡献。

（二）博洛尼亚进程的实施使欧洲各高等教育体系更具兼容性和可比较性，学生更易流动，各机构更易吸收海外的学生和学者。各国根据国情逐步建立高等教育三级体系，开始采用与第一阶段高等教育相衔接的中级资格，运用《欧洲高等教育区质量保证标准和指南》，推动高等教育的现代化。在学习成果和学习质量的基础上，我们还建立了"欧洲高等教育质量保证机构登记处"，建立了与《欧洲高等教育区资格框架》相一致的各国国家资格框架。此外，博洛尼亚进程也加强了《文凭补充》和《欧洲学分转换和积累制度》的建设，进一步加强高等教育的透明度和认可工作。

（三）《博洛尼亚宣言》提出的各项目标以及后面几年提出的各项政策至今仍然有效。因为并非所有目标都得到了完全实现，所以整个欧洲、各个国家和各高等教育机构在 2010 年以后还需要更加努力全面彻底地去实现这些目标。

三 为未来而学习：下一个十年的高等教育优先计划

（一）为了追求高等教育全面发展，我们需要应对新时期的各种挑战。这就要求我们持续关注高等教育质量问题。另外，我们的公共政策要支持教育制度无比珍贵的多样性，这样我们将会更全面地认识高等教育各种职能的价值，包括教学、社区服务研究以及参与社会融合和文化发展。高等教育机构的全体学生和教职工都应做好准备，以适应快速发展的社会不断变化的要求。

社会维度：平等入学和毕业

（二）高等教育的学生团体应该反映出欧洲人口的多样化。因此，我们强调高等教育的社会特征，争取为大家提供接受高质教育的平等机会。要为弱势群体学生提供更多的高等教育机会，充分发挥他们的潜力，为他们完成学业创造有利的条件。这就要求我们改善学习环境，清除所有阻碍学习的障碍，为学生有机会获得各个阶段的学习机会创造良好的经济条件。所有的成员国都要为下一个十年设立可衡量的目标，不断扩大高等教育的覆盖面，增加弱势群体接受高等教育的机会。为了实现高等教育的平等，教育系统的其他方面也应付出相应行动。

终身学习

（三）终身学习是教育体系中的一部分，是扩大高等教育覆盖面的一种方式，受社会公共责任的影响。我们应该保证终身教育的可获得性及其教育质量，保证信息的透明度。终身学习包括获取资格、扩充知识、增强理解、获得新技能、提高能力以及丰富个人成长经历。终身学习意味着人们可以通过灵活的学习渠道获得资格，这些渠道包括部分时间学习和在工作过程中的学习。

（四）终身学习政策的实施需要政府机构、高等教育机构、学生、雇主和雇员等各方面的密切配合。欧洲大学联合会颁布的《欧洲大学终身学习宪章》为各方的合作提供了大量有用的信息。理想的终身教育政策应该包括认可先前学习成果的基本原则和程序，认可应以学习成果为基础，不考虑这些知识和技能是通过正式还是非正式的渠道获得的。终身学习应在组织结构和经费上得到相应支持。国家提倡终身学习的政策应该落实到高等教育机构的实践中去。

（五）国家资格框架的制定是促进终身学习的重要步骤。我们的目标是：到 2012 年时，国家资格框架完全实施，并在《欧洲高等教育区资格框架》的指导下实行自我认证做好准备。这就要求欧洲高等教育区内不断协调，落实《欧洲终身学习资格框架》。在国家范围内，采用与第一级学位制度衔接的中级资格将是一种提高高等教育覆盖面的方式。

就业能力

（六）由于劳动力市场越来越依赖于等级技能和横向能力，高等教育应使学生具备整个职业生涯所需要的先进知识、技能和能力。提高就业能力可以使个人在不断变化的劳动力市场上充分把握机会。通过政府、高等教育机构、社会力量和学生之间的通力合作，我们致力于提高劳动力的水平。这将使高等教育机构可以更好地满足雇主需求，使雇主可以更好地理解教育前景。高等教育机构应与各国政府、相关部门、雇主一起完善相关规定，增加入学机会，为在校学生和已经毕业的学生提供与就业相关的更好的指导服务。我们提倡学习计划与工作安排相结合，鼓励在职学习。

以学生为中心的学习及高等教育的教学任务

（七）我们重申高等教育机构教学任务的重要性和以改善学习成果为目的课程改革的必要性。以学生为中心的学习方式要求给学习者充分自由，要求采用新的教学方法和学习方法，要求有效的支持和指导机构，要求三个层次的课程更明确地关注学生。因此，课程改革将会是一个持续不断的过程，将会引导高等教育走向高质量的、灵活的、适应个人发展的教育路线。大学课程设置应该参考学生和雇主代表的意见，在日益增多的学科领域，以国际化为导向，不断提高学生的学习成效。我们敬请高等教育特别关注提高各阶段课程的教学质量。这应该是在进一步实施《欧洲高等教育区质量保证标准与指南》的过程中优先考虑的事情。

教育、研究与创新

（八）高等教育应以各种水平的技术研究和发展为基础，从而培养社会的创新意识和创造力。我们认识到了高等教育课程（包括应用科学为基础的课程）在推动创新活动方面的潜力。因此，研究型人才的数量应该增加。博士生培养项目需要为学生提供高水平的学科内研究项目，同时也应该提供跨学科、跨领域的研究项目。而且政府部门和高等教育机构要让初级研究人员的职业发展更具吸引力。

国际开放

（九）我们号召欧洲高等教育机构进一步国际化，积极参加可持续发展的全球合作。欧洲高等教育的吸引力和开放性将会通过整个欧洲的联合行动来加以凸显。参与全球范围内的竞争，我们需要加强与世界其他地区的政策对话和合作，尤其是通过博洛尼亚政策论坛，邀请到很多利益相关者的参与。

（十）欧洲高等教育区内的跨国教育应以《欧洲高等教育区质量保证标准与指南》为指导，并与联合国教科文组织和经济合作与发展组织联合制定的《跨国高等教育质量保障指南》保持一致。

流动性

（十一）我们相信，学生、初级研究人员和教职工的流动会提高课程质量和研究水平，同时还能促进欧洲高等教育学术和文化的国际化。流动对个人的发展和就业十分重要，它能培养个人对多样性的尊重以及对其他文化的适应能力，推动语言的多元化，巩固欧洲高等教育区多语言的传统，加强高等教育机构间的合作与竞争。因此，流动性应该成为欧洲高等教育区的一大特色。我们号召各个国家促进人员流动，确保高等教育的质量，丰富高等教育的类型，拓宽高等教育的范围。到 2020 年，欧洲高等教育取得毕业生至少有 20% 应该有出国学习或者培训的经历。

（十二）在高等教育每个层次的学习中，学位过程的结构设置都应提供流动学习的机会，联合学位、联合课程和流动项目应该成为更为普遍的做法。同时，人员流动政策应以一系列的切实可行的措施作为保障，包括用于人员流动的经费、相互间的认可、相互的基础设施、签证和工作许可规章等。灵活的学习途径、积极的信息的政策、对学习成果的完全认可、学习支持以及助学金和贷款的可转移性都是必需的。人员流动应使欧洲高等教育区内学生的输入和输出更加平衡。我们希望来自不同群体的学生能够更多地参与交流。

（十三）要吸引高水平的教师和研究人员加入到高等机构，有诱惑力的工作条件、职业发展以及开放的国际招聘条件是必需的。由于教师是关键人物，因此职业结构的规划应有利于促进教师、初级研究人员和其他工作人员的交流。要建立相应的框架条件，充分利用现有的法律条例，确保流动人员的社会保障，促进养老金以及补充养老金的可转移性。

数据收集

（十四）改进数据收集将有助于监测在社会维度、就业能力、人员流动议程以及其他政策方面所取得的进展，同时也可以作为评估和标准检查的基础。

多维度的透明化措施

（十五）我们注意到，为了形成一套关于欧洲高等教育区内高等教育机构的信息更加详细的机制，以增加它们多样性的透明度，我们现在已经设计好了几套方案。我们认为所有这些机制（包括那些帮助高等教育系统和机构确认和比较各自优势的机制在内）都应该与核心的利益相关者进行密切磋商。这些透明化措施应该与博洛尼亚进程的原则密切相关，同时，为了描述各个高等教育机构及其项目的概括，这些措施应建立在可比较的数据和恰当信息的基础上。

经费

（十六）高等教育机构已经获得了更多的自治权，同时，越来越多的人期待它们能够满足社会需要，承担更多的社会责任。在承担社会责任的情况下，我们确信社会经费仍然是保证入学机会均等和自治高等教育机构可持续发展的重要前提。我们应该更加努力地寻找新的、多样化的资金来源和融资方式。

四 组织结构和后续工作

（一）博洛尼亚进程当前的组织结构，注重各国政府、学术团体及其代表组织以及其他利益相关者之间的相互合作，这有助于博洛尼亚进程目标的实现，这一点已经得到了广泛认可。将来，博洛尼亚进程将由欧盟轮值主席和一个非欧盟主席国家共同主持。

（二）为了与其他政策领域相互配合，博洛尼亚进程后续工作小组准备了一份 2012 年前的工作计划，进一步推进本公报中确认的优先计划的实施，给本次部长会议提交相关建议，为未来整合博洛尼亚进程独立评估结果做好准备。

请后续工作小组做到：

在收集数据的同时，界定用于衡量和监测流动性和社会维度的指标；

考虑如何在欧洲高等教育区实现人员流动的平衡；

监测透明化机制的发展进展，并向 2012 年部长会议报告；建立信息网络，充分利用现有的组织结构，收集博洛尼亚进程在欧洲高等教育区内外的发展情况；

追踪在分析各国认可工作计划的基础上提出的建议的落实情况。

（三）要以协调恰当的方式来报告实施博洛尼亚进程取得的进展。

评估工作将继续完善其以证据为基础的工作方法。

欧洲理事会和欧洲学生联合会将与欧洲教育信息网合作帮助收集相关数据。这是政府在高等教育宏观领域的又一重大举措；同时，中国澳门正在准备积极引进中国香港的"学术及职业资历评审局"的评估模式；高校自身也在不断与区内外的国家和地区合作，接受国际认证与评估，实际上就是一种自我评价，也可以说是形成性评价。高等教育评估是一个充满矛盾的过程，解决这个矛盾，单靠外部的总结性评估，周期比较漫长，而且这种外部的评估只有转化为高校自身的行动才能真正达到评估的目的。因此，只有加强内部的自我评估，才能及时发现问题，形成长效动力机制，确保教育质量的提升。可以预见，不管是政府还是社会力量的加强，澳门高校质量评估最终将内化为高等学校自觉的行为与长效机制，使评估工作真正成为高校自我发展、自我完善、自我监督、自我约束的动力。唯有如此，澳门高等教育质量评估中的政府、社会、学校才会形成稳定的关系格局，高校的质量建设才能实现良性循环。

附录 9　欧洲高等教育资格认定公约

(《欧洲联盟条约》系列，第 135 页，欧洲委员会，

联合国教科文组织联合公约)

里斯本，1997 年 4 月 11 日

公约的参与方：

应认识到：接受教育是人类的权利，高等教育是追求知识和增进知识的重要途径，为个人和社会创造了丰富而又特殊的文化和科学的财富。

考虑到高等教育在促进和平，国家与民族之间的相互理解、宽容及相互信任方面，起到了至关重要的作用。

考虑到欧洲高等教育体系的多样性是它的文化、社会、政治、哲学、宗教和经济的多样性的反映，我们应该充分尊重这些非凡的财富。

为了使区域内所有人能受益于这些丰富的多样性的财富，我们要促进各国的公民，或者各参与方的学生更加容易获得其他参与方的教育资源。更具体地说是鞭策他们更加努力继续学业或到其他参与国学习一段时间。

高度重视机构自治原则，认识到维持与保护这些原则的必要性。

我们确信公正的资格认可是教育权利及社会责任的一个关键因素。

我们意识到欧洲理事会和联合国教科文组织公约覆盖了欧洲的学术认可。文凭等价欧洲公约引来了各大学的录取（1953，ETS^①第 15）及它的协议（1964，ETS 第 49）；欧洲大学学习期限对等性公约（1956，

　＊　The Convention on the Recognition of Qualifications Concerning Higher Education in the European Region（http：//www. ond. vlaanderen. be/ hogeronderwijs/ bologna/document/Lisbon_ Recognition_ Convention. htm），本书作者自译。

　①　ETS 即 The European Treaty Series（《欧洲联盟条约》条例）缩写。

ETS 第 21）；欧洲高校学术资格认可公约（1959，ETS 第 32）；欧洲地区高等教育学历、文凭、学位认可公约（1979）；高校学习一般对等性欧洲公约（1990，ETS 第 138）。

考虑到阿拉伯及以地中海为边界欧洲国家高等教育学历、文凭、学位认可国际公约（1976），已经被采纳到联合国教科文组织的框架内，因而已经包括了部分欧洲学术认可。

意识到这些公约应该在联合国教科文组织公约，关于其他地区的国际建议的背景下考虑，还要注意这些地区之间的信息交流的需要。

我们要关注自采纳了这些公约以来的欧洲地区高等教育发生的广泛变化，它们导致了各国高等教育的系统的多样化，还要认识到需要调整这些法律工具和实践作为对这些发展的反映。

认识到我们很有必要找出解决欧洲这些实际的认可问题的方法。

有必要改进当前的认可实践，使它变得更加透明及更适应于当前的欧洲高等教育形势。

要相信欧洲理事会和联合国教科文组织联合采纳的这个公约下能够起到积极的作用，它为认可实践的进一步发展提供了一个框架。

我们要知道为了使当前的公约生效，提供一个永久的实现机制是非常重要的。

已经同意如下：

第一部分　定义

I

对于本公约，下列词汇具有以下含义：

接受高等教育的机会：指符合资格的候选人有权利申请高校及被其录取。

高等教育的录取：即允许合格的申请者在某个高等教育机构或某个学习项目中求学的法律或体制。

高校及学习项目的评估：指建设高校教育机构或项目的质量的过程。

个人资格评估：指对一个完善的个人外国资格的书面评估体制。

主管权威认可机构：一个正式行使外国资格认可职责并具有决定权

的机构。

高等教育：被有关当局认可的属于其高等教育体系中的一部分的所有的继高中之后的学习课程培训或研究训练。

高等教育机构：一个提供高等教育的机构，并被主管机构认可为高等教育体系的一部分。

高等教育项目：被主管机构认可属于其高等教育体系的学习课程，如果学生能够修完它，就取得了高校资格。

学段：是高等教育项目一部分，经过评估并有证据证明，即使不是完整的学习项目，也可以体现出学生对知识和技能的掌握。

资格：

A. 高等教育资格

由主管机构颁发的学位、文凭或其他的证书，证实圆满完成了一个高等教育项目。

B. 高校入学资格

由主管机构颁发的文凭或其他证书，证明已经圆满完成了一个教育项目的，资格持有者拥有被考虑接受高等教育的权利。

认可：

从高等教育的录取或者用人单位的聘用角度，主管机关对国外授予的教育资格价值做出的正式承认。

要求：

A. 一般要求

任何情况进入高等教育，或在规定的范围内取得高等教育资格所需条件。

B. 具体要求

除了一般要求以外，还有一些为了取得特殊高等教育项目及取得具体一领域的高等教育的要求。

第二部分　当局权力

Ⅱ. 1

1. 当一方的中央权力机构能够在认可方面做出决定，这一方必须立刻遵守该公约的规定，而且要采取必要的措施来确保这些规定在其领地内执行。

在认可方面做出正确决定是当局权力的一部分，这个当局需要在签订条约时，或在交存批准、接受、核准与加入文书时，才在此后的任何时间，提供一个委托人所做的关于基本情况与结构的简短声明。在这些情况下，主管当局必须采取必要的措施来确保他们领地内的公约实施。

2. 如果高等教育机构或者其他单位掌握认可决定权，每个当局应该根据自己的情形和结构，必须将这些条约传达到这些机构和单位，尽其所能采取措施鼓励优先考虑并实施这些条款。

3. 上述1和2条的应用必须对照当局在本公约后续条款中承担的义务。

Ⅱ.2

在签订条约时，或发表批准、接受、核准或进入的说明时，每个国家，教廷或欧共体都必须通知能对认可问题做出不同决定的当前主管机关的受委托方。

Ⅱ.3

这个公约的任何细节都不能违背其他的众所赞同的资格认可方面的规定，这些规定已被某签约方发表或来源于现有或未来的条约。

第三部分　资格评估的基本原则

Ⅲ.1

1. 任何签约方资格持有者必须对相应主体的要求及对这些资格评估有充分的知情权。

2. 在任何情况下，都不得歧视申请者的性别、种族、肤色、语言、地域、政治信仰、国家、民族或社会出生，也不得歧视少数民族财产、出生或其他的身份，或其他与资格认可的本质没有关联的方面。为了确保这项权利，各缔约方都须承担对申请资格评估做出恰当安排的责任，并且这些评估仅针对知识和技能。

Ⅲ.2

各缔约方须确保资格评估和认可的过程和标准都是透明、合理、可信的。

Ⅲ.3

1. 关于资格认可的决定必须基于待认可资格的相应信息。

2. 首先，提供足够信息的责任与申请者有关，申请者要如实提供有关信息。

3. 尽管申请者有责任进行说明，颁发资格的机构须在申请者的合理要求下，为资格持有者、机构或认可所在国家的主管机关提供相关信息。

4. 缔约方须恰当地指导和鼓励所有的教育机构答应任何出于资格评估目的获取信息的合理要求。

5. 承担评估的组织有责任证明申请者不符合相关要求。

Ⅲ.4

各缔约方须确保提供足够而清晰的教育体系信息来帮助资格认可。

Ⅲ.5

认可决定须在主管认可机关事先指定的合理的时间内完成，这个时间段是以所有的信息都提供出来为标准。如果认可被拒绝，必须向外界公布原因及关于申请者如何在以后获得资格认可的程序方面信息。如果资格认可被拒绝，或没有做出任何决定，那么申请者在正当时间内可以提出上诉。

第四部分　高等教育资格认可

Ⅳ.1

各缔约方须认可其他方颁发的满足高等教育入学一般要求的资格，除非资格获得方与资格认可寻求方的一般要求存在很大的区别。

Ⅳ. 2

同样，如果资格持有者要求的话，一个缔约方要能够让其他方的资格持有者获得对该资格的评估，并且第Ⅳ.1 的规定要与此对应。

Ⅳ. 3

当该资格只对资格获得方的具体类型的高等教育机构或项目申请入学有效的话，其他各缔约方须授予这些资格持有者接受其教育系统中类似项目的权力，除非能证明资格获得方与资格认可寻求方在入学方面的要求存在很大的区别。

Ⅳ. 4

当被录取到某个高等教育项目，既包括完成一些一般要求，又包括一些具体要求，那么主管当局就可以对其他方授予资格的持有者提出其他对等的条件或者鉴定持有在其他方获得的资格申请者是否达到了同样的要求。

Ⅳ. 5

获得毕业证之后，学生只有在参加了另外的入学资格考试之后，才能获准入校，其他方可以以这些要求为入学条件或者在自己的教育体系里采取其他替代性的措施来满足这些要求。任何的国家、教廷或欧共体可以在这个协议签订时，或发表批准、接受、核准或加入的说明之后甚至以后的任何时间，通知一个委托方要有助于该条款的有关规定，明确说明缔约方关于应用该条例及原因。

Ⅳ. 6

同等对待Ⅳ.1，Ⅳ.2，Ⅳ.3，Ⅳ.4 及Ⅳ.5，一个高校或给定的项目的录取可以是选择性的。在这样的情况下，入学录取程序应该要确保对外来资格的评估是按公正公平的、非歧视原则进行，已在第三部分阐述。

Ⅳ.7

同等对待Ⅳ.1，Ⅳ.2，Ⅳ.3，Ⅳ.4及Ⅳ.5，一个高校或给定的项目的录取可以是根据申请者是否在该机构有足够的语言能力或其他的语言能力。

Ⅳ.8

在有的缔约方，可能是以非传统的资格被高等教育录取入学，那么在其他缔约方获得的类似资格的评估须与被寻求资格认可的缔约方获得的非传统资格采用同样的方式。

Ⅳ.9

为了高等教育项目的录取，每个缔约方可以在其领土范围内根据国家法律的具体要求或者已经被这些机构归属的原缔约方终止了的具体要求，对外国教育机构授予的资格给予认可。

第五部分　学历认可

V.1

各缔约方都须认可在其他缔约方的高等教育项目框架下的学历，应该认可在被寻求进行资格认可的缔约方为完成高等教育项目的那些学历，除非其他方完成的学历与被寻求进行资格认可的缔约方替代的高等教育项目的某一部分之间有很大差别。

V.2

另外，应相关人要求，缔约方足以能够使学生在其他缔约方高等教育框架内完成的一个阶段学习得到评估。V.1的规定要适应于此。

V.3

在以下情况下，各缔约方须加快学历认可的进展：

a. 当高校或负责相关阶段学习的主管机构与高校或负责被寻求资

格认可的主管机构之间之前就有协议。

b. 如果高等教育机构已经为学生颁发了证书或学习成绩，证明这个学生已经圆满完成了此阶段规定的要求。

第六部分　高等教育资格认可

Ⅵ. 1

在某种程度上，认可决定基于高等教育资格知识和技能，每个缔约方须认可另一方认可的高等教育资格，除非他们之间资格认可存在很大差别。

Ⅵ. 2

同样的，应持有者的要求，缔约方足以能够让其他方授予的资格得到的评估，Ⅵ. 1 须适应于此情况。

Ⅵ. 3

缔约方认可另一方颁发的高等教育资格至少要具有以下结果之一：

a. 可以继续高等教育深造，包括参加相关考试或准备成为博士候选人，这些与被寻求进行资格认可的缔约方的资格持有者具有同等条件。

b. 使用学术头衔，但应遵循被寻求进行资格认可的缔约方或其管辖区域的法律法规。

c. 资格的认可能促进就业，但应遵循被寻求资格认可的缔约方或其管辖区域的法律法规。

Ⅵ. 4

一方对其他缔约方的高等教育资格评估可以采取以下形式：

a. 一般雇佣的建议。

b. 对教育机构项目录取的建议。

c. 对其他主管机构的建议。

Ⅵ. 5

每个缔约方可以在其领土内视国家立法或特定的协议的具体要求认可外国教育机构颁发高等教育资格。

第七部分　认可难民，流离失所者及其他类似人群持有的资格

Ⅶ

各缔约方须在其教育体系框架内采取合理可行的措施，而且要符合该体系的宪法、法律及其他规定，评估这些人群，看其是否达到高等教育入学要求，进一步深造高等教育项目，或者就业的要求。即使有的缔约方颁发的资格不能提供文献证据。

第八部分　高等教育机构或项目的评估信息

Ⅷ. 1

每个缔约方须提供其教育体系内的任意机构及其项目充分信息，这样其他缔约方主管机构就可以核实该缔约方的资格是否与被寻求资格认可的缔约方一致。这些信息须以以下形式出现：

a. 如果缔约方建立了一个正式的高等教育机构和项目的评估体系，就包括这些信息：关于评估的方法和结果的信息，每种高等教育的具体质量标准，具体高等教育资格项目的具体标准。

b. 如果缔约方还没有建立正式的高等教育机构与项目的评估体系，那么就包括：从高校获得的多种资格认可信息或者是高等教育体系内高等教育项目的认可信息。

Ⅷ. 2

各缔约方须为以下方面的发展与维持，制定足够的规定：

a. 属于其高等教育体系内的不同种类高等教育机构的概述，每种类型机构都有其典型的特征。

b. 列出高等教育体系内的已经认可的高等教育机构名单，表明它们有权力授予不同类型的资格与每种机构或项目的入学要求。

c. 高等教育项目的描述。

d. 列出属于缔约方教育体系但又在领土之外的一系列教育机构。

第九部分　认可事务信息

Ⅸ.1

为了促进对于高等教育资格的认可，各缔约方都要为所获资格的完整描述建立一些透明的体系。

Ⅸ.2

1. 承认有必要收集相关精确信息，并不断对其更新，各缔约方须建立和维持一个国家信息中心，应向委托方通知信息中心的建立及影响。

2. 各缔约方的国家信息中心应该：

a. 促进其所在国家的高等教育体系和资格的权威精确信息的传播。

b. 促进其他缔约方高等教育体系和资格的信息传播。

c. 在遵守国家法律法规的前提下，为认可事务及资格评估提供建议或信息。

3. 各国家信息中心须有任其使用实现其功能的必要方式。

Ⅸ.3

各缔约方须通过国家信息中心或其他方式推进联合国教科文组织和欧洲理事会文凭补充及其他类似文件在高等教育机构的使用。

第十部分　实施机制

Ⅹ.1

以下这些机构须监督并督促公约的实施：

a. 欧洲区域高等教育的资格认可委员会。

b. 由欧洲部长委员会于 1994 年 6 月 9 日和联合国教科文组织区域

委员会 1994 年 6 月 18 日决定建立欧洲的学术流动和认可国家信息中心网站。

X．2

1．欧洲高等教育资格认可公约委员会已建立。它须由各缔约方的一个代表组成。

2．根据 X．2，"缔约方" 不得使用于欧洲共同体。

3．XI1．1 中提到的国家、教廷，如果它们不是属于这个公约的缔约方，那么欧共体与 ENIC 网主席可以以观察员身份参与。在认可领域活跃的政府或非政府组织的代表可能以观察者身份被应邀参加委员会会议。

4．实施高等教育学习、文凭与学位认可公约的联合国教科文组织地区委员会的主席也须以观察者身份应邀参加委员会。

5．委员会须推动和监督公约的实施，为此，它可能要采纳那些好的范例的建议、协议及模型以指导主管机构实施公约及考虑高校资格认可的应用。尽管它们不须受这样文本的制约，但这些缔约方须努力实施它们，这样就可以使这些文本为主管机构重视。该委员会在做决定之前要咨询 ENIC 网的意见。

6．该委员会须向欧洲理事会或联合国教科文组织的相关机构报告。

7．该委员会须保持与实施高等教育学习、文凭与学位认可公约的联合国教科文组织地区委员会的联系。

8．缔约方的多数人应组成法定人数。

9．这个委员会须采纳议事规则，它须至少每三年召开一次会议。这个委员会须在公约生效的一年之内召开第一次会议。

10．委员会的秘书须由欧洲理事会的秘书长和联合国教科文组织的总干事共同委托。

X．3

1．各缔约方须担任 IX．2 欧洲国家学术流动、认可信息中心网（ENIC）的成员。如果又新成立了一个国家信息中心，那么所有这些成员都须成为该欧洲网络的成员，但国家信息中实行一票否决。

2. ENIC 网成员严格限制于公约的国家信息中，按照主管机构的要求维护和支持公约的实施。该网站每年开一次全体会议。它须根据其条款选举其主席和总局。

3. ENIC 的秘书须由欧洲理事会的秘书长和联合国教科文组织的总干事共同委托。

4. 这些缔约方须通过 ENIC 彼此合作，特别是通过使它们能收集用于国家信息中心有关学术认可和流动活动的信息。

第十一部分　　最后条款

XI. 1

1. 公约须由以下方面签署：

a. 欧洲理事会的成员国。

b. 联合国教科文组织欧洲地区的成员国。

c. 其他任何欧洲理事会欧洲文化公约或联合国教科文组织欧洲地区文凭学位认可公约的签署国，都被应邀参加公约采纳外交会议。

2. 国家和教廷可能通过以下方式表示同意：

a. 对批准、接受、同意无保留签约。

b. 签约，服从批准、接受、同意或者随后会批准、接受、同意。

c. 参加。

3. 签约要有一责任方参与才生效。关于批准、接受、赞成或参加的文件也要在一责任方的参与下进行。

XI. 2

这个公约须在五国终届月份的第一天生效，其中至少有三个欧洲理事会或联合国教科文组织欧洲地区成员国，对公约表示赞成。

XI. 3

1. 在本公约生效以后，除了属于 XI. 1 列出的，任何国家都可以请求加入这个公约，任何请求都须通知受托责任方。这个责任方须在三个月之内传达给各个缔约方。责任方还须通知欧洲理事会的部长委员会和联合国教科文组织执行董事。

2. 想要加入这个公约的国家须得到缔约方三分之二的赞同票。

3. 在这个公约生效之后，欧共体可以应成员国的要求加入，并通知其受托责任方之一。这个情况，XI.3.2 都不适用。

4. 对于任何参与国或欧共体，这个公约须在责任受托方收到申请加入的文件期满一个月后的第一天生效。

XI.4

1. 这个公约的缔约方同时又属于以下公约的缔约方：

针对高校录取的欧洲文凭对等公约（1953，ETS 第 15）及协议（1964，ETS 第 49）；

欧洲高校学历对等公约（1956，ETS 第 21）；

欧洲高校资格学术认可公约（1959，ETS 第 32）；

阿拉伯与以地中海为边界的欧洲国家的高等教育学习、文凭与学位认可国际公约（1979）；

欧洲国家高等教育学习、文凭与学位认可公约（1979）；

欧洲大学学历对等公约（1990，ETS 第 138）：

a. 须应用当前相互关系的公约规定。

b. 须继续将以上公约应用到它们与其他缔约方关系的公约，而不是现在的公约。

2. 本公约的缔约方须避免成为本公约 XI.4.1 提到的任何公约的缔约方，除了阿拉伯与以地中海为边界的欧洲国家的高等教育学习、文凭与学位认可国际公约外。

XI.5

1. 任何国家在签约或者颁布批准、接受及加入之时都要说明该公约须适用的区域。

2. 任何国家在以后的任何时间，通过对托管的任一方作出声明，就可将此公约扩展到任何其他区域。关于扩展的区域，该公约须在此声明被接受后的一个月到期的下一个月的第一天生效。

3. "1" 和 "2" 做出的声明，关于具体的地域声明，须通过正式通知责任方之一被取消。这个取消在责任方通知收到的日期届满一个月后的下个月第一天生效。

XI. 6

1. 任何缔约方，都须通知一个责任方之后再通告废止。

2. 通告废止须在责任方接到通知之后的 12 个月期满的下个月的第一天开始生效。然而，通告废止不得影响以前按照公约规定所做的认可决定。

3. 由于某方对于公约的目的完成有关键影响的规定的违约而导致该公约的终止或暂停，须与国际法律一致。

XI. 7

1. 任何国家、教廷或者欧共体可以在签约或颁布对批准、接受或赞成的说明时，宣布它有权不去应用这个公约的以下几条：IV. 8，V. 3，VI. 3，VIII. 2，IX. 3，其他不得保留。

2. 任何在前几部分做了保留的缔约方可以通知一个责任方撤回，而这个撤回在该责任方收到这个通知后开始生效。

3. 缔约方对于公约某一规定有异议不可以要求其他方应用这条规定，然而如果异议是有偏向或条件的话，只要它自己接受，还是可以应用这些规定的。

XI. 8

1. 这个公约的修订经三分之二的缔约方通过可以被欧洲高等教育资格认可公约委员会采纳，任何被采纳的修订案都须被纳入到该公约的协议中。这个协议须详细说明其生效的形式，在任何情况下，都须要求缔约方表示同意。

2. 不得对该公约的第三部分做修正。

3. 任何关于修订的建议都须与责任方之一沟通，该责任方至少须在委员会会议之前的三个月将之传达给缔约方。该责任方也须通知欧洲理事会部长委员会及联合国教科文组织总干事。

Ⅺ. 9

1. 欧洲理事会秘书长和联合国教科文组织总干事须成为该合约的责任方。

2. 责任方须将已经备案的法案、通知或信息通知该公约的缔约方，及其他欧洲理事会或联合国教科文组织成员国，如下：

a. 任何签署。

b. 关于批准，接受，同意及加入的文件。

c. 任何与Ⅺ. 2 和Ⅺ. 3. 4 规定一致的公约生效日期。

d. 遵守Ⅺ. 7 规定的保留或保留撤销。

e. 遵守Ⅺ. 6，对该公约废止。

f. 符合Ⅱ. 1 或Ⅱ. 2 规定的任何声明。

g. 符合Ⅳ. 5 的规定的任何声明。

h. 符合Ⅺ. 3 规定的任何加入的要求。

I. 符合Ⅺ. 8 规定的任何建议。

J. 其他的法案、通知或与公约相关的交流。

3. 在执行该公约的规定时收到信息或者做出通知的责任方须立刻通知其他责任方。

在各方签名代表在场的情况下，各方签了这个公约。

该公约于 1997 年 4 月在里斯本完成，有四个不同的语言文本，英语、法语、俄罗斯语及西班牙语，它们具有相同的法律效力。该公约都是一式两份，一份存放在欧洲理事会档案室，一份存放在联合国教科文组织档案室。另外，须向Ⅺ. 1 提到的每个国家、教廷、欧洲委员会及联合国秘书处寄一份有效的复印件。

附录 10　欧洲高等教育区质量
保证标准与指南[*]

欧洲高等教育质量保证协会（ENQA）

　　部长们授权制定一套"关于质量保证的标准、程序和指南"，这引来了许多重要问题。"质量保证"是高等教育范畴的一般术语，这个术语有许多不同的解释。我们不能用单一的一个解释来概括所有的情况。类似的，"标准"这一词在欧洲也不断以这样或那样的方式被引用，从狭义的规章要求到更一般的好的范例。这些词在国家高等教育系统的不同背景下有着不同的意义。

　　并且起草过程本身就足以证明在质量保证区内在关于建立高等教育机构和它们的外部评价者的合适联系就有很多分歧。很多来自项目或学院认证机构的学者认为外部质量保证本质上就是一种"消费者保护"，需要在质量保障机构和高校之间建立一个清晰的距离。然而，其他的一些机构认为外部质量保证的目的是为了更好地建议和指导，以改善学习项目和相关资格的质量与标准，对后者来说，必须在评估者和被评估的对象之间建立更亲密的联系。也有其他人想要去协调两者，在它们之间找到某个位置来平衡问责和改善。

　　对此有不同观点的不只是质量保证机构，高等教育机构和学生代表机构之间的利益有时会有冲突，前者想要寻求高度的自主，尽量免受外部的约束和评价，而后者则希望高等学校对公众负责，常常通过检查项目和资格的水平来实现。

---

　　[*] ENQA, European Standards and Guidelines for Quality Assurance in the European Higher Education Area, 2005（http://www. eqar. eu/fi leadmin/documents/e4/ 050221 _ ENQA _ report. Pdf），本书作者自译。

最后，这些标准和指南只与博洛尼亚宣言中描述的三个周期相关，不会涉及科研或者高校管理。

本标准和指南的制定背景

这些标准和指南主要包括一套欧洲高等教育区的质量保证的标准和指南，有望对欧洲所有的高校及质量保证机构都适用，正如前面提到的，本标准与指南并不包括详细程序，因为高校和机构的程序是它们自主权的一部分，高校和机构自身或在各自的背景下相互合作，来决定采用该报告所包含标准的过程的结果。

首先，这些标准和指南认可接受了欧洲大学联盟（EUA）《格拉茨宣言》精神，该宣言指出："欧洲范围质量保证的目的是在尊重国家背景和学科多样性的同时，促进相互信任和提高透明度。"与《格拉茨宣言》一致的是，标准和指南认识到了高等教育国家体系的首要性，高校和机构的自主权的重要性，及各种科目特殊要求。另外，这些标准和指南是得益于欧洲高等教育质量保证协会试点项目即"跨国欧洲评价项目"所得经验，该项目调查了三个学科领域的欧洲跨国质量评估过程的实际应用。

这些标准和指南也考虑了 2005 年 3 月欧洲高等教育质量保证协会出版的质量趋同研究，这个研究分析了不同国家外部质量保证不同策略之间差异原因及对约束趋同的条件。他们进一步反思了部长们在《柏林公报》上的讲话，即与高校的自主权的原则保持一致，高等教育质量保证的首要责任在于高校自身，这也为国家资格框架内的学术体系的真正责任奠定了基础。在这些标准和指南里面，我们要在内部质量文化的创造和发展与外部质量保证机制之间找一个适当的平衡。

另外，这些标准和指南也受益于 2004 年 12 月由欧洲认证联盟出版的"好行为密码"，及其他在欧洲学生联合会的"关于欧洲标准，程序和指南的声明"（2004 年 4 月）；"质量保证同行评议和认证机构的声明"（2004 年 4 月）；欧洲大学联盟"在柏林公报背景下的质量保证政策"（2004 年 4 月）；欧洲高等学校协会的"博洛尼亚进程的政策声明"（2004 年 6 月）。最后，通过与已经在国际 INQAAHE 网实施的

《范例指南》的外部质量保证的标准进行了对比，这些标准与指南中蕴含了国际的视野。

第一、二部分的简介——欧洲标准 和高等教育内外部质量保证指南

以下的内外部质量保证的标准和指南，是为高等教育区的高校及质量保证机构而建立的，并覆盖了质量标准的关键领域。

这些标准和指南的目的是为高校发展它们自己质量保证体系以及机构承担外部质量保证提供帮助和指导。同时又成为一个能被所有高校机构使用的一般的参考框架。我们的意图不是让这些标准和指南规定的或一成不变地指导实践或被解释。

在欧洲高等教育区的一些国家，教育部或者一个对等的组织负责这些标准和指南下的一些地区。在这种情况下，教育部门或者组织应确保恰当的质量保证机制到位并接受独立审核。

基本原则

这些标准和指南是基于许多质量保证基本原则而制定的，它们存在于高等教育区的内外部。这些原则有：

- 高等教育的提供者应该为高等教育质量及其保证负主要责任。
- 在高等教育质量和标准的前提下，社会利益也要维护。
- 应该为欧洲高等教育区的学生和其他高等教育的受益人考虑，不断发展和改进学术项目的质量。
- 需要高效的组织机构来提供和支持这些学术项目。
- 质量保证过程的透明性与使用外部专家至关重要。
- 应该鼓励高等教育机构营造质量文化。
- 我们应该形成一种让高等教育能够证明其承担责任的程度，包括为私人或公众投资所承担责任的程度的过程。
- 处于承担责任目的的质量保证与出于加强目的的质量保证是绝对兼容的。
- 高校要有能力在国内及国际上证明其质量。

- 使用过程不应该扼杀多样性和创造性。

标准和指南的目的
- 提高高等教育区高等教育的入学率。
- 帮助高等学校管理和提高它们的质量，最终帮助其行使自主权。
- 为质量保证工作提供背景。
- 使得外部质量保证更加透明，更容易被相关的每个人理解。

标准和指南目标
标准和指南的目标如下：
- 鼓励高等教育机构的发展以培育充满生机的智力和教育成果。
- 为高等教育机构和其他相关机构提供帮助和指南，并形成自我质量保证文化。
- 告知高等教育机构、学生、工作人员及其他相关者关于高等教育的进程与高等教育结果，并提升他们对此的期望。
- 为高等教育和 EHEA 质量保证的规定提供一套共同参照。

外部质量保证
本报告所提的标准和指南在外部质量保证中具有重要作用。其形式随系统而不同，包括对不同类型的高等教育机构的评估；学科或项目评估；学科认证；项目和机构层次及以上类型的综合。这些外部评估目标明确，主要依赖于其明晰的内部质量保证策略的完全有效性，及使用于体系内达到这些目标的机制与方法。
由外部机构承担质量保证是基于以下几种目的：
- 维护高等教育的国家学术标准。
- 程序和/或机构的认证。
- 保护用户。
- 公开提供关于程序或机构独立证实的信息（量或质的证实）。
- 改善与提升质量。
欧洲质量保证体系的活动将反映其司法管辖和操作环境的法律、社会及文化要求。在本《标准与指南》第三部分列出了关于质量保证体系本身的质量保证的欧洲标准。

　　质量保证机构将根据它们的目标和想要达成的结果来合理执行质量保证。这些体系采取的程序主要关注质量的提升，这与那些首先就是保护消费者的体系大不相同。以下标准反映了欧洲外部质量保证基本的良好惯例，但不包括提供关于检查什么，怎样实施质量保证活动的细节指导。这些属国家所管，虽然机构和相关当局之间信息的交流已导致这些因素的融合。事实上，在外部质量保证过程中已存在良好惯例的一般准则：

　　　●必须尊重机构的自治权。

　　　●学生和其他相关利益者，如：劳动市场代表须摆在外部质量保证首位。

　　　●必须尽量保证机构享有内部质量保证活动自主权利。

　　本指南提供了关于良好惯例的附加信息，且在一些案例中，更为详细地解释了标准的意义和重要性。虽然此指南不属于标准的一部分，但这些标准却须结合指南。

第一部分　欧洲高等教育机构内部质量保证的标准和指南

1.1　质量保证标准的政策和程序

　　机构必须出台质量保证以及项目和学位标准的政策与相应程序，并明确承诺发展质量文化，也就是要认识到工作中质量和质量保证的重要性。为达到此目标，高等教育机构必须开发及实施持续提升质量的策略。

　　这些策略、政策和程序必须具备正式地位和公开性，其同样须包括学生和其他相关利益者的参与。

　　指南：

　　正式政策和程序是高等教育机构开发及监测其质量保证系统的有效性的框架，有助于提高公众对于机构自治的信心。政策包含对意图的阐述和借以实现意图的主要方法。程序指南给出了关于政策怎样实行的更加具体信息，且为一些须了解实施程序实际方面者提供了有用的参照。

政策将包括以下几点：

- 高等教育机构教学与研究之间的关系。
- 机构的质量和标准策略。
- 质量保证系统的组织。
- 部门、学校、学院及其他组织和个人对质量保证的责任。
- 学生在质量保证中的参与。
- 政策实施、监测及修订的方式。

EHEA 的实现关键在于机构各层次极力确保其学习项目有清楚、明确的学习结果；教师们乐意、愿意且有能力为学生提供指导，以帮助学生获得那些学习结果；此外，展现优秀才干、专长及决心的教师能完全、及时、真正认识到对工作的贡献。所有教育机构须致力于改善提升其教育质量。

1．2　项目和授予学位的批准，监测及定期审查

标准：

机构应该建立项目和授予学位的批准，监测及定期审查的正式机制。

指南：

通过良好设计，规范监测和定期审查学习项目等有效的质量保证活动以保证其持续相关性和现时性的，学生和其他相关利益者对高等教育的信心可更好地建立及维持。

项目和授予学位的质量保证将包括以下几点：

- 制定和公布明确的预期的学习成果。
- 关注课程与项目的设计与内容。
- 对不同授课方式的特定要求（全职、兼职、远程、电子教学）和对高等教育类型的特定要求（学术、职业、专业）。
- 合适学习资源的可用性。
- 由一个机构批准项目的正式程序而不是由学习项目的教学人员批准。
- 学生进步及成果的监测。
- 项目的定期审查（包括外部专家组成员）。

- 雇主、劳动市场代表及其他相关组织的定期反馈。
- 学生在质量保证活动中的参与。

1.3　对学生的评估

标准：

须以已发布的标准、规定和步骤一致地评估学生。

指南：

学生评估是高等教育的一个重要因素，评估结果对学生以后的职业具有深远影响。故一直实行专业的评估并把测试过程中的延伸知识考虑进去尤为重要。评估也为高等教育机构教学指导的有效性提供了有用信息。

关于学生评估步骤方法是：

- 用于评估预期学习成果和其他学习项目目标的实现。
- 须适合其目标，无论是诊断性评估还是形成性评估或总结性评估。
- 具有明晰和公开的标准。
- 由了解评估学生获得知识、技能及相应资格的过程意义的人士承担。
- 尽可能不依靠单个考官的判断。
- 把考试规定的所有可能影响考虑进去。
- 对于学生缺席、生病和其他缓解情况有明确规定。
- 确保评估完全按高等教育机构所阐明的程序实施。
- 将经行政核实检查以保证程序精确性。

此外，学生应清楚地获知用于他们学习项目的评估策略和他们必须经历的考试和其他评估方法，以及要求他们该做的，还有评估他们表现的标准。

1.4　教师的质量保证

标准：

高等教育机构应该采取方法保证从事教学的教师具有教学资格和能力教学，他们应该是外部评估专家可联系的，并可以在报告中发表意见。

指南：

教师是大部分学生最重要的学习资源。拥有完整的知识并通晓所教学科，教师具有在教学内容范围内能有效把知识体会传授给学生的经验和必要的技能，且能得到他们自己表现的反馈信息显得尤为重要。高等教育机构须保证其教师招聘和任用程序包括明确所有新教师最低具备的能力水平。必须给予教师发展和提供其教学能力的机会，应该鼓励重视其技能。高等教育机构须为劣等的老师提供技能提升机会，若其教学水平还是明显低下，机构须将其调离教学岗位。

1.5　学习资源和学生支持

标准：

高校应该确保为学生提供充足的学习支持资源，这些资源对于提供的每个学习项目也是恰如其分的。

指南：

除了教师之外，学生们还依靠其他的一系列助学的资源，这些包括物质上的资源，如图书馆及电脑设备，还有人力的资源（导师、咨询人员等），学习资源和其他支持机制应该真正为学生所用，符合他们的需求并及时地对来自服务使用者反馈信息做出反应。

1.6　信息系统

标准：

高等教育机构应该确保它们收集、分析、使用的相关信息为有效管理学习项目及其他活动服务。

指南：

高等教育机构的自觉性是有效的质量保证的开始。很重要的一点是高等教育机构有收集和分析它们自己的活动的方法，否则，它们将不清楚什么进展顺利，什么需要得到关注以及改进的结果。

高等教育机构必需的与质量有关的信息系统或多或少地受当地情况的影响，但至少希望包括：

- 学生进步和成功率。
- 毕业生的就业情况。

- 学生对学习项目的满意度。
- 教师教学效果。
- 学生人数情况。
- 学习可用资源及其成本。
- 高校的自身业绩指标。

将高等教育机构自身与高等教育区的其他类似的机构进行对比也有一定的价值。这样它们就可以扩展它们的自觉性及有机会接触更多改善自身的可能途径。

1.7　公众信息

标准：

高校应该定时地公布关于学习项目和授予学位公正客观的最新信息（既包括数量也包括质量）。

指南：

高等教育机构在履行它们的公共职责时，有责任提供学习项目、预期学习结果，授予资格、教学与评估程序及为学生带来的学习机会等方面的信息。公开的信息应包括以往毕业生的就业观和目的地及现有学生总数。这些数据要非常准确客观，而不只是作为一种营销机会。高等教育机构应该核实这些客观性和公正性的信息是否满足了高校的期望值。

第二部分　欧洲高等教育外部质量保证的标准与指南

2.1　内部质量保证程序的应用

标准：

外部质量保证程序应该考虑《标准和指南》第一部分中描述的内部质量保证过程的有效性。

指南：

第一部分包含的内部质量保证标准为外部质量保证过程奠定了基础。高等教育机构内部质量保证政策和程序是外部质量评估过程必须仔细评估的，以确定是否达到标准，这一点很重要。

如果高校能够展现它们的内部质量保证过程的有效性，如果这些过程保证了质量和标准，那么外部质量保证程序只是起到了加强的作用。

2.2　外部质量保证过程的发展

标准：

质量保证过程的目的和宗旨应该先于过程发展而确定，并且应该和使用的一些程序一起公布出来。

指南：

为了保证目标的清晰和程序的透明，外部质量保证途径应该由主要的利益相关者包括高等教育机构的参与来设计和确定。最终达成的程序应该向外界公布，并且要包含对宗旨和目的的声明及使用程序的描述。

由于外部质量保证对有关机构做了些要求，我们应该做好初步的影响评估以确保所采纳的程序恰当并且不会过多地影响高校的常规工作。

2.3　判定的标准

标准：

作为外部质量保证活动的任何正式判定都应该基于已公布的明确的标准，并且一贯应用这些标准。

指南：

质量保证机构做出的正式判定对高等教育机构及其项目都有很重要的影响。考虑到平等性和可靠性，判定应该基于公布标准，并以一致的方法来解释。结论要有证据可寻，如果必要的话，质量保证机构应该要恰当地调和各种结论。

2.4　适合目的的过程

标准：

所有的外部质量保证过程都应该经过特殊的设计以确保它们能够达到目的和宗旨。

指南：

欧洲高等教育区的质量保证机构针对不同的目的采用不同的方法着手实施不同的外部质量保证程序。质量保证机构运行程序必须符合自己确定或发布的目的，这一点至关重要。然而，经验表明，关于外部的评价有一些广泛使用的要素，它们不仅有助于确保外部评价的合法性、可靠性及有用性，也为欧洲方面的质量保证提供了基础。在这些因素里面，我们要特别注意以下几点：

- 承担外部质量保证行为的专家必须已经具备相应的技能，并完全有能力履行职责。
- 在选择专家时需要细心。
- 为专家提供任务要领简介和训练。
- 使用国际专家。
- 学生积极参与。
- 保证这些评价过程能够提供充分的证据来支持发现问题和得出结论。
- 使用自我评价／现场考察／起草报道／出版报道／后续评价模式。
- 认识到高等教育机构改进与增强政策作为质量保证的基本因素的重要性。

2.5 报告

标准：

报告应该公开出版，并且应该采用一种清晰的风格和为读者易于接受的方式撰写，这些报告中包含的任意判定，赞扬及建议应容易被读者发现。

指南：

为了外部质量保证利益最大化，报告应该满足预测的读者群的需要，这些报告有时是为不同的读者服务的，所以这也要求我们注意报告的结构、内容、风格和基调。

一般来说，报告在结构上包括描述、分析、结论、表扬和建议。在读者阅读之前应该做些简单说明，这样读者就能更好地理解评论的形式、目的及做决定的标准。读者能够很快地搜索和定位到重要的发现、结论和建议。这些报道要能够很容易为读者接受，读者们能够对它进行评价。

2.6 后续程序

标准：

包括行动建议或者后续行动计划的质量保证过程，都应该有预定的后续程序，并得以一贯实施。

指南：

质量保证不是关于个体外部的独立审查事件：它应该包括怎样更好地做好它。外部质量保证不能仅以报告的发表而结束，必须包括一个结构化的程序，以保证这些建议都得到恰当处理。涉及与高等教育机构和学习项目的代表进一步会见。目的是为了保证更快地保证改进，鼓励提高。

2.7　定期评价

标准：

高等教育机构和项目的外部质量保证应该在一个周期内进行，这个周期长度和评估程序应该提前清楚地公布。

指南：

质量保证不是一个不变而是一个动态的过程，它是连续的，而不会只是一次，它不会在第一个复检或者完成后续程序后就结束了，它还要受到定期的复检，紧跟其后的评价也要予以考虑。所有的外部评价过程都应该由外部质量保证机构清楚阐述，它对高等教育机构的要求不应该高于自身目标的成就。

2.8　全系统分析

标准：

质量保证机构应该不断发表总结报告，描述和分析它们的检查、评价、评估的一般判断。

指南：

所有的外部质量保证机构收集关于各学习项目和高等教育机构的大量信息，这将为它们的整个高等教育系统提供结构性的分析材料。这些分析为以后发展、趋势和不断涌现的好范例及困难和弱势方面提供有用的信息。质量保证机构应该考虑包含在它们行动中的研究和发展的功能，有助于从它们的工作中提取最大的利益。

第三部分导言——欧洲外部质量
保证机构的标准和指南

自 20 世纪 90 年代以来，欧洲外部质量保证机构在快速增长，同时，在机构中开展合作和分享好的范例已成为发展的综合因素。早在 1994—1995 年，欧盟委员会发起的所谓"欧洲试点项目"导致了各个机构对质量保证的基本方法（机构独立、自评、外部现场考察和公开报告）的相互认可，这些方法都是 1998 年欧盟理事会关于高等教育质量保证的建议中提出的。2000 年成立的高等教育质量保证协会（ENQA）由此成为这种合作发展的自然产物，而高等教育质量保证协会才能构筑在 20 世纪 90 年代达成最先进共识之上。

以下说的外部质量保证机构的欧洲标准，是以欧洲外部质量保证发展的年轻历史为前提制定的，正是意识到这些标准既不能太详细，也不要太拘泥于形式，它们不应该限制欧洲质量保证机构的自由，在这些机构的组织和行动过程中反映它们所在国家或地区的期望的自由。然而，这些标准要能确保这些机构的专业性、可靠性、整体性对利益相关者是透明和可见的，要能看到机构之间的对比，允许存在必要的欧洲维度。

需要补充的是，在这种情况下，这些标准自然对机构之间及机构评估结论的相互认可有积极的促进作用。这些工作已经在北欧质量保证网络中探讨过，它已成为欧洲认证联盟的"好范例法典"的一部分。

我们补充了几条指南，为好的实例提供更多的信息，而且在一些情况下，更详细地解释了这些标准的重要性。尽管这些指南不是标准的组成部分，也应该跟它们共同考虑。

第三部分　欧洲外部质量保证标准

3.1　高等教育外部质量保证程序的使用

标准：

外部质量保证机构应该重视欧洲标准与指南的第二部分所描述的外部质量保证过程的临场效果与有效性。

指南：

第二部分的外部质量保证的标准为后面的外部质量保证过程提供了有力的基础，这些标准反映了从 20 世纪 90 年代以来所获得的最佳实例及经验。所以这些标准要与高校的质量保证机构统一起来。

外部质量保证标准必须同外部质量保证机构共同组成专业可信的高等教育质量保证机构的基础。

3.2　官方身份

标准：

机构应该被欧洲高等教育区的公共权力机构正式认可为负责外部质量保证的机构，并且这些机构应该依据法律建立。

3.3　活动

标准：

机构应该在有制度保障的情况下承担外部质量保证活动（高等教育机构或者学习项目）。

指南：

这些可能牵涉到评估、评论、审核、认证及其他类似的活动，它们是机构核心功能的组成部分。

3.4　资源

标准：

机构应该有足够的人力和财力资源，这样它们就能够以有影响的、有效的方式组织和运行它们的外部质量保证过程，同时，也为它们的过程和程序的发展提供相应的支持。

3.5　使命声明

标准：

机构应该有清晰、明确的工作目的与目标，并公开声明。

指南：

机构要详细地描述机构质量保证过程的目标和宗旨，与高等教育的利益相关者，特别是高等教育机构的分工及它们工作的文化历史背景。这个声明要明确外部质量保证过程是它们机构的主要活动，要实现目的和宗旨有许多系统的途径。必须拟定公文，来说明这些声明是如何翻译为一个清晰的政策和管理计划的。

3.6 独立性

标准：

机构要有足够独立性，既有能工作的自主性，同时它们在报告中的结论和建议又不会受到第三方，如高校、相关部门或其他利益相关者的影响。

指南：

一个机构需要通过以下途径展示自己的独立性，如：

- 有公文保证它独立于高校和政府（如立法或治理工具）。
- 这些程序和方法的说明和运作，外部专家的提名任命及质量保证过程的结果决定都是由机构独立完成，不会受到政府、高校及其他政治组织的影响。
- 尽管高等教育的相关利益相关者，特别是学生和学者，在质量保证过程中常常被问及一些相关问题，但质量保证的最终结果的决定依然是机构的独立责任。

3.7 机构应用的外部质量保证标准和过程

标准：

这些机构应用的过程、标准及程序，应该是预定的，并为公众所及，这些过程可能包括以下部分：

- 自主评估或质量保证过程主体的对等的程序。
- 专家组（包括适当的学生成员）的外部评估，机构实施的实地考察。
- 发布报道，包括决定、建议和其他的正式结果。
- 由质量保证过程主体采取的改进行动的后续的程序，主要针对这个报道包含的建议而提出。

指南：

机构可以为特殊的目的而开发并使用其他的过程或程序。

机构应该注意它们的原则，确保它们的要求和过程得到专业化的管理，它们的结论和决定要保持一致，即使由不同人群提出。

这些做决定结论的机构要有申诉程序，这个程序的性质和形式应根据每个机构的结构而决定。

3.8　问责程序

标准：

机构应该有恰当的程序来体现它们自己的负责程度。

指南：

这些程序大致包括以下几方面：

公开发布的关于质量保证机构自身的政策，并且在自己的网页上显示。

公文须说明：

- 机构的过程和结果反映其质量保证的任务和目标。
- 机构实行没有利益冲突的外部专家工作机制。
- 如果质量保证程序的一些或所有成分被其他方承包，机构要有可靠的机制保障活动和其他承包者材料的质量。
- 机构内部质量保证程序应包括一个内部反馈机制（即从它们自己的职员和理事会/委员会收集反馈信息）；一个内部反应机制（即对内外部提出改进机构的建议做出怎样的反应）；外部的反馈机制（即如何从专家及评价团体那里收集反馈，以适应将来的发展）。这样一来，机构就能了解和巩固自己的发展。
- 一个周期性、强制性的外部机构评估至少每五年定期举行一次。

附录 11　ECTS 用户指南[*]

布鲁塞尔，2009 年 2 月 6 日

介　绍

《ECTS 用户指南》为欧洲学分转换与积累系统的执行提供了一套指导方针，同时呈现了有关 ECTS 的重要文件，这本指南旨在帮助学习者，高等教育机构的学术人员、管理人员以及其他兴趣爱好者。

2009 年版的用户指南在 2005 年版的基础上进行了更加详尽的阐述，考虑到博洛尼亚进程的发展，终生学习的日益重要性，资格框架的制定以及学习成果的使用日益频繁，我们对 2005 年版用户指南进行了修订更新，该书的付梓得益于利益相关者协会的专家、ECTS 顾问的支持，并咨询了利益相关者协会、成员国专家和博洛尼亚后续工作组，欧盟委员会已经调整了起草和协商进程并对该书的最终措辞负责。

ECTS（欧洲学分转换与积累系统）是一种帮助设计、描述和实施学习项目和授予高等教育资格的工具。ECTS 连同基于成果的资格框架的使用，使学习项目和资格更加透明，促进了资格认可。ECTS 适用于各种类型的学习项目，无论何种学习项目的形式（在校学习或工作学习），无论实施形式如何（全日制或非全日制），它同样适用于各种形式的学习（正式的或非正式的）。

在该指南的第一部分，ECTS 被置于欧洲高等教育区的背景下讨论，它产生于博洛尼亚进程，这一部分同样涉及 ECTS 在欧洲高等教育区的

---

[*]　ECTS Users' Guide, Brussels: Directorate-General for Education and Culture, 2005 (http://ec.europa.eu/education/programmes/socrates/ects/doc/guide_en.pdf)，本书作者自译。

资格框架中的作用（该体系在本书中被称为博洛尼亚资格框架）。

本书的第二部分将涵盖 ECTS 的主要特征，包括对 ECTS 的简明概述和它的功能，对此人们已达成广泛共识，ECTS 的主要特征这一部分内容在另一独立小册子上也可见叙述。

第三部分对 ECTS 的主要特征进行了详细阐述，第四部分针对 ECTS 怎样应用于高等教育机构这一问题进行了指导，而第五部分将讨论 ECTS 怎样补充高等教育机构质量保证工具。

最后一部分呈现了 ECTS 的一些重要文献，以及对关于进一步阅读有关 ECTS 问题的建议和在该用户指南中使用过的术语汇编。

一　ECTS 和欧洲高等教育区（博洛尼亚进程）

ECTS 是用于欧洲高等教育区，涉及参与博洛尼亚进程的所有国家的高等教育学分转换与积累系统，ECTS 是博洛尼亚进程的基石之一，大部分博洛尼亚进程国已依法在高等教育系统中采用了 ECTS。

除其他目标以外，博洛尼亚进程还旨在建立一套学分系统作为一种促进最广泛学生流动的正规手段，ECTS 对博洛尼亚进程的许多其他目标也起到了促进作用。

ECTS 学分是与欧洲终身学习资格框架兼容的欧洲高等教育区资格框架的一个关键因素。根据博洛尼亚资格框架，第一级和第二级各有自己的学分范围（见三（三）），因此，ECTS 学分用于制定国家资格框架，这可能包括更多细节性的国家学分安排。

ECTS 有助于机构贯彻执行质量保证的目标（见第五部分），在某些国家，ECTS 是高等教育计划或合格证明的授权的必备条件。

ECTS 也逐渐被其他大陆的机构所采用，因此在博洛尼亚进程的全球化发展方面发挥着其应有的作用。

二　ECTS 的重要特征

（一）ECTS

ECTS 是一种以学习者为中心的，基于学习成果和学习过程的透明性的学分转换与积累系统，它旨在促进资格的计划、传发、评估、认可和验收以及为学习单元和学生的流动提供帮助，ECTS 被广泛应用于正规高等教育且可以用于其他的终身学习活动。

（二） ECTS 学分

ECTS 学分以学生为了达到预期的学习成果必须付出的学习工作量为根据，学习成果描述的是期望学习者成功完成一段学习后学到什么，理解什么及处理什么问题。它们与国家和欧洲的资格框架的学业等级描述有关。

学习负荷指的是学生完成所有预期用以达到学习成果的学习活动（例如演讲、讨论会、研究项目、实习、自学和考试）一般所需要的时间。

60 个 ECTS 学分相当于要有正规学习一学年的工作量和相关的学习成果。大多数情况下，学生一学年的学习负荷的范围是 1500 到 1800 小时，由此知道 1 学分对应于 25 到 30 小时的工作。

（三） ECTS 学分使用

学分被分配到整个资格或学习项目以及它们的教育内容（如模块、课程、毕业论文、实习工作和实验室工作）中，每一内容的学分量都以学生在正规环境下为达到学习成果所应付出的工作量为依据。

学分授予完成正规的学习项目或单个教育内容所要求的学习活动，并成功通过学习成果评估的学生个人。根据学位资格授予机构的裁决，学分能为获得某种学位资格累积，如果学生在其他的学习环境或学习时间（正式或非正式）下取得了学习成果，在对其学习成果的成功评估、确认或认可之后即可获得相应的学分。

由同一或不同机构授予的学分可以从一个学习项目转移到另一学习项目之中。这种转移只有在学位资格授予机构认可这些学分及其相关的学习成果的情况下方能发生，合作机构应该事先就认可留学经历达成一致。

学分转换与积累因为使用 ECTS 的重要文献（课程目录、学生申请表、学习协议和学生成绩单）以及文凭补充而变得更便捷。

三   ECTS 的重要特征说明

ECTS 的重要特征是对欧洲学分转换与积累系统的简要概括。这一部分提供了更多涉及 ECTS 的概念和功能的具体解释说明，并展示出这些概念和功能如何相互影响、相互补充使 ECTS 的核心功能：转换与积累得以实现（见第四部分）。

（一）作为一种学生中心学分系统

ECTS 是一种以学习者为中心的系统，因为它有助于机构在设计和运行学习项目时，注重从传统的以教师为中心的方式转移到适应学习者的需要与期望的方式上来。在传统的以教师为中心的教育方式中，学科要求、知识及教学过程本身都被看成是教育项目的主要因素，而以学习者为中心的学习则把学习放在课程设计与执行的中心，并且在学习内容、学习模式、学习进度和学习地点方面给学习者以更多的选择。

在这种以学习者为中心的方式中，机构起着支持和帮助学习者形成自己的学习路径并帮助他们建立自己的个人学习风格和经历的作用。

通过在课程设计与输出中应用学习成果和学习负荷这一概念，ECTS 有助于把学习者放到教育过程的中心位置，通过把学分分配到具体的教育内容这一方式，ECTS 还有利于创造灵活多变的学习途径。而且，连同以学习成果为基础的资格框架，ECTS 在以下方面发挥重要作用：

通过应用学习成果在教育项目和劳动力市场要求中建立更加紧密的联系，从而使消息灵通的学习者获得更多选择。

通过制定更加灵活的学习项目和对于先前学习的认可，促进终身学习有更广泛的参与。

促进机构或国家内部，从机构到机构，从国家到国家，不同的教育部门和学习环境（即正式或非正式）之间的流动性。

（二）ECTS 和学习成果

学习成果是预期那些已获得某种资格或完成某一学习项目或部分教

育内容的学习者所应该知道的、理解的和所能做的一种可验证的表达。就这点而论，学习成果强调教与学以及评估之间的联系。

学习成果的陈述以使用表达知识、理解、应用、分析、综合和评估等主动词为特征。

学习成果概念的使用使学习项目的目标更加明确且更易被学生、用人单位和其他利益相关者所理解接受，它也使资格之间的比较更简单、容易，便于成绩认可。

在 ECTS 中，阐明学习成果是估计学习工作量和分配学分的基础。当那些负责设计教育项目的人在制定资格概貌与学习项目及部分内容的预期学习成果时，ECTS 学分有助于他们对必需的工作量保持现实态度并明智地选择学习、教学和评估策略。学习者和用人单位等利益相关者，都可能对学习成果表述提供实际的建议。

图 1　"学习成果"与"能力"在欧洲高等教育背景下的定义

在欧洲，各种各样关于"学习成果"和"能力"的术语以不同意义在不同参考框架下被使用，但是无论在哪种情况下，它们都和学习者学习经历最后将知道，了解和所能做的相联系，这些术语的广泛使用是把学习者放在高等教育经验中心的范式转变的一部分，这一变革是欧洲高等教育区和博洛尼亚进程以及 ECTS 的基础。

1. 在欧洲高等教育区（博洛尼亚体系）资格框架中，学习成果（包括能力）被视为所有的学习结果。这一框架以由联合质量计划发展而来的"都柏林描述符"为基础。这些描述符由与博洛尼亚学习层级相关联的典型预期或成就能力水平的通常表达组成。"能力"一词在这里则具有广泛意义，容许能力与技能的分级。

2. 欧洲终身资格框架对知识、技能与能力的概念进行了区别。它的定义如下：能力意味着在工作或学习环境以及职业与个人发展中运用知识、技能和人际、社会以及（或者）方法论的本领。欧洲资格框架的背景下，能力是从责任感与自主能力方面来描述的，在这种情况下，"能力"这一术语是一个狭义的概念，即把知识转化为实践的才能。

3. 为了区别学习过程中有重大关系的参与者：学术职员和学生/学习者的不同角色，Tuning 计划（欧洲调整教育结构）把学习成果和能力明确区分开来。对 Tuning 计划来说，能力是知识、理解、技能、才能和态度的动态的综合，培养能力是学习过程和教育项目的目标。根据 Tuning 计划，学习成果表明学习者的能力水平，学习成果由学术人员基于内部的和外部的利益相关者的建议而系统阐述。

成功评估学习成果是授予学习者学分的前提条件，因此，对教育项

目中成分的学习成果阐述总是伴随着清晰合理的学分授予评估标准，这一标准使得确定学习者是否获得所要求的知识、理解与能力成为可能。

现在有两种学习成果评估标准定义方法：一种是下限陈述（表明通过的最低要求），另一种是作为描述典型的参考点（表明成功的学习者预期达到的水平）。无论哪种情况，对学习成果的表达必须明确使用哪一定义。

学习成果方法也使那些在正规高等教育外的环境下获得的知识、技能和能力得到评估并获得学分，为授予资格而认可。

（三）ECTS、层级和层级描述符

欧洲资格框架和国家资格框架都基于达成一致的层级描述符，而学习成果与学分又与这些层级有关。欧洲高等教育区资格框架关于每一级的学习成果和学分范围已经达成一致。博洛尼亚层级描述符又被称为"都柏林描述符"。

博洛尼亚层级的前 2 级相关的 ECTS 学分范围如下：

第一级资格通常包括 180—240 个 ECTS 学分；

第二级资格通常包括 90—120 个 ECTS 学分，并且至少有 60 个 ECTS 学分。

这些学分范围是以 ECTS 重要特征为依据的，其重要特征之一是 60 个 ECTS 学分相当于正规学习项目一个学年的学习负荷，这一规则适用于所有高等教育资格，与高等教育资格所在层级无关。

国家资格框架应该包括欧洲高等教育区资格框架三个层级的资格（如，第一层级内的短期学习），这些层级使机构得以构建自己的资格并通过资格来规范进度。

通常基于学习项目或成分的学习成果，在授予层级上描述学分。只有在相应的层级授予的学分才能累积成一个资格，而相应的层级则由国家的或机构晋级规则中规定（见四（三））。

（四）ECTS 学分和工作量

工作量表明学生通常为达到预期学习结果而需要完成的所有学习活动（如演讲、研讨会、研究项目、实习、自学和考试）。

在评估与学习项目或部分教育内容有关的工作量之前应该先定义学习成果，学习成果是选择合适的学习活动和对完成它们所需工作量的始终如一的评估的基础。

对工作量的评估不应只基于接触时间（即学生在教学人员指导下进行的活动时间），它涉及为达到预期学习成果所进行的全部学习活动，包括独立工作时间，必要的工作实习，为评价所做的准备以及评价所需的时间。换言之，一场研讨会或演讲可能需要相同的接触时间，但是一种可能因为学生独立准备的工作量的不同而比另一种需要做更多的工作。

工作量的评估需要通过长期的监测与学生反映来完善。

四　在高等教育机构中实施 ECTS

这一部分将为高等教育机构提供一套关于解决实施 ECTS 过程中的主要问题的指导方针和范例，目标是展示最好地使用 ECTS 如何能为学习者提供最大附加值。

（一）学分分配

学分分配是把许多学分分配到资格/学习项目或部分教育内容的过程中。ECTS 学分的分配以完成所要求的学习成果所需的典型工作量为基础。

分配到整个资格或学习项目中的学分数量取决于国家的或机构的规定以及欧洲高等教育区各层级的学分范围。

基于 ECTS 的 60 个学分要一个学年的工作量的重要特征，则正常情况下一学期相当于 30 个 ECTS 学分和一年三学期制中的一学期相当于有 20 个 ECTS 学分，而持续整整 3 个学年，有正规学习项目的资格要有 180 个 ECTS 学分。

每一个学年，半个学年或一年三学期制中的一学期被分到具体的教育元件中，每一教育元件都理解为是自成体系的，正规组织的学习经历（如课程单元、模块、研讨会或实习）。每一教育元件都必须有清楚的学习成果、恰当的评估标准、规定的工作量及具体的 ECTS 学分数。

1. 教育元件的学分分配

把学分分配到单个的教育元件是作为与国家资格框架，层级描述以及资格描述相关的课程设计的一部分来实施的，一般是高等教育机构和学术人员来负责，但有时也会由校外机构来负责。

在把学分分到各个教育元件之前必须先就具体学习项目概貌和相关的学习成果达成一致，概貌指的是从主要特征和具体目标方面来描述该学习项目，良好的惯例是在咨询利益相关者之后再定义概貌。

在资格概貌的基础上，学术人员通过定义学习成果和分配学分来设计课程，在教育元件中的学分分配以学生在正规环境下所能完成学习成果所需工作量的多少为基础。

学分分配有多种方法，而究竟用哪一种取决于机构，以下所述的选择实证了两种不同的学分分配方法：

（1）教学人员来定义每一学习项目元件的学习成果，描述学习活动和估计学生完成这些活动一般所需的工作量，建议被采集、分析和综合，将估计的工作量表达成学分。

用这一方法，所有的教学人员都参与到学分分配的过程中来，他们可以提出关于学习成果的建议并估计完成它们所需的工作量。通过讨论和定义优先考虑，他们可以在现有学分（60 分/年）的基础上达成最终决议，这一程序可能导致单个元件的不同学分数（如 3，5，8）。

通过使用这一选择，机构在设计与学习成果和相关工作量有关的教育元件时可以获得最大自由。另一方面，一涉及多学科或合作项目或流动时，不同规模的元件可能会有很多问题。

（2）高等教育机构或教师可能从一开始就决定对教育元件的规模进行标准化，给每一元件相同的学分值或者它的倍数（例 5，例 10，例 15），因此要预先定义学分数并分配到每一元件，在这一情况下，课程单元常被称为"模块"。

在这种预先定义的组织安排下，教学人员在元件的标准规模的基础上定义出合理可行的学习成果描述学习活动，预计的工作量必须与分配到元件的学分数相一致。

通过规范元件规模，机构在设计学习项目过程中可以获得更多灵活性，可更多采用多学科和跨学科的途径。然而，定义元件内的学习成果限于为每一元件工作量的预先定义的学分数。

值得一提的是，为了避免学习项目的琐碎，无论在哪种情况下元件都不能太小，同时建议元件也不能太大，太大会限制跨学科的研习和学习项目内的选择，因此也不宜采用。太大的元件对不同水平层级的——机构的、全国的或国际的学生流动来说会有很多问题。

无论学分分配的方法是什么，决定学分数的主要因素还是为实现预期学习成果所需的预期工作量，由于接触时间仅仅只是学生工作量的一个因素，因此，不能仅以接触时间来作为学分分配的基础，合理的学分分配应该是高等教育机构内外质量保证的一部分。

2. ECTS 中工作量的估计

在估计学生工作量时，机构部门必须考虑学生为完成理想学习成果所需的全部时间，学习活动在不同国家、不同机构和学科领域内可能不一样，但一般情况下从以下数字预估工作量。

教育元件的接触时间（每周的接触时间×周数）。

为成功完成教育元件所需花费在个人或集体工作上的时间（即事先准备和课后笔记整理，研讨会或实验工作，收集和选择相关材料，必要的复习，材料的研究，撰写论文/研究项目/毕业论文的写作，实习）。

为准备和经历评估所必需的时间（如考试）

义务工作所需的时间（见四（一）3）。

其他估计学生在不同活动中的工作量时要考虑的因素有，例如，学习项目（或其教育元件）所要求的准入水平，教学方法、学习和学习环境（如小组同学的研讨会，或是对大批学生的演讲）以及可用的设备类型（如语言实验室，多媒体教室）。

既然工作量是对学生为达到预期学习成果所花的平均时间的估算，那么单个学生实际所花时间可能和预算时间有所不同，有些学生进步更快，而有些则更慢。

3. ECTS 学分和顶岗实习

如果完成学习项目（或教育元件）必须安排顶岗实习或实习，顶岗实习和实习也是学生学习成果和工作量的一部分，那么分配学分是必要的。在这种情况下，顶岗实习的学分数必须包括在特定学年的总学分以内。

> **图 2　关于顶岗实习学习成果和学分的问题，以下几点是很好的建议**
>
> 关于顶岗实习的学习协议（由学术机构、学习者和用人单位共同签署）必须明确需要达到的学习成果。
>
> 顶岗实习安排必须有明确的评估学习成果和授予学分的程序。
>
> 高等教育机构、学习者和用人单位在形成和评估学习成果过程中的角色分工必须清楚明确。
>
> 高等教育机构的教学人员需要在顶岗实习的指导管理方面进行培训。
>
> 如果学习项目中有要求，那么顶岗实习必须与课程相结合。

和任何其他教育元件一样，当教学人员设计课程时，应该明确通过顶岗实习获得的学习成果。这些学习成果必须与合理的评估方法和标准相配套，重要的是评估方法须与顶岗实习的类别相一致（例如指导老师的观察与评价或学生报告）。

诸如任何其他教育元件，顶岗实习的学分只有在学习成果取得并通过评估之后才能授予。

如果顶岗实习是有组织的活动性的一部分（例如伊拉斯谟斯计划），那么在预期学习成果达到的情况下，顶岗实习的学习协议（或培训协议）必须表明授予的学分数。

即使是在学习项目并未要求在正规学习过程中有实习经验的情况下，在学习协议中定义学习成果和工作量仍不失为明智之举。通过不是必须得有的顶岗实习而获得的学习成果也应该在诸如学生成绩单、文凭补充（见第六部分的重要文献资料）或欧洲流动（Europass Mobility）文件中记载下来，学习成果也可以通过给予相应的 ECTS 学分来得到认可，在这种情况下，ECTS 学分是在一学年 60 个 ECTS 标准学分上追加的。

4. 学分分配的监控

新的学习项目或元件的学分分配必须根据国家的和/或机构的规定。在学习项目实施过程中，学分分配必须定期监控以检测预期工作量是否切合实际，学分分配的生效和监控如同学分系统的其他方面一样必须成为教育机构内部质量保证程序的一部分。

监控可以以不同方式进行，无论用哪种方法，学生和教师的反馈都应该成为检验和修正学分分配的必要因素。成功次数的数据记载、学习项目或教育元件评价结果也都是学分分配监测的一部分。

让学生和教师了解监控的目标以及如何执行监控是非常重要的，这可以确保精确的回答及较高的回应率。

如果评价显示在预期工作量和大多数学生实际完成预期学习成果的时间有差异，那么，修改工作量、学习成果或教与学的方法就很有必要了，这种修改不能在正在进行的学年中进行而应该在下一学年进行。

(二) ECTS 学分的授予

学习者只有在相应的评价表明他们已经完成某一学习项目或资格所要求的学习成果之后才能获得 ECTS 学分。学分由权威的授予机构授予。如果必要的学习成果是在非正式环境下获得，在通过适当的评价之后，即可获得和正规学习项目相同的学分。为了使非正式学习得到认可，高等教育机构可以适时地改变评价方式，可以不采用正规学习项目那种对学习者的评价方式（见四（五））。无论怎样，评价方法必须透明，为公众所知。

学分的授予证明学习者符合学习元件的要求，授予学习者的学分与分配到元件上的学分一致。如果学生获得及格分那他就会得到完整的学分。但学分从不根据学习者的表现水平来调整。ECTS 学分并不能表明学习者在完成获得学分的要求下表现程度如何。学习者的表现水平要通过教育机构或国家的等级系统来体现。

某些国家或机构的规章预设了免修/补修学分程序。在这一情况下，该过程的细节必须是透明的。

如果单个学习者成功完成了比学习项目安排的内容更多或稍少的话，那么他们每学年将获得的学分也是 60 个学分上下。

(三) ECTS 学分累积和晋级

在欧洲层面，欧洲高等教育资格框架限定了学习者为获得相应的第一、二级（见三（三））的资格所必须积累的学分范围。但国家资格框架下的资格的学分范围必须与博洛尼亚资格框架学分范围相一致，即使前者可能更规范具体。

在国家或教育机构层面，晋级规则或学习项目要求使得学习者在既定的学习阶段朝着获得具体的资格方向前进。这些规定了所获学分必须达到的学习成果及是在哪一种水平获得学分和是怎样达到的。晋级规则要表明学分或学习项目内不同阶段所要求的学分范围（例如从一个学年/一个学期过渡到另一学年/学期所需的最低学分），也可以制定关于不同阶段不同水平必须和/或可能承担的教育元件的详细规定（例如必修课、选修课和先决条件），这些规则也可以结合以上两种方法而制定。

晋级规定也与在国家资格框架内不同层级能获得的学分有关。某些资格框架也就是学分框架，也就是说它们为每一类资格（如硕士）限定一个学分数。这种学分框架设定的学分是授予那些已经达到所要求的学习成果的。晋级规则限定了学习者在取得学分数的学习路径上怎样以逐步前进的方式前进。

累积的学分会在正式的机构成绩单上记载下来，以便使学习者有一个在他们教育路径每个阶段所获成绩的记录/证明或确认。

（四）　ECTS 中的学分转换

成功的学分转换要求学术上的学分认证。学分认证是一个过程，通过这一等级认证过程，一所机构可以证明学生在另一所机构取得并通过评估的学习成果，也满足他们提供的某一学习项目的一定要求。考虑到高等教育机构和学习项目的多样性，不同学习项目中的单个教育元件的学分和学习成果几乎不可能一模一样。因此，需要推荐一种灵活方法以便认可在另一环境下获得的学分。应该寻求的是"公正的认可"而不是一种完全的对等。这种"公正认可"应该建立在学习成果的基础上——亦即一个人知道什么，可以做什么，而不是建立在完成资格或它的教育元件所需的正规程序上。这种认可过程必须透明。

在里斯本认可会议委员会采纳的《关于外国资格评估标准及程序的建议》中有这样的陈述：

外国资格认可必须得到正式承认，除非要求认可的资格和资格认可所在的国家的相关资格存在很大差别。在应用这一原则时，资格评估工作必须确认以下问题：

外国资格与国家相关资格在学习成果方面的差异是否大到使申请的

外国资格认可成为不可能。

认可意味着在另一环境背景相应水平下完成的学习成果所获得的学分可替代授予机构分配给这些学习成果的学分数。例如，如果学习成果相同，那么在这一机构可获 4 个 ECTS 学分的教育元件可以替换另一机构可获 5 个 ECTS 学分的教育元件，学生最终将获得 5 个 ECTS 学分。

关于学分认可与转移的决定会在了解了有关所完成的学习成果，评估方法和生效手段的可靠信息的基础上由资格授予机构做出。这些机构应使它们的认可方针清楚易懂，为公众所知。

在 ECTS 系统下，ECTS 的重要文献如课程目录、学习协议和成绩单等为以积累与转换为目的的学分认可提供了很大帮助（见第六部分）。

1. ECTS 与国外学习

在已同意学生流动的情况下，本部机构、东道主机构和学生三方应签订一个针对流动性的协议（见六（三）1），并且是在流动期之前签订，在这种情况下，如果学习协议中规定的条件都已达到，那么本部机构的学分认可自动完成。

所有要在国外完成的学习内容必须在学习协议中列出。如果一个学生的学分是通过完成学习协议里没有详细说明的学习内容获得，那么是否承认这些学分由本部机构决定。在另一情况下，如果学习者同意学习项目的改变，那么学习协议也可能要修改，但修改后的版本必须在同意的时间范围内由三方共同再次签署。

在合作项目框架下的学分认可会在项目规则内规定，如果合作项目的规定得到遵守，并满足条件，那么在合作方机构获得的学分便自动得到认可，基于此，合作项目就没有必要有流动学习协议了。

关于在双边协议框架下如何组织国外学习的进一步指导可参见该指南的附录 2。

2. ECTS 和终身学习

ECTS 在终身学习方面的应用增强了学习项目和成绩的透明度，这不仅对于主要的高等教育学位（学士、硕士、博士），而且对于高等教育机构提供的各种学习活动或认可的学习成果。所有学习成就都会被记录下来并授予相应的 ECTS 学分数的事实，使学习者在学习成果满足资格要求的情况下，能以获得资格的方式来认可其学习。

3. ECTS 和继续教育

并不是所有的学习者都是常规学习项目招收的全日制学生，越来越多的成年学习者接受"独立"训练，而不一定非要获得具体的资格。高等教育机构面临满足成年学习者和/或用人单位不断增长的需求及提供独立学习途径的压力。

如果 ECTS 用于继续教育，学分分配、授予、转换和积累原则也同样适用，例如对分配到属于学习项目的一部分的元件的学分来说，继续教育的学分也同样基于通常达到预期学习成果所需的工作量。

授予继续教育的学分可以为取得某一资格而被认可和积累，当然也可以不这样，这取决于学习者的愿望和/或取得资格的必要条件。因为有些学习者可能只是对某一特定的教育内容感兴趣而并不希望获得资格。

4. ECTS 与非正规、非正式学习

人们常常在高等教育机构以外，通过其他的类型学习活动、工作或生活经历获得宝贵的能力。非传统意义上的学习者没有理由不从机构采用 ECTS 系统而提供的透明性与认证中受益。

对非正规和非正式的学习的认可，给那些以传统方式上不能或不打算获取高等教育资格的学习者提供了可能机会。

高等教育机构必须有为在非正式教育环境下，通过工作经验、兴趣或自主学习获得的学习成果授予学分的权限，但前提是这些学习成果满足它们的资格或教育内容的必要条件。对非正规和非正式学习的认可应该在与正规学习项目对应部分相联系的学分被授予后随之自动进行，授予的学分应该与授予有可比性学习成果的正式教育内容的学分一样。

至于正规教育，学分在授予之前会有核实学习成效的评估。为了衡量在一定水平所要求的学习成果之成效，又不涉及具体的学习活动就必须建立评估的标准和相关的方法。例如，针对课题的课堂讨论将不再列入评估考虑范围，而与小组互动时树立论点作为相应的学习成果将与评估有关。

鼓励机构能在网站突出位置公布它们关于非正规或非正式学习的认可政策和惯例。这些政策应包括诸如学习者就评估结果的反馈意见或学习者提出上诉的可能性之类的要素。机构设立一个"评估机构"为非正规和非正式学习提供建议、咨询和认可的做法也受到鼓励。这要根据国家和机构的惯例采取不同方式（例如在单独的高等教育机构或几个机构的合作中心内建立这样的评估机构）。

通过执行非正规和非正式学习的认可程序，高等教育机构改善了它们的社会维度，机构完成它们为来自职业和非传统学习环境的学习者提供入学的任务，从而帮助终身学习成为现实。

图 3　终身学习学分应用案例——苏格兰资格与学分框架（SCQF）

SCQF 指南鼓励认可非正规或非正式学习的有效有以下原因：

个人发展和事业发展（形成性认可）；

学分授予（总结性认可）。

后者涉及评估，然后就是将学习者在着手正规学习项目或资格之前，由经验获得的学分分出等级。确定学分等级是建立学习分值的过程，一般说来这意味着由接收机构决定学习者在那些非正规或非正式的机构或组织内特定学习项目可以获得的学分数。

为非正规或非正式学习授予学分的过程有四个阶段：

1. 最初的建议和指导（对学习者来说这一过程涉及哪些内容，非正规或非正式的学分限制有哪些，费用多少，学习者和导师/顾问的角色和责任是什么，获得资格的不同学习途径）；

2. 支持（反应过程，了解学习成果，明确自己的学习成果，证据选择和收集）；

3. 认可/评估（学习成果成效证明的评估及评估标准）；

4. 学分授予（通过这一过程获得的学分值与正规学习获得的学分值相同）。

五　质量保证和 ECTS

质量保证的主要责任在于各个机构，内部质量保证涉及高等教育机构为确保它们的学习项目和资格的质量满足它们自己的和合法授权的机构团体的明细规则所进行的所有程序，由质量保证处执行的外部质量审查将为教育机构提供反馈意见，为利益相关者提供信息，内部质量保证和外部质量审查一起致力于在欧洲高等教育内执行《质量保证标准和指南》。

ECTS 的使用与欧洲高等教育区《质量保证标准和指南》相一致，尤其是标准 1.2 和 1.7，其中有这样的陈述：

教育机构应该有正规的运行机制来进行学习项目和授予学分的批准、定期审查和监控，学习项目和授予学分的质量保证应包括：

制定和出版清楚的预期学习成果。

仔细关注学习项目和课程设计和内容。

教育机构应定期发布关于它们所提供的学习项目和学分授予的数量和质量的最新的、公正的、客观的信息。

高等教育机构对 ECTS 的执行与使用应通过适当的过程来保证质量（如内外部质量审查和学生反馈）。

图 4　ECTS 和质量保证的好范例

至于 ECTS 的质量保证和相关步骤，高等教育机构为其所有高等教育项目的保证质量的过程是一个很好的范例。

教育元件通过合适的学习成果来表现，关于它们的层次、学分、传输和评估的明确信息是可获得的。

学习可以在分配时间内完成（亦即与一学期，三分之一或一个学年相联系的工作量是切合实际的）。

年度监控将审查任何所获成绩、成果模式的变化。

学生将获得具体的信息和建议以便他们有进行任何学习的先决条件和共有条件，学生不允许选择不适合层次的教育元件，也不可以选择同一层次曾学过的教育元件。

对于流动学生和认可意味着：

学分转换程序包括正常的监控、审查和证实程序。

任命合适的员工负责学分转换和认可事宜。

在任一情况下学习协议都要签署，它们的发展和任何随后的变化都应服从于高度精密而健全的批准程序。

流动学生从现存的课程目录中选择正常教育元件，他们必须服从所有合法的评估制度，并和本地学生一起晋级。

提供记录学分和等级的具体成绩单。

认可所有与成功完成的教育元件（作为批准的学习协议的一部分）相关的学分，结果将及时公布并迅速发送。

制定公正程序解释所获等级，以便等级，而不仅仅是学分在任何最后所获的资格中得到反映。

六　ECTS 的重要文献

本节描述的 ECTS 重要文献建立了一种被广泛使用和接受的交流对所有学习者（包括流动性和非流动性学生）、学术人员和管理人员、用人单位和其他利益相关者有用信息的方式。正确使用 ECTS 重要文献可确保高等教育的透明度并提高其质量。

越来越多的教育机构在计算机控制的学生成绩系统帮助下有计划地跟踪学习者的成绩。而这一计算机控制的学生成绩系统整合了包含在 ECTS 重要文献的资料和其他如文凭补充之类的文件中的数据资料。

(一) 课程目录

最早的重要文献是课程目录，这是对就读于机构的所有学生的常规指导。

目录的具体格式由教育机构决定，但把为学生提供的普通信息和学术信息分开被认为是比较恰当的做法。在任何一种情况下，所有信息都应具体、可懂并保持更新。目录应在教育机构的网站上公布，使所有有兴趣的人都可以看到，且应提前足量发布以使学生可以做出选择。

下面给出了课程目录推荐内容的清单（见六（一）1），这一清单提供了所有应予提供的信息。关于资格提供、教学和评估的程序、学习项目层次、教育元件和学生可获得的学习资源的信息被精确记录和易于理解是十分必要的。

所有学习者都应该认识一个能在机构或系/学习层面给予他们建议的人。所以目录内包含联系人的姓名、联系方式以及何时何地联系的信息就变得十分重要。

透明性和可接近性同等也适用于语言上，网站公布不仅要用本地语言，更应用另一种广泛使用的语言来增加在国际水平上的透明度，课程目录的范例可在以下网页中找到。

课程目录清单

第 1 部分　机构信息

姓名和地址

学术日历

学术权威机构

机构简介（包括类型和社会地位）

提供的学习项目名单

通常入学要求

对以前的学习（正式、非正式和非正规）认可的总体安排

常规的注册程序

基于完成预期学习成果所需的学生工作量的 ECTS 学分分配

学术指导安排

第 2 部分　学习项目信息

概述：

- 所获资格
- 资格的等级
- 具体的入学要求
- 认可先前学习（正式、非正式和非正规）的具体安排
- 资格要求和规定
- 学习项目概况
- 重要学习成果
- 举例说明毕业生职业概况
- 进一步学习机会
- 带有学分的课程结构图（一学年 60 个学分）
- 考试规则、评价和定级
- 毕业要求
- 学习模式（全日制、非全日制、网络学习）
- 项目导师或相应指导者

单门课程描述：

- 课程名称
- 课程编号
- 课程类型（必修，选修）
- 课程水平层级（如第一级、第二级、第三级，可用的子级）
- 学年（如果适用）
- 课程实施所在学期/三分之一学年
- 分配的 ECTS 学分
- 讲师的姓名
- 课程的学习成果
- 授课模式（面对面或远程教育）

- 前提条件和伴随条件
- 推荐的项目选修内容
- 课程内容
- 推荐阅读或要求阅读
- 计划的学习活动和教学方法
- 评价方法和标准
- 教学语言
- 实习

第3部分　学生普通信息

- 生活费用
- 住宿
- 饮食
- 医疗设备
- 为有特殊需要的学生准备的设施
- 保险
- 对学生的经济援助
- 学生事务办公室
- 学习设施
- 国际项目
- 为流动学生提供的实用信息
- 语言课程
- 实习
- 体育运动和休闲设备
- 学生社团

（二）学生申请表

　　为将在另一机构度过一段有限时间的流动学生设立的 ECTS 学生申请表已经制定，有意在另一机构完成学业的学生需根据有关机构的常规手续注册并填写其他类型的申请表。

　　学生申请表包括未来的东道主机构所需的流动学生所有必要信息。如果一家机构要有新进学生的进一步信息（如住所、特殊的健康要求），它将另外提出。

该指南提供带有实例的标准学生申请表，可以在以下网页 http：//ec. europa. eu/education/lifelong - learning - policy/doc48＿ en. htm 找到。教育机构可能选择修改标准格式（加入它们的标志和具体信息），但会确保包含所有要素并尽可能地保持原来的顺序。

（三）学习协议

在高等教育机构，学生常在一学年或一学期的基础上注册学习项目和许多具体课程/模式。实际上，这为本地学生呈现了一份学习协议，通过注册，学生、高等教育机构就课程传授和为预期学习成果的取得授予学分达成协议。

1. 流动学生学习协议

ECTS 学习协议最初是为了给流动学生在流动经历前提供一份具有约束力的合同而制定的。当用于为流动学生服务时，学习协议包含了在另一机构学生打算学习的课程或模块或其他的教育元件清单，并且标明了编码和 ECTS 学分。

ECTS 协议是为一个学期或一个学年起草的，由本部机构、流入机构和学生三方签署。代表双方机构的签署必须在权威机构见证的正式场合进行，接收机构的责任在于为新进学生在计划的课程/模块注册并提供必需的学习活动。本部机构的责任在于为其他机构获得的学分进行认证。学生不应被要求和学术人员个人就学术认可进行谈判，学术协议和成绩单一起用来确保接收机构执行的学习项目得到全面认证。

学习项目可以在流动学生到来后进行修改。在这种情况下，学习协议必须尽快修改完并由本部机构、流入机构和学生三方签署，只有以这种方式才能继续保证学习期的改正。

该指南提供的标准学习协议也可在以下网页 http：//ec. europa. eu/education/lifelong-learning-policy/doc48＿ en. htm 找到。

机构可以选择对标准形式进行修改（增加它们的标志和其他具体信息），但它们应确保其包含所有要素并尽可能遵循顺序。

2. 实习协议和培训协议

顶岗实习学习协议或培训协议对于属于学习项目的必要部分的顶岗

实习来说是十分必要的，它们应该包含与标准学习协议一样的基本要素，尽管明显地存在着一些差异。

培训协议应明确指明实习的地点、实习时间、要做的工作（工作描述）、学习者的权利和义务以及预期的学习成果。同样，需要在协议中注明预期学习成果评价及评价标准和谁是责任人，也就是说要注明实习提供方的角色，可能的话，还要注明主持机构。

学习协议须经本部机构、学习者、顶岗实习提供者（用人单位）三方签署，当涉及接收机构时，接收机构也应签署。资格授予机构负主要责任。协议应表明完成预期学习成果所获得的 ECTS 学分数。

该指南提供的带有实例的标准培训协议也可在以下网页 http：//ec. europa. eu/education/lifelong-learning-policy/doc48_ en. htm 找到。教育机构可以选择修改标准格式（增加它们的标志和其他具体信息），但必须确保其包含所有要素并尽可能遵循次序。

（四）成绩单

许多机构会在学期末或学年末为每一位学生制作一份成绩单，这份文件对学生和教育机构来说都很重要，它可以确保学生的晋升、修习课程、所获的 ECTS 学分和等级都能得到最新的精确记录，它是为升学和认可提供证据的重要文件。

针对流动学生，本部机构首先公布成绩单并在流出学生离开前传达给接收机构以提供有关修习课程、课程等级和成绩的信息，随后，接收机构为每一个进来的流动学生签发另一份成绩单确认新进学生在流动期所完成的工作，所获学分和当地等级，而在流动学习阶段结束时将成绩单发送给本部机构。

既然成绩单是记录学生进步和认可学习成绩的关键文件，那么谁来负责制作，怎样公布以及如何传送就至关重要了。

该指南提供的带有实例的标准成绩单可在以下网站 http：//ec. europa. eu/education/lifelong-learning-policy/doc48_ en. htm 找到。教育机构可以选择修改标准格式（增加它们的标志和其他具体信息），但它们必须确保其包含所有要素并尽可能遵循次序。

附录 12　术语汇编[*]

积累 (Accumulation) 指通过完成教育内容或其他学习活动的学习成果需获得学分的过程。

学分分配 (Allocation of Credit) 指把学分数分配到资格/学习项目或其他教育元件的过程。

评价 (Assessment) 指检测学习者预期学习成果的所有方法 (笔试、口试、实践测验、项目、作品集)。

评价指标 (Assessment criteria) 指对预期学习者能做什么的描述,证明一项学习成果已经达到。

学分授予 (Award of Credit) 指给予学习者完成教育元件或资格学分。学分授予表明学习者的学习成果已通过评估,学习者满足教育元件和资格的要求。

能力 (Competences) 是认知和认知范围外的技能、知识和理解、人际关系技能、智力技能和实践技能、道德价值和态度的动态综合。培养能力是所有教育项目的目标。能力在课程中得到培养,在项目的不同阶段进行评估。有些能力与相关的学科领域有关 (具体到一块研究领域),而另一些能力则是一般的、普通的 (所有学位课程所共有)。正常情况是能力培养以整合的周期的方式贯穿于学习项目。

抵消 (Condoning) 指考试委员会同意当学生以足够高的学分通过其他相关内容学习,可以使未通过 (或差一点未通过) 的功课免于再次评估。

---

* ECTS Users' Guide, Brussels: Directorate-General for Education and Culture, 2005 (http://ec. europa. eu/education/programmes/socrates/ ects/doc/guide_ en. pdf),本书作者自译。

接触时间（Contact Hour）指学生在教职人员指导下进行学习活动的时间（一般是 45 到 60 分钟为一个时间段）。

学分（ECTS）表明基于学生在具体水平下达到预期成果的学习过程所需学习工作量。

周期（Cycle）：欧洲高等教育区的所有资格都在三个周期内，1999 年的博洛尼亚宣言中的目标之一是"采用以两个主要周期——本科生和研究生为基础的系统"。2003 年，博士学位的学习也被纳入博洛尼亚结构内并被看成是第三周期。

周期（水平）描述符（Cycle（Level）Descriptors）：对三个周期的每一周期的大概预期成果的一般性陈述。普通的周期（水平）描述符的范例就是所谓的都柏林描述符，它是欧洲高等教育区资格框架的基础之一（还有 ECTS）。

文凭补充（Diploma Supplement）是对官方资格证书的补充，按照国际认可的规定格式为完成的学业提供更详细的信息。

都柏林描述符（Dublin Descriptor）由一个以联合质量行动（Joint Quality Intiative）命名的国际专家组制定，对每一博洛尼亚进程学位层级所应获得成就与能力做最一般的典型陈述。

学位概貌（Degree Profile）是对学习项目或资格特征的描述。描绘了项目的主要特征，包括项目的目标、其在学科分支中的位置、学习主题和职业的联系。制定学位概貌，须综合分析社会需要和特定的专门学科领域，同时也要考虑设立学习项目所能获得的经济和人力支持。

欧洲资格框架（European Qualification Framework）是连接国家资格框架的总体框架，能让欧洲国家（或国家某部分）的教育资格框架及所包含的资格之间的关系更加透明。目前存在两个欧洲资格框架，一个集中在高等教育领域，由博洛尼亚进程开创；另一个面向整个教育领域，由欧盟委员会创立。前者为欧洲高等教育区资格框架（QF-EHEA），后者延伸到教育所有领域，因而被称为欧洲终身教育资格框架（EQF-LLL）。

学分转换与积累系统（European Credit Transfer and Accumulation）是根据获得某种学习成果的学习负担计算学分的学分系统。最初建立于 1989 年，为促进对于国外学习的认可，现已发展为积累系统，应用于高等教育机构、区域、国家、欧洲层面。

教育元件（Education Component）是自成体系的、正规组织的学习经历（例如，课程单元、模块、研讨会、顶岗实习）。

正规学习（Formal Learning）是由教育或培训机构提供的、有组织的，能得到认可的学习（有组织是从学习目标、学习时间或学习支持的角度来说的）。从学习者的角度来说正规学习是有意图的学习。

非正式学习（informal Learning）指在与工作、家庭或休闲娱乐相关的日常生活中的学习，它没有系统组织（从学习目标、学习时间或学习援助的角度来说），一般也不能获得资格。非正式学习可能是有意的，但大多情况下它是无意的（或"偶然的"/随意的）。

学习者（Learner）指参与某一学习过程（正规、非正式或非正规学习）的个人。

以学习者为中心的（方法或系统）（Learner-centreed Approach or System）：一类支持注重学习成就的学习项目设计，迎合不同学习者的优先权并和合理的学生工作量（即在学习项目持续时间内可行的工作量）一致的方法或系统。满足学习者对选择学习内容、学习模式、学习步骤和学习地点的更大需求。

学习成果（Learning Outcome）指对学习者在成功完成一系列学习之后所应知道、理解并能处理的事情的陈述。

层级描述符（Level Descriptor）是对在资格框架某一层级获得资格的学习者的一般成就的概述。

《里斯本认可协议》（Lisbon Recognition Convention）即《欧洲高等教育资格的认可协议》，于 1997 年 4 月 11 日由欧洲理事会与联合国教科文组织共同制定的，自此已被大部分欧洲国家认可。该协议的产生取代了欧洲理事会的《欧洲高等教育协议》与联合国教科文组织的"关于高等教育的学习、文凭与学位协议"（1979 年生效）。由欧洲理事会与联合国教科文组织共同制定协议可以避免分设的两个协议所带来的工作重复。

模块（Module）指包括的每一门课程有相同或成倍的学分课程系统。

国家资格框架（National Framework of Qualification）是对国家层次

或教育系统层次资格的独立描述。描述系统内授予的所有资格，使它们彼此衔接或相关。

非正规学习（Non-formal Learning）指不由教育或培训机构提供，一般也没有资格证明的学习，但却是有组织的学习（从学习目标、学习时间或学习支持的角度来说），从学习者的角度看是有意图的学习。

升级（Progression）指使学习者从资格的一个阶段到达另一阶段和使其有权接受比他/她已获得资格更高水平的教育项目的过程。

晋级规则（Progression Rules）指在资格和其他资格限定学习者晋级条件的系列规则。

资格（Qualification）指由权威机构签发，证明成功完成经认证的学习项目的学位、文凭或其他证书。

资格描述符（Qualification Descriptor）是对资格的学习成果的一般描述。为资格的主要学习成果提供清晰的参考点，国家资格框架已对参考点进行限定，并且也明确了层级之间的改变。

质量保证（Qualification Assurance）指国家或教育机构内采纳的确保学习项目和所获资格质量的程序或一套方法。

学分认可（Recognition of Credit）指一所机构认证在另一机构取得并通过评估，满足其特定学习项目及其教育元件或资格要求的学习成果（部分或全部）过程。

非正规和非正式学习的认可（Recognition of Non-formal Learning and Informal Learning）指一所机构认证在另一环境（非正规或非正式学习）取得并通过评估的（部分或全部）满足特定学习项目及其教育元件或资格要求的学习成果过程。

参考点（Reference Points）指非规定的指标，允许在具体的学科领域层面的学习项目的比较。

学生（Student）指在正式教育项目内注册学习的学习者。

学习项目（Study Programme）指由系列经允许或认可的课程模块或单元组成，完成后可授予某种资格。

转换（Transfer）指为获得某一资格而使在某一环境下所获学分在另一环境得到认可的过程。

调整欧洲教育结构计划（Tuning Education Structure in Europe）是由

大学发起的，旨在开创一种通用的方法在高等教育机构和学科领域层面执行博洛尼亚进程政策和行动路线。Tuning 计划包括了（重新）设计、开发、实施和评估每一博洛尼亚周期内的学习项目的方法。而且，Tuning 计划也作为了基于用能力表达的学习成果开发参考点的平台。Tuning 计划区分了一般能力和学科特定能力，并为越来越多的学科领域开发层级描述符。该计划于 2000 年启动，并得到欧盟委员会的经济和精神上的支持。Tuning 计划覆盖了大多数博洛尼亚进程签约国、乌克兰和俄罗斯联邦。2003 年启动了一个类似的项目，目前有 19 个中美和南美的国家参与的 "Tuning America Latina"，项目也受到欧盟委员会财政支持。

工作量（Workload）表明学生一般情况下为达到预期学习成果完成所有学习活动（如演讲、研讨会、项目、实习、自学和考试）所需的时间。

参考文献

中文文献

1. ［美］伯顿·克拉克等:《高等教育新论——多学科的研究》,王承绪等编译,浙江教育出版社1988年版。

2. ［美］约翰·布鲁贝克:《高等教育哲学》,王承绪等译,浙江教育出版社1987年版。

3. ［美］伯顿·克拉克:《高等教育系统》,王承绪等译,浙江大学出版社1994年版。

4. ［荷兰］弗兰斯·范富格特主编:《国际高等教育政策比较研究》,王承绪等译,浙江教育出版社2001年版。

5. ［美］克拉克·克尔:《高等教育不能回避历史》,王承绪译,浙江教育出版社2001年版。

6. ［美］德里克·博克:《走出象牙塔——现代大学的责任》,徐小洲等译,浙江教育出版社2001年版。

7. ［美］保罗·A.萨巴蒂尔:《政策过程理论》,彭宗超等译,生活·读书·新知三联书店2004年版。

8. ［美］托马斯·R.戴伊:《自上而下的政策制定》,鞠方安、吴忧译,中国人民大学出版社2002年版。

9. 李允杰、丘昌泰:《政策执行与评估》,北京大学出版社2008年版。

10. ［美］古德诺:《教育与行政》,杨百朋译,华夏出版社1987年版。

11. 贺国庆、王保星、朱文富等:《外国高等教育史》,人民教育出版社2006年版。

12. ［英］贝磊、［英］鲍勃、［南非］梅森主编:《比较教育研究路径与方法》,李梅主译,北京大学出版社2010年版。

13. ［俄罗斯］鲍·里·伍尔夫松：《比较教育学——历史与现代问题》，肖甦、姜晓燕译，教育科学出版社2007年版。

14. ［美］托马斯·库恩：《科学革命的结构》，金吾伦、胡新和译，北京大学出版社2003年版。

15. 王英杰：《美国高等教育的发展与改革》，人民教育出版社2002年版。

16. 刘献君主编：《教育研究方法高级讲座》，华中科技大学出版社2010年版。

17. 邓旭：《教育政策执行研究：一种制度分析的范式》，教育科学出版社2010年版。

18. 陈乐民：《20世纪的欧洲》，生活·读书·新知三联书店2007年版。

19. ［美］拉尔夫·泰勒：《课程与教学的基本原理》，施良方译，人民教育出版社1994年版。

20. 陈玉琨：《课程改革与课程评价》，教育科学出版社2001年版。

21. 施良方：《课程理论》，教育科学出版社1996年版。

22. 钟启泉编著：《现代课程论》，上海教育出版社2003年版。

23. 郝克明主编：《当代中国教育结构体系研究》，广东教育出版社2001年版。

24. 王小蔓：《教育的问题与挑战——思想的回应》，南京师范大学出版社2004年版。

25. ［美］罗伯特·M.戴尔蒙德：《课程与课程体系的设计和评价实用指南》，王小苹译，浙江大学出版社2006年版。

26. ［美］L.迪·芬克：《创造有意义的学习经历——综合性大学课程设计原则》，胡美馨、刘颖译，浙江大学出版社2006年版。

27. ［西班牙］圣地亚哥·加奥纳·弗拉加：《欧洲一体化进程——过去与现在》，朱伦、邓颖洁等译，社会科学文献出版社2009年版。

28. ［英］安特耶·维纳、［德］托马斯·迪兹主编：《欧洲一体化理论》，朱立群等译，世界知识出版社2009年版。

29. 曹德明主编：《文化视角下的欧盟研究》，上海外语教育出版社2009年版。

30. ［英］皮特·斯科特主编：《高等教育全球化理论与政策》，周倩、高耀丽译，北京大学出版社 2009 年版。

31. 伍贻康等：《多元一体——欧洲区域共治模式探析》，上海社会科学院出版社 2009 年版。

32. 王晓辉主编：《全球教育治理——国际教育改革文献汇编》，教育科学出版社 2008 年版 。

33. ［美］约翰·奈斯比特：《世界大趋势——正确观察世界的 11 个思维模式》，魏平译，中信出版社 2010 年版。

34. 国家教育发展研究中心组译：《发达国家教育改革的动向和趋势》，人民教育出版社 2004 年版。

35. 于文杰、成伯清主编：《欧洲社会的整合与欧洲认同》，中国大百科全书出版社 2010 年版。

36. 汪霞：《课程改革与发展的比较研究》，江苏教育出版社 2000 年版。

37. ［美］霍华德·威亚尔达主编：《全球化时代的欧洲政治》，北京大学出版社 2010 年版。

38. 陈学飞主编：《中国高等教育研究 50 年》，教育科学出版社 1999 年版。

39. 谢安邦主编：《比较高等教育》，广西师范大学出版社 2001 年版。

40. 闵维方主编：《高等教育运行机制研究》，人民教育出版社 2002 年版。

41. 沈红：《美国研究型大学形成与发展》，华中理工大学出版社 1999 年版。

42. 冯国平：《跨国教育的国际比较研究》，上海人民出版社 2010 年版 。

43. 陆有铨：《躁动的百年：20 世纪的教育历程》，北京大学出版社 2012 年版。

44. 张应强：《高等教育现代化的反思与建构》，黑龙江教育出版社 2000 年版。

45. 贾永堂：《大学素质教育：理论建构与实践审视》，华中科技大学出版社 2006 年版。

46. 廖哲勋：《课程新论》，教育科学出版社 2003 年版。

47. 张楚廷：《大学教学学》，湖南师范大学出版社 2002 年版。

48. 别敦荣、杨德广主编：《中国高等教育改革与发展 30 年》，上海教育出版社 2009 年版。

49. 周光礼：《公共政策与高等教育——高等教育政治学引论》，华中科技大学出版社 2010 年版。

50. ［法］弗朗索瓦·多斯：《从结构到解构——法国 20 世纪思想主潮》下卷，季广茂译，中央编译出版社 2004 年版。

51. ［英］吉布森：《结构主义与教育》，石伟平等译，五南图书出版公司 1995 年版。

52. 李克建：《结构主义、后结构主义与教育研究：方法论视角》，博士学位论文，华东师范大学，2007 年。

53. ［瑞士］皮亚杰：《结构主义》，倪连生、王琳译，商务印书馆 1984 年版。

54. ［德］于尔根·施瑞尔：《"博洛尼亚进程"：新欧洲的"神话"?》，《北京大学教育评论》2007 年第 4 期。

55. 徐辉：《欧洲"博洛尼亚进程"的目标、内容及其影响》，《教育研究》2010 年第 4 期。

56. 徐辉：《"博洛尼亚进程"的背景、历程及发展趋势》，《高等教育研究》2009 年第 7 期。

57. 周满生、褚艾晶：《成就、挑战与展望——欧洲高等教育区质量保证十年发展回顾》，《北京大学教育评论》2011 年第 4 期。

58. 刘宝存：《博洛尼亚进程的最新进展与未来走向》，《比较教育研究》2009 年第 10 期。

59. 周满生：《博洛尼亚进程：中国视角》，《当代教育论坛》2006 年第 8 期。

60. 曹德明：《博洛尼亚进程：欧洲国家重大的高等教育改革框架》，《德国研究》2008 年第 3 期。

61. 赵叶珠：《社会维度：欧洲高等教育区建设的行动路线》，《江苏高教》2008 年第 1 期。

62. 赵叶珠：《试论博洛尼亚进程的政策目标及基本特征》，《现代大学教育》2008 年第 5 期。

63. 胡世君、赵叶珠：《博洛尼亚进程：性质及运作机制》，《现代大学教育》2009 年第 12 期。

64. 李长华：《推进欧洲高等教育一体化的博洛尼亚进程》，《外国教育研究》2005 年第 4 期。

65. 杨天平、金如意：《博洛尼亚进程述论》，《华东师范大学学报》（教育科学版）2009 年第 1 期。

66. 袁东：《博洛尼亚进程：建立共同的欧洲高等教育空间——当代欧洲高等教育的重要改革与发展》，《中国高等教育》2005 年第 17 期。

67. 郭强：《博洛尼亚进程中的欧洲高等教育发展脉络》，《理工高教研究》2009 年第 3 期。

68. 尹毓婷：《欧洲高等教育的博洛尼亚进程浅析》，《学位与研究生教育》2010 年第 1 期。

69. 李婧、罗玮：《鲁汶公报——2020 年前的博洛尼亚进程》，《大学·研究与评价》2009 年第 7 期。

70. 尹毓婷：《欧洲高等教育改革的博洛尼亚进程浅析》，《东岳论坛》2009 年第 8 期。

71. 覃玉荣：《博洛尼亚进程中欧洲高等教育质量保障框架》，《黑龙江高教研究》2009 年第 2 期。

72. 王超：《博洛尼亚进程中高等教育一体化与多样化的协调》，《教育学术月刊》2008 年第 1 期。

73. 苑大勇：《"里斯本战略"与"博洛尼亚进程"对欧洲高等教育的影响》，《江苏高教》2007 年第 4 期。

74. 王新凤：《2010 年：博洛尼亚进程的终结还是开始？——对欧洲高等教育区域整合的反思》，《高教探索》2010 年第 3 期。

75. 高静：《"博洛尼亚进程"新进展研究》，硕士学位论文，西南大学，2009 年。

76. 孙传春：《博洛尼亚进程中的欧洲高等教育政策调整——高等教育国际化与本土化问题研究》，硕士学位论文，上海交通大学，2008 年。

77. 尹毓婷：《欧洲高等教育改革研究》，博士学位论文，山东大学，2009 年。

78. 张爱玲、马开剑：《"博洛尼亚进程"中的欧洲学位改革政策》，《全球教育瞭望》2008 年第 11 期。

79. 宋健飞、孙瑜：《德国高校学制改革综述》，《高等教育研究》2007 年第 2 期。

80. 徐理勤：《博洛尼亚进程中的德国高等教育改革及其启示》，《德国研究》2008 年第 3 期。

81. ［德］约翰内斯·威尔特：《高等教育全球化的挑战——学术研究者视野中的德国博洛尼亚进程》，李子江、罗慧芳译，《高等教育研究》2007 年第 12 期。

82. 阚阅：《欧洲资格框架解析》，《教育发展研究》2009 年第 19 期。

83. 毕家驹：《欧洲高等教育区的学位标准和质量保证准则》，《高教发展与评估》2006 年第 9 期。

84. 毕家驹：《高校内部质量保证工作：专业培养计划的设计》，《高教发展与评估》2008 年第 7 期。

85. 代百生：《"博洛尼亚进程"下的德国音乐教师教育改革》，《星海音乐学院学报》2008 年第 1 期。

86. 佛朝晖：《当前意大利高等教育改革的动因与措施》，《江苏高教》2008 年第 2 期。

87. 佛朝晖：《博洛尼亚进程中意大利高等教育学位制度改革》，《比较教育研究》2009 年第 1 期。

88. 马里滋亚·朱利莫、卡洛·南尼、梅伟惠：《博洛尼亚进程中的意大利大学改革》，《浙江大学学报》（人文社会科学版）2010 年第 1 期。

89. 尹毓婷：《博洛尼亚进程中的法国高等教育改革研究》，《复旦教育论坛》2009 年第 3 期。

90. 中南大学高等教育研究所课题组：《建立中国应对博洛尼亚进程机制的设想》，《现代大学教育》2009 年第 6 期。

91. 刘平萍：《"博洛尼亚进程"为美国高等教育敲响警钟》，《比较教育研究》2008 年第 10 期。

92. 王晓琼：《美、澳、加三国应对"博洛尼亚进程"的启示》，《理工高教研究》2008 年第 6 期。

93. 陈璐：《"博洛尼亚进程"十年风雨不断》，《中国文化报》2010 年 3 月 16 日第 3 版。

94. 黎志华：《欧洲学分转换系统的发展及其启示》，《大学教育科学》

2007 年第 2 期。

95. 雷炜、方永平等：《欧洲博洛尼亚进程及其启示》，《中国高等教育》2007 年第 6 期。

96. 郑蔚：《从"欧洲维度"看伊拉斯谟计划的发展——以"Erasmus Mundus 项目"为例》，《今日南国》2010 年第 5 期。

97. 许德仰、许明：《欧洲关于大学生一般能力的界定》，《教育评论》2005 年第 2 期。

98. 吴雪萍、张科丽：《促进资格互认的欧洲资格框架探究》，《高等教育研究》2009 年第 12 期。

99. 程海霞：《博洛尼亚进程中学科能力构建及启示》，《大学》（学术版）2011 年第 4 期。

100.《国家中长期教育改革和发展规划纲要（2010—2020 年）》，《人民日报》2010 年 7 月 30 日第 13 版。

101. 薛成龙、邬大光：《论学分制的本质与功能——兼论学分制与教学资源配置的相关性》，《北京大学教育评论》2007 年第 7 期。

102. 韩磊磊、源国伟：《中国高校学分制 30 年——大学教学制度改革讨论述评》，《高教探索》2008 年第 4 期。

103. 谌晓芹：《欧洲高等教育一体化改革：博洛尼亚进程的结构与过程分析》，《高等教育研究》2012 年第 6 期。

104. 谌晓芹：《博洛尼亚进程之基本构件——学习成果及其意义》，《江苏高教》2012 年第 1 期。

105. 谌晓芹：《博洛尼亚进程行动路线与政策透视——基于区域高等教育开放与合作的视角》，《求索》2012 年第 2 期。

106. 谌晓芹：《欧洲高等教育资格认可：体系、工作机制、基本特征》，《大学教育科学》2013 年第 2 期。

107. 王祥：《博洛尼亚进程中的欧洲高等教育系统"双轨"发展之趋》，《黑龙江高教研究》2009 年第 8 期。

英文文献

1. "Joint Declaration on Harmonisation of the Architecture of the European Higher Education System", 1998（http：//www. ehea. info/）.

2. "Joint Declaration of the European Ministers of Education", The Bologna Declaration, 1999 (http://ec. europa. eu/education/policies/educ/bologna/bologna. pdf).

3. Communique of the Meeting of European Ministers in Charge of Higher Education in Prague, "Towards the European Higher Education Area", 2001 (http://www. ehea. info/).

4. Communique of the Conference of Ministers Responsible for Higher Education in Berlin, "Realising the European Higher Education Area", 2003 (http://www. ehea. info/).

5. Communique of the Conference of European Ministers Responsible for Higher Education in Bergen, "The European Higher Education Area - Achieving the Goals", 2005 (http://www. ehea. info/).

6. Communique of the Conference of European Ministers Responsible for Higher Education in London, "Towards the European Higher Education Area: Responding to Challenges in a Globalised World", 2007 (http://www. ehea. info/).

7. Communique of the Conference of European Ministers Responsible for Higher Education in Leuven and Louvain - la - Neuve, "The Bologna Process 2020-The European Higher Education Area in the New Decade", 2009 (http://www. ehea. info/).

8. "Budapest-vienna Declaration on the European Higher Education Area", 2010 (http://www. ehea. info/).

9. David Crosier, Lewis Purser, Hanne Smidt, "Trends V: Universities shaping the European Higher Education Area", European University Association, 2007 (http://www. eua. be/publications).

10. Sybille Reichert, Christian Tauch, "Trends IV: European Universities Implementing Bologna", European University Association, 2005 (http://www. eua. be/publications/).

11. Sybille Reichert and Christian Tauch, "Trends III: Progress towards the European Higher Education Area", European University Association, 2003 (http://www. eua. be/publications/).

12. Guy Haug, Christian Tauch, "Trends II: Towards the European Higher Education Area-survey of Main Reforms from Bologna to Prague", European University Association, 2001 (http://www. eua. be/publications/).

13. Guy Haug, Jette Kirstein, "Trends I: Trends in Learning Structures in Higher Education", European University Association, 1999 (http://www. eua. e/publications/).

14. Bologna Process Stocktaking, "Report from a Working Group Appointed by the Bologna Follow-up Group to the Conference of European Ministers Responsible for Higher Education in Bergen", 2005 (http://www. ehea. info/article-details. aspx? ArticleId = 73).

15. Bologna Process Stocktaking, "Report from a Working Group Appointed by the Bologna Follow-up Group to the Ministerial Conference in London", 2007 (http://www. ehea. info/article-details. aspx? ArticleId = 73).

16. Bologna Process Stocktaking, "Report from a Working Group Appointed by the Bologna Follow-up Group to the Ministerial Conference in Leuven/Louvain-la-Neuve", 2009 (http://www. ehea. info/article-details. aspx? ArticleId = 73).

17. Bologna Process Implementation Report, "The European Higher Education Area in 2012" (http://www. ehea. info/article-details. aspx? ArticleId = 73).

18. ESIB, Bologna Analysis "Bologna with Student Eyes", 2005 (http://www. ehea. info/article-details. aspx? ArticleId = 73).

19. ESIB, Bologna Analysis "Bologna with Student Eyes", 2007 (http://www. ehea. info/article-details. aspx? ArticleId = 73).

20. ESIB, Bologna Analysis "Bologna with Student Eyes", 2009 (http://www. ehea. info/article-details. aspx? ArticleId = 73).

21. ESIB, Bologna Analysis "Bologna at the Finish Line: An Account of Ten Years of European Higher Education Reform", 2012 (http://www. ehea. info/article-details. aspx? ArticleId = 73 Bologna withStudent Eyes 2012).

22. Don F. Westerheijden, "The Bologna Process Independent Assessment. The First Decade of Working on the European Higher Education Area" (http: //www. ond. vlaanderen. be/hogeronderwijs/bologna/ 2010 _ conference/documents/IndependentAssessment _ 1_ DetailedRept. Pdf).

23. Julia Gonzalez, Robert Wagenaar, Universities' Contribution to the Bologna Process (http: //www. tuning. unideusto. org/).

24. ECTS Users' Guide, Brussels: Directorate–General for Education and Culture, 2005 (http: //ec. europa. eu/education/programmes/socrates/ects/doc/guide_ en. pdf).

25. Eurydice, "Focus on Higher Education in Europe 2010: The Impact of the Bologna Process" (http: //www. eurydice. Org).

26. EUA, "Quality Culture in European Universities: A Bottom–Up Approach", Report on the Three Rounds of the Quality Culture Project 2002–2006, 2006 (http: //www. eua. be/publications/).

27. EUA, "Financially Sustainable Universities: Towards Full Costing in European Universities", 2008 (http: //www. eua. be/publications/).

28. EUA, "European Universities' Charter on Lifelong Learning", 2008 (http: //www. eua. be/publications/#c398).

29. EUA, "Survey of Master Degrees in Europe", 2009 (http: //www. eua. be/publications/).

30. EUA, "University Autonomy in Europe 1 – Exploratory Study", 2009 (http: //www. eua. be/publications/).

31. EUA, "Collaborative Doctoral Education: University – Industry Partnerships for Enhancing Knowledge Exchange", 2009 (http: //www. eua. be/publications/).

32. EUA, "Autumn Conference on Internationalisation beyond Europe's Frontiers: Enhancing Attractiveness Through Global Partnership and Cooperation", 2009 (http: //www. eua. be/publications/).

33. Eurostudent, "Social and Economic Conditions of Student Life in Europe", 2008 (http: //www. eurostudent. eu/download/ SummaryEng. Pdf).

34. Eurydice, "Key Data on Education in Europe 2009" (http: //eacea. ec.

europa. eu/education/eurydice/documents/key _ data _ series/105EN. Pdf）.

35. EU，"Communication from the Commission to the Council and European Parliament： Delivering on the Modernisation Agenda for Universities： Education，Research and Innovation"，2006（http：//eur-lex. europa. eu/ LexUriServ/LexUriServ. do? uri=COM：2006：0208：FIN：EN：PDF）.

36. EU，"Consultation on the Future 'EU 2020' Strategy"，2009（http：//ec. europa. eu/eu2020/pdf/eu2020_ en. Pdf）.

37. EU，"Progress towards the Lisbon Objectives in Education and Training，Indicators and Benchmarks"，2009（http：//ec. europa. eu/education/ lifelong-learning- policy/doc/report09/report_ en. Pdf）.

38. EU，"Preparing Europe for a new Renaissance： A Strategic View of European Research Area"，2009（http：//ec. europa. eu/research/erab/ pdf/erab-fi rst-annual-report-06102009_ en. Pdf）.

39. EU，"The Diploma Supplement"，2009（http：//ec. europa. eu/education/lifelong- learning-policy/doc1239_ en. Htm）.

40. ENQA，"European Standards and Guidelines for Quality Assurance in the European Higher Education Area"，2005（http：//www. eqar. eu/fi leadmin/documents/e4/ 050221_ ENQA_ report. Pdf）.

41. ENQA，"Quality Procedures in the European Higher Education Area and Beyond-Second ENQA Survey"，2008（http：//www. enqa. eu/pubs. Lasso）.

42. Joint Quality Initiative，"Shared 'Dublin' Descriptors for Short Cycle，First Cycle，Second Cycle and Third Cycle Awards"，2004（http：// www. jointquality. nl/）.

43. Adam，S.，"Using Learning Outcomes： A Consideration of the Nature，Role，Application and Implications for European Education of Employing Learning Outcomes at the Local，National and International Levels"，Report on United Kingdom Bologna Seminar，July 2004，Herriot-Watt University.

44. Johanna Katharina Witte，Change of Degrees and Degrees of Change

Comparing Adaptations of European Higher Education Systems in the Context of the Bologna Process, CHEPS/UT, 2006 (http: //www. che. de/downloads/C6JW144_ final. pdf).

45. Allan J., "Learning Outcomes in Higher Education", *Studies in Higher Education*, 1996.

46. Anderson, L. W., Krathwohl, D., *A Taxonomy for Learning*, *Teaching and Assessing*: *A Revision of Bloom's Taxonomy of Educational Objectives*, New York: Longman.

47. Biggs J., *Teaching for Quality Learning at University*, Buckingham: Open University Press, 2003.

48. Biggs J., "Aligning Teaching and Assessing to Course Objectives", *Teaching and Learning in Higher Education*, *New Trends and Innovations*, University of Aveiro, 2003.

49. Bingham J., *Guide to Developing Learning Outcomes*, The Learning and Teaching Institute Sheffield Hallam University, Sheffield: Sheffield Hallam University, 1999.

50. Bloom, B. S., Engelhart, M. D., Furst, E. J., Hill, W. and Krathwohl, D., *Taxonomy of Educational Objectives Volume I*: *The Cognitive Domain*, New York: McKay, 1956.

51. Bloom, B. S., Masia, B. B. and Krathwohl, D. R., *Taxonomy of Educational Objectives Volume II*: *The Affective Domain*, New York: McKay, 1964.

52. Bloom, B. S., *Taxonomy of Educational Objectives*, *Book* 1 *Cognitive Domain*, Longman Publishing, 1975.

53. Brown, S., and Knight, P., *Assessing Learners in Higher Education*, London: Kogan, 1994.

54. Purser, L., "Report on Council of Europe Seminar on Recognition Issues in the Bologna Process," Lisbon, April 2002, in Bergan, S. (ed.) (http: //book. coe. int/EN/ficheouvrage. php? PAGEID = 36&lang = EN&produit_ aliasid = 1618).

55. Gosling, D. and Moon, J., *How to use Learning Outcomes and Assessment*

Criteria, London: SEEC Office, 2001.

56. Harden, R. M., "Developments in Outcome-based Education", *Medical Teacher*, Vol. 24, No. 2, 2002.

57. Jenkins, A. & Unwin, D., "How to Write Learning Outcomes", 2001 (http://www. ncgia. ucsb. edu/education/curricula/giscc/units/format/outcomes. Html).

58. Adam, Stephen, "Learning Outcomes Current Developments in Europe: Update on the Issues and Applications of Learning Outcomes Associated with the Bologna Process", 2008 (http://www. ond. vlaanderen. be/hogeronderwijs/Bologna/ BolognaSeminars/documents/Edinburgh/Edinburgh_ Feb08_ Adams. Pdf).

59. Adelman, C., Learning Accountability from Bologna: A Higher Education Policy Primer, Issues Brief, Washington, DC: IHEP, 2008.

60. Bergan, S., "Promoting New Approaches to Learning", *EUA Bologna Handbook*, Article B_ 1. 1-1, Berlin: Raabe Verlag, 2006.

61. Bologna Process Coordination Group for Qualifications Frameworks, "Report on Qualifications Frameworks Submitted to the BFUG for its Meeting on 12-13 February 2009" (http://www. ond. vlaanderen. be/hogeronderwijs/bologna/ conference/documents/2009_ QF_ CG_ report. Pdf).

62. European Parliament and Council, "Recommendation of the European Parliament and of the Council of 15 February 2006 on Further European Cooperation in Quality Assurance in Higher Education" (2006/143/EC).

63. Gibbons, M., Limoges, C., Nowotny, H., Schwartzman, S., Scott, P. & Trow, M., *The New Production of Knowledge: The Dynamics of Science and Research in Contemporary Societies*, London: Sage, 1994.

64. Held, D., McGrew, A., Goldblatt, D. & Perraton, J., *Global Transformations: Politics, Economics and Culture*, Stanford, CA: Stanford University Press, 1999.

65. Rauhvargers, A., Deane, C. Pauwels, W., "Bologna Process Stocktaking Report. Brussels: Flemish Ministry of Education and Training (2009)"

（http：//www. ond. vlaanderen. be/hogeronderwijs/Bologna/conference/
documents/Stocktaking_ report _ 2009_ FINAL. Pdf）.

66. Reichert，S.，"The Rise of Knowledge Regions：Emerging Opportunities and
Challenges for Universities"，Brussels：European University Association,
2006（http：//www. eua. be/publications/）.

67. ESU，"2008 Towards 2020：A Student-Centred Bologna Process"（ht-
tp：//www. esu-online. org/news/article/6064/102/）.

68. "The Convention on the Recognition of Qualifications Concerning Higher
Education in the European Region"，Lisbon，1997（http：//www.
ond. vlaanderen. be/ hogeronderwijs/ bologna/document/Lisbon_ Rec-
ognition_ Convention. htm）.

后　　记

　　在我完成我的博士论文时，我一直没敢写致谢，因为我担心我写的致谢没能表达出我对帮助我完成博士学位的所有人的感激之情。回顾我的学习过程，有那么多的人，他们为我完成博士学位默默奉献了那么多。首先要感谢导师沈红教授对我的理解和支持。如果说一个人一生中总有几个对他有着重要影响的人，那么沈老师就是对我从事学术研究最重要的那个。沈红教授也是我的硕士导师，是她带着我走进学术殿堂的，是她直言不讳地指出我的缺点，是她在最关键的时刻为我指明方向，是她在其他同学和老师面前真诚地夸奖我，是她深夜拿着我粗糙的论文专注地思考，一遍又一遍地修改，是她比我自己更着急地督促我前进。我感谢沈红教授为我所付出的，也为有这么一个视野开阔、治学严谨、工作热情、生活积极、为人直爽的女学者担任我的导师而骄傲。

　　本书的完成也得益于我的一段欧洲留学经历。2006年，国家留学基金项目实行网上申报、评审，我在那份简单说明我的学术经历和已有学术成果的申请表中，表达了对于亲身感受欧洲文化的向往和慕名前往被誉为"教育学之父"的夸美纽斯的故乡捷克的美好愿望。我想可能是这种期盼感动了评委，在我几乎忘记申报之事时，竟然接到了留学基金委全额资助的录用通知。感谢国家留学基金委提供的机会，感谢我的导师沈红教授对我申请留学基金的鼓励，感谢原中国驻捷克教育组组长蔡力先生，感谢中纪委驻中宣部副组长陈桂林先生，因为他们的热心联系和着力推荐，2008年9月，我如愿以偿来到了中欧最古老的大学之一的布拉格查理大学。

　　留学开启了我对博洛尼亚进程研究的大门。查理大学安排雅莉克（Jaroslava Vasutov）教授担任我的导师，她为我制订了详细周密的学习计划，包含参与讲座、拜访一些欧洲高等教育学术权威、参加国际学术会议、做学术报告等丰富内容。根据学习计划，我聆听了雅莉克主讲的高等教育学、查理大学副校长斯特赫（Stech）教授的教育心理学、查理大学教育研究与发展所主任艾莉斯柯（Eliska Walterova）的教育学等讲座。和雅莉克每周一次的见面，是在她的工作间，一边品尝着她亲自为我煮的咖啡，一边听她谈论捷克文化、教育。在她的引荐下，我拜访了捷克高等教育研究中心主任、欧洲高等教育社区（EAIR）副主席海伦（Helena Sebkova）。当我对博洛尼亚进程有了浓厚的探索兴趣之时，她热心地推荐让捷克教育、青体部的博洛尼亚后续工作组捷克共和国的国家代表斯佳娜（Vere Stastna）担任我的研究指导老师。斯佳娜是捷克负责博洛尼亚进程事务的主要负责人，她耐心细致地为我解答博洛尼亚进程问题，为我的课题研究提供了丰富的文献与资料，邀请我参加由博洛尼亚后续工作组组织的研讨会，让我结识著名的博洛尼亚进程促进者、英国威斯敏斯大学的教授史蒂芬·安丹姆（Stephen Adam）。因为与这些博洛尼亚进程的积极促进者接触，使我对于博洛尼亚进程有了更深入的理解。感谢雅莉克！感谢斯佳娜！感谢安丹姆！

感谢张振康先生等中国驻捷克大使馆工作人员的悉心周到的照顾，让我在异国他乡感受到组织的温暖。忘不了在机场欢送温家宝总理的激动心情，忘不了霍玉珍大使与我们欢度节日的温馨情景。

感谢华中科技大学教科院刘献君教授、张应强教授、陈廷柱教授、柯佑祥教授等对我的前期研究和学术研究能力的肯定，让我获得了攻读博士学位的机会，让我终能有机会继续深入研究博洛尼亚进程。在研究过程中，随着许多不解和迷惑的消除，脑海里描绘的博洛尼亚进程的轮廓逐渐清晰，更进一步激发了我整体系统分析博洛尼亚进程的兴趣。感谢贾永堂教授，他是那么真诚地关心着我在学术上的进步，对我的课题研究提出了许多宝贵意见，提升了我对博洛尼亚进程的理解，拓展了我的视角，使我的认识逐渐深入博洛尼亚进程的本质。感谢曾伟教授，他能敏锐地捕捉到我论文中的闪光点，像苏格拉底那样引导着我深入思考，使我能跳出博洛尼亚进程一些具体措施，从孤立地看待博洛尼亚进程中的教学改革到整体地分析其结构与过程。感谢周光礼教授，他讲课是那样的生动，引人入胜。感谢余东升教授、朱新卓副教授、郭卉副教授，他们在我的论文开题报告会上，对我的研究思路、研究内容和方法，中肯地提出富有创见的意见，使我深受启发。感谢我曾经的同学现在的老师雷洪德副教授、院长助理徐海涛老师对我的鼓励和帮助。

感谢2010级教育博士班的张晓霞、郭裕湘、何本华、卢旺、王瑛等优秀的学友，我和他们同窗四年，一起在教科院705教室专心听课和讨论，一起漫步在校园讨论学习和生活，一起在元旦晚会上祈祷和祝愿明天更美好，这一切已经成为了我人生中美好的回忆。

感谢湖南省教育科学研究院博士后工作站首席专家，我的博士后合作导师张放平教授给予的高屋建瓴的指导和建议，他渊博的知识、开阔的视野、睿智的思维、为学的严谨、为师的仁厚、为政的气魄，让我由衷地钦佩和敬仰。感谢邵阳学院党委书记陈晓飞教授、校长彭希林教授、副校长曾阳素教授对我的课题研究成果的充分肯定，并给予我参与学院转型发展研究与改革实践的充分信任和支持。感谢湖南省委党校副校长曹健华教授和湖南科技学院校长曾宝成教授对我出国留学和攻读博士学位的支持。感谢邵阳学院副校长刘卫平教授、向文江教授在我遇到学习和工作的困惑时，对我的理解、开导和支持。感谢刘放鸣教授在我硕士研究生毕业时毫不犹豫地将我引进到邵阳学院，让我有了实现自我发展的平台。感谢湖南省教科院汤大莎教授热心接纳我进入教科院博士后工作站，让我在浓郁的学术氛围中得到了更多的锻炼。感谢中国社会科学出版社王琪编辑对本书细致的修改和建议。

感谢父母，在我出国期间为我细心照顾孩子，在我忙于博士学习和课题研究而无暇家务时，他们主动过来帮我，让我有更多的时间和精力投入到学习研究中。感谢我的先生建平，给我温馨幸福的家。感谢女儿菁源，她以妈妈为荣的感觉，增添我的信心。

感谢所有为本书的写作提供帮助的领导、老师、同学、朋友。

学海无涯，却有幸福方舟，驶向一个个绿洲。又如一种境界：莫春者，春服既成，冠者五六人，童子六七人，浴乎沂，风乎舞雩，泳而归。

谌晓芹

2016年5月于邵阳学院竹园